T0279785

Recueil de nouvelles

www.royalcollins.com

Recueil de nouvelles

HAN DONG

Books Beyond Boundaries

ROYAL COLLINS

Recueil de nouvelles

Han Dong

Traduit par Agnès Belotel-Grenié et Xavier Alcon
Édité par Agnès Belotel-Grenié

Première édition française 2024
Par le groupe Royal Collins Publishing Group Inc.
BKM Royalcollins Publishers Private Limited
www.royalcollins.com

Siège social : 550-555 boul. René-Lévesque O Montréal (Québec)
H2Z1B1 Canada
Bureau indien : 805 Hemkunt House, 8th Floor, Rajendra Place,
New Delhi 110 008

Ce livre est publié avec le soutien financier du Programme de Traduction
Littéraire du Jiangsu

ISBN : 978-1-4878-1241-6

TABLE DES MATIÈRES

L'ÉTRANGE HISTOIRE
DE HUAHUA

I

Huahua est le chat le plus beau que j'ai jamais vu. Quand il est arrivé chez nous, c'était un petit chaton tout juste sevré pas vraiment différent des autres chatons. On nous l'a apporté dans une boîte à chaussures qui plus tard est devenue un lit bien trop grand pour lui. Quand il était petit Huahua était vif et plein d'énergie, rien ne le distinguait vraiment des autres chats. Oui, c'était effectivement un joli petit chat, mais pas fondamentalement différent des autres jolis petits chats. Sa beauté n'était que celle d'un chaton, loin d'atteindre un niveau inexplicable. Plus tard, en grandissant, sa beauté a dépassé le cadre du chat, à tel point qu'il ressemblait à une personne, bien sûr, à l'une de ces personnes que l'on peut qualifier de belles.

Cela dit, on pourrait penser que Huahua est une femelle, mais non, on se trompe c'est un mâle et il n'a jamais eu de partenaires dans sa vie et est resté vierge tout au long de sa vie, et sa beauté n'en est que plus extraordinaire. Il n'a pas la grâce d'une chatte, mais la beauté de Huahua est vive et irrésistible au point de rendre les gens mal à l'aise, cependant il ne s'en rend même pas compte. Si c'était une personne, nous aurions probablement tendance à l'observer de loin et à éviter tout contact direct avec lui. Mais Huahua est un chat, et nous pouvons le regarder sans retenue. Bien que son regard mystérieux puisse nous effrayer, pour nous rassurer nous nous disons que ce n'est qu'un chat, un drôle de chat que nous avons d'ailleurs vu grandir.

Lorsque Huahua était petit, rien d'anormal ne ressortait. Il aimait jouer avec toutes sortes de cordes et de petites balles, sautant partout dans la pièce. Il cherchait des arêtes de poisson sous la table, parfois il était malencontreusement piétiné par son propriétaire, ce qui déclenchait un cri déchirant de Huahua. En raison de sa petite taille, il passait souvent inaperçu et n'était pas aussi prudent qu'il le serait plus tard. Il était décontracté dans tout ce qu'il faisait, ne mesurant pas les conséquences. À l'époque, Huahua était comme un veau nouveau-né, se déplaçant parmi ces grands piliers qu'étaient les jambes des humains sans la moindre peur.

Je m'allonge souvent dans mon lit, les jambes repliées sous la couette formant une montagne douce et moelleuse. Huahua s'élance vers le sommet de la colline ou retient son souffle et s'accroupit au pied de la colline tel un vrai félin des plaines d'Afrique. Mes mains se joignent également à cette danse, devenant une créature étrange et unique de la nature, avançant et reculant, s'élevant et atterrissant. Huahua ne considère pas ces mains comme miennes. Il les traite avec le plus grand sérieux et une attention sans faille. Finalement, Huahua a réussi à faire le lien entre mes mains et moi comprenant que c'est moi qui les contrôle. Même si j'ai l'air d'un géant (du point de vue d'un chaton) je ne suis pas malveillant, je suis au contraire plutôt bienveillant à son égard. Comme ma main est de la taille de Huahua, il la traite comme un compagnon de jeu. Lorsqu'il est heureux, il joue avec ma main pendant un long moment, mais s'il est de mauvaise humeur, rien de ce que je fais avec mes mains ne peut le divertir même si je détruis complètement la montagne que j'ai créée. Délogé de sous la couette, Huahua soulève les épaules, secoue ses poils avant de partir d'un pas décidé.

Huahua a grandi et a perdu cette curiosité envers le monde propre aux chatons. Cependant, il reste joueur bien que désormais ce soit lui qui dicte le rythme. Jusqu'à présent, c'est toujours un chaton, un chaton à moitié adulte pour être précis. Il est difficile de dire exactement quand et pourquoi Huahua est devenu si singulier. Les événements de son enfance doivent avoir joué un rôle crucial. Malheureusement, pendant cette période, j'ai dû m'absenter de chez moi pendant plusieurs mois et je ne sais donc pas ce qu'il s'est exactement passé. Même si j'étais resté à la maison à ce moment-là, je n'aurais probablement pas été en mesure de connaître tous les détails de ce qu'il s'était passé avec Huahua. Après tout, c'est juste un chat, vivant sous le lit et dans les coins, un monde bien différent du mien. En outre, il ne parle pas notre langage, et les pensées et besoins d'un chat, même observés avec la plus grande attention, restent en grande partie incompréhensibles pour les humains. Quoi qu'il en soit, lorsque je suis rentré chez moi, Huahua avait changé et était devenu extrêmement étrange et difficile à comprendre.

Je n'ai en réalité pas passé très longtemps à l'extérieur, trois ou quatre mois pas plus de six mois au maximum. Cependant, dans la vie d'un chat, six mois représentent plusieurs années. En d'autres termes, pour Huahua, mon absence équivaut à plusieurs années. Et ces années sont cruciales pour son développement. Si on transpose cela chez les humains, c'est peut-être une phase importante dans la formation de sa personnalité. C'est un peu ce que dit le dicton : « à sept ans on peut voir la vieillesse ». Il se trouve que je n'étais pas aux côtés de Huahua pendant la période de formation de sa « personnalité », il a dû se passer quelque chose de crucial pour lui mais insignifiant pour nous. De tels événements ont certainement eu lieu, mais il est désormais impossible de les retracer de manière exhaustive.

II

La fois la plus suspecte, c'est lorsque l'enfant du voisin du dessous est venu emprunter Huahua.

L'enfant n'était pas encore en âge d'aller à l'école, et il est naturel que les enfants aiment les animaux. De plus, le père de l'enfant était un collègue de mon frère, et sa mère était une amie de ma belle-sœur. Nos deux familles étaient très proches et entretenaient des relations très étroites. Lorsque l'enfant est venu emprunter Huahua, même si ma belle-sœur n'était pas vraiment d'accord, elle n'avait pas de raison de refuser. Elle a remis Huahua, avec sérieux, à Coco (l'enfant qui l'empruntait), ce dernier est descendu en tenant la petite boule de poils dans ses bras. Bien que ma belle-sœur ne puisse s'empêcher de s'inquiéter, elle ne pouvait pas non plus les accompagner pour s'en occuper, ce qui aurait été trop mesquin. Elle n'a cessé de répéter de ne pas nourrir Huahua avec du poisson cru et de demander à Coco de le rendre en temps voulu, avant de quitter le couloir à contrecœur et de rejoindre son appartement. Deux heures plus tard, Coco est remonté et a frappé à la porte pour rendre le chat, même en avance sur l'heure convenue. Il devait en avoir assez de jouer : les enfants comme les chats n'ont pas de patience. Huahua a bondi des bras de Coco, a couru rapidement à travers le salon et s'est caché sous le lit. Bien que Huahua semblât paniqué, ma belle-sœur a remarqué que son pelage n'était pas abîmé et qu'il était indemne. Même le lendemain matin, Huahua n'avait pas vomi, ce qui signifiait que Coco ne lui avait pas donné de poissons crus. Cependant, Huahua restait caché sous le lit et refusait de sortir, émettant un cri étrange et strident que ma belle-sœur n'avait jamais entendu auparavant. Peu importe la façon dont ma belle-sœur l'appelait, cela ne servait à rien. Que sa voix soit douce ou ses paroles réconfortantes, cela ne servait à rien non plus. À la fin, ma belle-sœur avait les yeux pleins de larmes. Tout en reniflant, elle a tapoté avec une petite cuillère sur le bord de la gamelle du chat remplie de lait, à l'intérieur il y avait du lait, puis elle a essayé avec de la soupe de poisson, et même avec une carpe entière braisée.

Personne ne savait ce qu'il s'était réellement passé pendant les deux heures où Huahua avait été empruntée. Depuis lors, son comportement avait radicalement changé, le conduisant sur un chemin de chat étrange et unique. Il n'osait plus se faufiler entre les pieds des tables et des gens en mouvement. Même les membres de la famille avaient du mal à savoir où il se trouvait, et s'ils le repéraient, ils ne pouvaient pas s'en approcher. Tout le monde savait que nous avions un chaton à la maison, mais personne ne l'avait jamais vu en vrai. Les visiteurs avaient appris que nous avions un chat simplement en raison d'une odeur particulière, et non parce que nous l'avions inventé, toutefois il était presque impossible de trouver la source de cette odeur. Plus cela se produisait, plus cela stimulait la curiosité des enfants qui l'appelaient sans arrêt dans toute la maison. Ma belle-sœur, en tant que propriétaire de Huahua, l'appelait parfois aussi, mais elle était très confiante, sachant que même si elle intervenait personnellement, Huahua ne se montrerait pas facilement. Parmi ces enfants qui venaient avec les invités, certains grimpaient, fouillaient même les placards et les tiroirs. Ma belle-sœur se tenait à l'écart en riant discrètement. Elle savait que Huahua était bien caché, c'était un chaton intelligent et ces enfants stupides ne pouvaient imaginer les endroits où il se cachait. Ma belle-sœur, elle-même, ne voulait pas deviner où Huahua pouvait se cacher. Si elle avait eu connaissance de l'endroit exact, elle aurait été inquiète et anxieuse. Alors, autant ne pas savoir et faire confiance à Huahua sans réserve. Ma mère a tout à coup eu une idée étrange et a dit qu'à l'avenir nous pourrions cacher notre livret d'épargne là où se cachait Huahua, cela pourrait réduire les pertes si des voleurs venaient...

Bien que Huahua soit le chat de notre famille, il appartient directement à ma belle-sœur. L'idée d'avoir un chat était la sienne, et c'est généralement elle qui s'en occupe au quotidien et qui assume la responsabilité directe de tout ce qui concerne Huahua. Le reste de la famille, en dehors de ma belle-sœur n'a aucune obligation précise et n'a qu'un rôle d'assistance. Huahua, suite à un certain stress, fait ses besoins un peu partout, et il choisit des endroits très discrets, en changeant constamment. Ma belle-sœur est responsable de nettoyer les excréments de Huahua, ce qui est déjà assez pénible, d'autant plus qu'il faut les repérer au préalable. Comme mentionné ci-dessus, Huahua est un expert en cache-cache, il sait se dissimuler sans laisser de traces, encore plus quand il s'agit d'une crotte bien plus petite que sa taille. Si c'est de l'urine de chat, elle n'a même pas de volume. Ma belle-sœur les repère entièrement l'une après l'autre grâce à son odorat. Chaque jour, elle doit demander de l'aide à mon frère ou à moi-même pour déplacer les meubles et soulever les sommiers pour nettoyer. Elle nettoie les excréments de chat, aspire l'urine de chat avec de la sciure de bois sèche, et doit laver et sécher les objets contaminés. Dès lors, notre maison était loin d'être rangée, voire chaotique, les meubles étant empilés au centre de la pièce, donnant toujours l'impression qu'ils venaient d'être emménagés ou qu'ils allaient être déménagés et que le camion de l'entreprise de déménagement attendait en bas de chez nous.

Dans cet environnement de vie temporaire, les émotions des gens sont inévitablement affectées, mais Huahua s'épanouit comme un poisson dans l'eau. Pendant ces années-là, notre maison ressemblait à une jungle sauvage, où il était difficile pour les humains de trouver un endroit où poser le pied. L'air était toujours imprégné de l'odeur caractéristique des félins. Au fil du temps, les nerfs ont été progressivement engourdis, et finalement cette odeur est devenue indifférente, presque imperceptible. La sensibilité du nez a considérablement diminué, et retrouver une petite crotte de chat avec précision est devenu une tâche difficile, nécessitant plus de temps et entraînant plus d'échecs qu'auparavant. Sachant que son nez n'est plus aussi fiable qu'avant, ma belle-sœur est constamment hantée par le doute qu'elle pourrait avoir manqué quelque chose. Elle est constamment sur ses gardes, regardant à gauche et à droite, tout en se tenant le nez, et elle a développé cette habitude, comme un patient atteint d'un rhume chronique. Il y a aussi des moments tendres et touchants. Ma belle-sœur est assise à la table, tenant Huahua dans les bras, le ventre rose exposé et les quatre pattes en l'air. Ma belle-sœur se concentre pour attraper les puces de Huahua. Sur la table, il y a un bol d'eau claire, et chaque fois qu'elle en attrape une, elle l'écrase avec ses ongles avant de la plonger dans l'eau. Une demi-heure plus tard, la surface de l'eau est noire de puces extraites du corps de Huahua. Il semble y avoir une infinité de puces sur le corps de Huahua ce qui donne à ma belle-sœur de nombreuses occasions de les retirer, et cette scène chaleureuse et émouvante se répète encore et encore. À ce moment-là, en dehors de ma belle-sœur, personne d'autre chez nous ne peut approcher Huahua, ma belle-sœur a même des marques de griffures sur les mains. Ma belle-sœur ne s'en soucie pas et ne se fait pas vacciner contre la rage. Mon frère la menace en disant que la période d'incubation du virus de la rage peut aller jusqu'à vingt ans et qu'il peut se manifester n'importe quand au cours de ces vingt ans. Ma belle-sœur réplique en disant que Huahua est propre, qu'il n'est jamais en contact avec le monde extérieur, et qu'il ne peut donc pas attraper la rage. Le fait qu'il morde même les membres de la famille et qu'il ait des comportements étranges est dû à des raisons psychologiques, cela n'a rien à voir avec le virus. Huahua allongé dans les bras de ma belle-sœur ressemble à un bébé, il est tellement beau, les yeux grands et ronds, laissant les doigts de ma belle-sœur glisser sur son ventre, caressant doucement ses poils doux. Huahua a l'air si à l'aise qu'elle il ferme même les yeux et semble émettre un léger ronronnement, mais il ne faut pas se laisser tromper par cette apparence. Peut-être que c'est à ce moment-là, dans cette scène paisible et hypnotique, que le bébé apparemment sans défense dans le berceau peut soudainement se redresser et sortir ses terribles griffes. Une fois, ma belle-sœur était trop concentrée, sa tête était trop basse, et elle a failli se faire crever les yeux par Huahua. Ainsi, son nez a été égratigné laissant une cicatrice permanente. Prendre soin de Huahua est non seulement une tâche lourde pour ma belle-sœur, mais aussi une tâche dangereuse. Pas étonnant qu'elle doive être aussi concentrée !

Outre son travail, ma belle-sœur passe la plupart de son temps à prendre soin de Huahua. Maintenant, ma belle-sœur a rarement le temps de faire le ménage et la préparation des repas a progressivement été confiée à ma mère sans que l'on s'en rende vraiment compte. Ma mère a plus de soixante ans et elle n'est pas en bonne santé. Avant, elle n'était que l'assistante de ma belle-sœur en cuisine. Maintenant, ma mère est aux commandes dans la cuisine, maniant la grande poêle à frire. Ma belle-sœur ne lève même pas le petit doigt. Depuis l'achat des provisions jusqu'au lavage de la vaisselle, ma mère s'occupe de tout. Étant donné que ma mère est fille unique et n'a jamais fait les tâches ménagères, parvenir à ce point est déjà un exploit en soi. Elle a profité de sa vie, et maintenant, même à un âge avancé, elle doit encore se mettre aux fourneaux pour servir sa belle-fille. Au début, ma mère n'a pas vraiment compris, mais elle en était plutôt fière - enfin, elle pouvait maintenant prendre les commandes de la cuisine et préparer un repas complet, avec des plats toujours variés. Ma belle-sœur n'arrêtait pas de féliciter ma mère pour sa cuisine délicieuse, se sentant même inférieure. Mon frère et moi n'avions d'autre choix que de suivre le mouvement. Depuis un certain temps, ma mère était très enthousiaste à l'idée de cuisiner. Chaque jour, ma belle-sœur passait du temps en cuisine, tout cela pour Huahua. Elle préparait de la nourriture pour chat en faisant bouillir les entrailles de poissons, dégageant une odeur nauséabonde qui envahissait la pièce, que tout le monde essayait de masquer en se bouchant le nez. Mais parfois, la nourriture pour chat préparée par ma belle-sœur embaumait la maison, surtout quand elle utilisait des poissons frais qu'elle avait achetés elle-même, et qui pouvaient même nager dans l'évier après avoir été rapportés. À chaque jour férié, ma belle-sœur se rendait elle-même au marché, cuisinait elle-même en cuisine, et finissait par nettoyer la cuisine elle-même. Cependant, tout cela n'avait rien à voir avec notre alimentation (y compris celle de ma belle-sœur). Pour nourrir Huahua à temps, il lui arrivait de se disputer la cuisine avec ma mère. Ma mère étant plus âgée, elle était moins agile dans ses mouvements. Le comble, c'est que l'odeur de la nourriture pour chat préparée par ma belle-sœur surpassait celle des plats cuisinés par ma mère, nous mettant l'eau à la bouche. Une fois, mon frère a pris une cuillère de la nourriture pour chats préparée par ma belle-sœur et a vivement complimenté ma mère pour sa délicieuse cuisine. Une autre fois, j'ai goûté une bouchée du poisson aigre-doux préparé par ma mère, qui était tellement mauvais que j'ai cru que c'était la nourriture du soir pour Huahua. Après ces deux malentendus, l'enthousiasme de ma mère pour la cuisine s'est considérablement émoussé. Elle n'avait plus la force de manier la poêle comme un véritable chef.

Ma belle-sœur ne néglige pas délibérément d'aider ma mère. Elle passe la plupart du temps à s'occuper de Huahua pour soulager ma mère, si elle ne le faisait pas ma mère ne serait-elle pas obligée de la faire elle-même ? Si elle ne préparait pas la nourriture pour le chat, ma mère ne devrait-elle pas garder une part du repas qu'elle a préparé pour Huahua ? Mais ce n'est pas cela le plus important, ce qui est important c'est que ma mère est naturellement sensible aux insectes. En été, si un seul moustique est présent dans la chambre, elle ne peut pas dormir. Si elle a une seule piqûre elle a des démangeaisons et va se gratter toute la nuit sans pouvoir trouver le sommeil. Elle réagit fortement aux piqûres de moustiques et étrangement elle les attire. Dans une pièce pleine de monde, les moustiques iront directement sur ma mère, c'est un aimant à moustiques et comme un répulsif naturel pour les autres. Les moustiques sont un problème mais pour les puces c'est pire. Depuis que nous avons

Huahua, ma mère à des traînées de sang sur tout le corps. Bien sûr ce ne sont pas des griffures de Huahua mais c'est ma mère qui les a faites à cause des démangeaisons provoquées par les piqûres de puces. Tout cela, est en fin de compte dû à Huahua. Ma belle-sœur se sent coupable en voyant ma mère si épuisée à cause de Huahua et n'a d'autre choix que de passer plus de temps à chercher les puces sur Huahua. Il est absolument inconcevable d'abandonner ou de donner Huahua. Ma mère a bien compris : ma belle-sœur traite Huahua comme son propre enfant. Les deux femmes sont toutes deux des femmes instruites et bienveillantes, si ce n'était à cause de Huahua leur relation belle-mère/belle-fille serait des plus harmonieuses.

La clé de tout cela c'est Huahua, et la clé de cette clé est l'incessante présence des puces sur Huahua. Ma belle-sœur a même acheté à Huahua un collier anti-puces appelé « Miaou miaou » pour mettre fin à ce problème. Résultat ? Les puces ont fui le corps de Huahua le soulageant de ce tourment. Cependant, les puces n'ont pas été éradiquées pour autant, elles se sont dispersées et ont trouvé refuge dans la literie de ma mère. Ma mère, quant à elle, ne portait pas de collier anti-puces, on peut donc facilement imaginer les conséquences. C'était beaucoup plus difficile à gérer que pour Huahua. Elle n'avait ni collier anti-puces, ni personne pouvant passer ses journées à la débarrasser des puces. Ma belle-sœur, impuissante, n'a eu d'autre choix que de retirer le collier anti-puces à Huahua en voyant l'état pitoyable de ma mère dont le corps était couvert de piqûres de puces. La plupart des puces sont retournées sur le pelage de Huahua après cela, mais il en restait encore quelques-unes. Bien que chaque piqûre de puce puisse priver ma mère de sommeil toute la nuit, le fait qu'elle vienne d'être libérée de centaines de puces et de milliers de piqûres lui a donné un sentiment de soulagement. Même si une dizaine de puces continuaient de la tourmenter et qu'elle avait encore des dizaines de piqûres sur le corps, elle se sentait mieux. En d'autres termes, la capacité de ma mère à endurer les puces s'améliorait progressivement. En regardant ma belle-sœur traquer les puces sous la lampe jour et nuit, ma mère ne pouvait plus rien dire. Mon frère, en bon fils consciencieux, a juré d'éliminer complètement et proprement toutes les puces avant qu'elles s'échappent de Huahua. Il a pris une bombe aérosol destinée à éliminer les mouches, les cafards et toutes sortes d'insectes, et a aspergé frénétiquement Huahua qui a émis un cri étrange qui semblait familier. Au lieu de se réfugier sous le lit ou dans un placard, Huahua a sauté sur le rebord e la fenêtre. Peut-être que l'attaque venait de l'intérieur de la pièce, et Huahua a senti qu'il ne pouvait plus y être en sécurité, c'est pourquoi il a fui vers l'extérieur. Notre appartement est situé au septième étage, heureusement que les fenêtres sont recouvertes de moustiquaires en plastique, sinon Huahua aurait pu sauter à l'extérieur sans aucune hésitation, ce qui aurait eu des conséquences désastreuses. Il s'est agrippé à la moustiquaire, mais comme il était bloqué, il ne pouvait que sauter vers le haut. Ses pattes avant avaient déjà déchiré la moustiquaire et, il se suspendait de tout son poids avec ses griffes tandis que ses pattes arrière s'agitaient frénétiquement. Il était étalé, apparaissant soudainement dans la lumière de la fenêtre rectangulaire. En raison du contre-jour, on ne pouvait voir que la silhouette sombre de Huahua. Il ne pouvait ni monter ni descendre et émettait des cris déchirants. Mon frère qui tenait toujours la bombe aérosol l'a aspergé directement. La forte odeur du produit a rapidement envahi la pièce et s'est transformée en gouttes d'eau qui tombaient des poils trempés de Huahua. Mon frère voulait résoudre ce problème une fois pour toutes, d'autant qu'il avait une occasion rare face à Huahua qui était maintenant immobilisé sur la fenêtre. Il a continué à pulvériser sans retenue, épuisant la moitié de la bombe. Les cris de Huahua se sont faits de plus en plus faibles et il est finalement tombé immobile sur le sol en dessous de la fenêtre.

Mon frère, conscient de la catastrophe qu'il avait provoquée, a fait tout ce qu'il pouvait pour sauver Huahua. Il a lavé Huahua à l'eau propre, bassine après bassine, puis l'a finalement passé sous le robinet. Ce dernier n'a pas résisté, se laissant faire. Habituellement, donner un bain à Huahua était une charge ardue ! C'était toujours ma belle-sœur qui s'en chargeait, alors que mon frère tenait les pattes arrière de Huahua. Chaque bain de Huahua se soldait par des égratignures supplémentaires sur les bras de ma belle-sœur et, en raison de la vigoureuse résistance de Huahua, il était impossible de le laver complètement. Cette fois-ci tout avait été fait minutieusement. Ils l'avaient savonné deux fois mais ils l'avaient aussi rincé abondamment à l'eau. Mon frère a séché Huahua avec une serviette, puis lui a envoyé une douce chaleur avec le sèche-cheveux réglé sur une faible puissance. Il lui a même coupé les griffes des pattes avant et arrière. Quand ma belle-sœur est rentrée du travail, elle n'a vu que mon frère s'occuper attentivement de Huahua. La docilité apparente de Huahua a suscité une légère jalousie chez ma belle-sœur. Cependant, à cause de cette jalousie, elle n'a pas pu discerner clairement la réalité et mon frère a réussi à cacher qu'il avait utilisé l'insecticide. Après avoir vomi à plusieurs reprises, Huahua a finalement commencé à se rétablir. Maintenant, il ne peut plus faire confiance à personne d'autre qu'à ma belle-sœur. Il attaque celle-ci avec une violence redoublée car c'est la seule personne qui l'approche. Les bras de ma belle-sœur sont à présent couverts de nouvelles et anciennes égratignures qui s'entremêlent. Grâce à ses interactions avec Huahua, elle a développé toute une série de techniques d'esquive. Si quelqu'un d'autre avait été à sa place, les blessures sur les mains auraient été multipliées. Ma belle-sœur a bien sûr remarqué le rhume de Huahua après son bain ainsi que les changements dans son comportement. Cependant, elle n'a pas creusé davantage. Elle avait certainement des soupçons sur ce que mon frère avait pu faire à Huahua. Son instinct de femme lui disait que cela était important, et si cela venait à être découvert, il y avait peut-être même un risque de divorce. Ni ma belle-sœur ni mon frère ne voulaient divorcer. Ils ont appris à éviter la question du bain de Huahua gardant le silence sur ce sujet. Mon frère avait un air coupable comme s'il avait une liaison à l'extérieur.

III

Coco est venu plusieurs fois emprunter le chat par la suite. En raison de leur amitié, ma belle-sœur avait toujours du mal à refuser. Bien sûr, Huahua n'est jamais tombé entre les mains de Coco une deuxième fois. Ma belle-sœur disait généreusement : « Emprunter le chat pour jouer ? Bien sûr, si tu arrives à le trouver. » Chaque fois que Coco venait chez nous pour chercher Huahua, il ne le trouvait jamais malgré ses efforts. Le jeu avec le chat s'est transformé en jeu de cache-cache. Comme Huahua était introuvable, au début, cela stimulait l'esprit de compétition de Coco, mais à la fin, cela le décourageait. Parfois, je ne pouvais m'empêcher de me demander où Huahua pouvait bien se cacher ? Comment pouvait-il échapper à un enfant aussi intelligent que Coco ? Une fois, après le départ de Coco, j'ai ouvert le tiroir du bureau pour prendre du matériel d'écriture. J'ai soudain senti une touffe douce et chaude sous ma main, c'était Huahua qui s'était caché là. Il était entré par l'espace derrière le bureau. Bien sûr, on ne pouvait pas imaginer que Huahua avait ouvert le tiroir pour y entrer et l'avait refermé lui-même. Peu importe à quel point Huahua fut intelligent, il ne pouvait pas accomplir cette série d'actions. Lorsque Huahua a bondi hors du tiroir, il a laissé une petite flaque d'urine sur le papier à lettres et les enveloppes. En conséquence, pendant un certain temps, les lettres que j'ai écrites à mes amis et les manuscrits que j'ai envoyés à la rédaction dégageaient tous une légère odeur caractéristique de chat.

Huahua a toujours été très sensible au bruit de pas dans l'escalier. Même s'il était en train de manger, il s'arrêtait immédiatement lorsqu'il entendait un bruit dans le couloir. Il allongeait le cou et dressait les oreilles comme un chien, n'abaissant la garde que lorsqu'il déterminait que les pas ne se dirigeaient pas vers notre appartement puis il reprenait son repas. Peu importe la direction qu'ils prenaient, dès qu'il les entendait dans le couloir, Huahua se cachait immédiatement. Coco habitait en dessous de chez nous, il montait et descendait les escaliers au moins deux fois par jour. Par conséquent, Huahua se cachait au moins deux par jour. En réalité, les pas s'arrêtaient toujours chez Coco ou se dirigeaient vers le bas. Tous les deux mois environ, ces pas arrivaient à notre porte, mais par la suite, comme Coco ne parvenait pas à trouver Huahua, le bruit de ces pas s'est fait de plus en plus rare. À mesure que Coco a grandi, ses allées et venues sont devenues moins fréquentes passant de deux fois par jour à une fois tous les six mois puis plus du tout. La réaction de Huahua est restée inchangée. Tant que Coco vivait encore chez ses parents et montait et descendait les escaliers communs tous les jours, la réaction excessive de Huahua n'a jamais cessé. Même s'il est maintenant adulte et que son allure a changé rendant sa démarche plus assurée, Huahua peut toujours distinguer le terrifiant Coco rien qu'au bruit de ses pas. Il ne peut s'empêcher de trembler de tout son corps. Dès que nous voyions l'expression de Huahua, nous savions que Coco descendait les escaliers, que Coco rentrait chez lui ou qu'il y avait ce garnement de Coco parmi tous les pas. Notre jugement était infaillible.

Par la suite, Huahua a encore vécu sept ans. Ces sept années ont été rythmées par les redoutables pas de Coco. Cela n'a jamais cessé un seul jour, les pas étaient parfois réguliers mais souvent inattendus. On ne savait jamais quand ils allaient arriver à notre porte. Quand Coco a frappé à notre porte, il était déjà devenu un grand jeune homme. Bien qu'il nous semblât étranger, nous étions convaincus que c'était bien Coco. Le son de ses pas montant les escaliers faisait fuir Huahua qui disparaissait sans laisser de trace. Il ne venait plus emprunter le chat pour jouer, mais pour relever les compteurs d'électricité ou réparer les dégâts des eaux causés par les fuites de notre salle de bains qui inondaient leur plafond. En somme, c'était pour des questions d'intérêt général ou privé entre voisins. Le jeune homme était à présent capable d'aider ses parents à assumer leurs responsabilités. Il était plus timide qu'il ne l'était enfant, hésitant et maladroit devant la porte. À cet âge-là, les enfants ont souvent moins confiance en eux. Il avait probablement oublié que dans sa jeunesse, il était venu chez nous emprunter Huahua. Ces deux heures étaient trop banales et ennuyeuses pour qu'il s'en souvînt. Mais pour Huahua, elles étaient inoubliables, palpitantes et constituaient son destin. J'avais vraiment envie de dire à ce jeune homme timide et oublieux que pour Huahua il était comme un dieu. Dès qu'il faisait un pas, Huahua était terrorisé au point de ne plus savoir où se cacher.

La peur que Huahua avait envers Coco ne s'est jamais apaisée, mais sa relation avec mon frère était différente. Tout d'abord, mon frère n'avait pas infligé autant de tort que Coco, même si on n'a jamais su la manière dont Coco avait fait du mal à Huahua, il devenait de plus en plus grave dans l'imagination. Deuxièmement, les incidents impliquant mon frère sont survenus plus tard. Bien que ce fût un fardeau supplémentaire pour Huahua, il y avait une sorte de préparation psychologique. De plus, mon frère n'avait jamais eu l'intention de faire du mal à Huahua, c'était toujours accidentel. Un chat aussi intelligent que Huahua pouvait percevoir cette distinction. Mon frère vivait dans cette maison, et il avait amplement de temps pour que Huahua réalise progressivement ce fait. Après le décès de ma belle-sœur des suites d'un cancer du sein, Huahua n'eut plus d'autre choix que de se rapprocher de mon frère. En même, mon frère n'avait pas d'autre choix. Lorsqu'elle était encore en vie, ma belle-sœur avait à plusieurs reprises suggéré de donner Huahua à quelqu'un d'autre pour protéger les intérêts de ma mère. À cette époque, il était théoriquement possible d'abandonner Huahua. Cependant, maintenant, s'occuper de Huahua revêtait une signification d'héritage. Avant son décès, ma belle-sœur a formellement confié Huahua à mon frère. Elle a dit que ce qui la préoccupait le plus était Huahua et qu'elle espérait que mon frère en prendrait bien soin. Mon frère a accepté les larmes aux yeux et c'est seulement à ce moment-là que ma belle-sœur a fermé les yeux en paix. Par conséquent, peu importait combien ma mère se plaignait des puces, combien Huahua était fou de chagrin et de frustration, griffant le canapé en cuir de la maison et mangeant toutes les fleurs du balcon, mon frère faisait la sourde oreille. Il n'avait aucune intention d'abandonner Huahua. Il est devenu plus tolérant à présent. Il considère toutes les actions destructrices de Huahua comme des bêtises mignonnes et légitime d'un enfant et les pardonne. Maintenant, Huahua n'est pas seulement un chat mais aussi son fils. De plus c'est un enfant sans mère. Parfois, il représente même sa mère, ma belle-sœur. Mon frère ne peut s'empêcher de se remémorer et de transformer sa rancœur débordante en affection pour s'occuper de Huahua.

Mon frère a pris la cuillère à riz de ma belle-sœur et a commencé à cuisiner des entrailles de poissons pour Huahua. Chaque jour, il descendait pour récupérer les cendres de charbon brûlées par les voisins, pour que Huahua puisse faire ses besoins. Avec le développement rapide de la ville, de moins en moins de familles brûlaient des briquettes de charbon. Mon frère descendait tous les jours mendier les cendres de charbon aux résidents encore installés dans les maisons de plain-pied. Plus tard, ils ont également commencé à utiliser du gaz liquéfié en bouteille, obligeant mon frère à marcher plus loin, jusqu'aux endroits où les pauvres brûlaient encore du charbon. Pour obtenir ces cendres, mon frère rendait de petits services, donnait des médicaments gratuits ou offrait quelques magazines périmés en échange. Cependant, au fur et à mesure que les appétits grandissaient, mon frère ne pouvait plus satisfaire tout le monde. Les cendres brûlées étaient inutiles et auraient été jetées à la poubelle si elles n'avaient pas été données à mon frère. Pendant un certain temps, mon frère s'est contenté de fouiller dans les poubelles, et au fil du temps, sa technique est devenue de plus en plus sophistiquée, ses mouvements nets et précis comme un véritable chiffonnier. Le comportement a touché les voisins bienveillants, dont ses collègues de travail qui habitaient l'immeuble ainsi que les propriétaires de l'épicerie en face de la rue. Ils avaient entendu dire que mon frère élevait un chat en mémoire de ma belle-sœur, décédée trop jeune, ce qui était vraiment touchant. Mon frère s'occupait de Huahua maladroitement mais avec dévouement, devenant ainsi une légende parmi les habitants du quartier. On disait que mon frère avait bon cœur, qu'il était imperturbable, comme s'il élevait réellement l'enfant que ma belle-sœur lui avait laissé en héritage en dépit de toutes les difficultés. Il mendiait les cendres de charbon et les entrailles de poisson comme s'il tendait la main pour demander l'aumône, mais à la fin, il n'avait plus besoin d'intervenir personnellement car les gens les lui apportaient. Tout le monde savait qu'on en avait besoin. Toutes les personnes des environs qui brûlaient du charbon lui apportaient leurs cendres. Plusieurs fois par jour, on frappait à la porte et quand on ouvrait, on nous tendait un sac en plastique dégoulinant d'entrailles de poisson. De nos jours, le poisson est moins cher que la viande et il présente de nombreux avantages pour la santé et les gens en mangent plus souvent qu'auparavant. Toutes les entrailles de poissons consommés dans notre quartier étaient rassemblées chez nous. Même si Huahua avait un appétit d'ogre, il ne pouvait pas tout manger car c'était un chaton nerveux et il ne mangeait pas beaucoup. Nous ne voulions pas refuser la gentillesse des voisins, alors nous les acceptions tous, nous les mettions dans des sacs-poubelles à l'exception de certaines parties que nous mettions au congélateur pour les conserver. Devant notre appartement, les cendres de charbon s'accumulaient en monticules bloquant même le passage. Mon frère et moi profitions de la nuit noire et du vent fort pour les descendre en plusieurs fois et les jeter dans les conteneurs à déchets. La charge de travail de mon frère n'a pas diminué et il a même eu besoin de mon aide pour déplacer l'énorme quantité de déchets. Bien sûr, le sentiment n'était plus le même qu'auparavant. Auparavant, il transportait les cendres de charbon et les entrailles de poisson chez nous, maintenant c'est le contraire. Cela était dû au surplus ce qui le rendait psychologiquement plus tranquille.

L'acte altruiste de mon frère envers Huahua avait considérablement amélioré nos relations avec les voisins et les visites étaient devenues plus fréquentes. Bien sûr, lorsqu'ils venaient chez nous, Huahua refusait toujours de se montrer. Ce chat orphelin qui suscitait tant d'attention était très irrespectueux. À ce moment-là, il n'y avait pas que les enfants mais aussi les vieilles et jeunes femmes qui venaient chez nous et cherchaient Huahua en l'appelant et en fouillant chaque recoin. Avec toutes ces personnes en agitation, notre appartement était constamment animé, le sol était couvert de traces de pas dans tous les sens. Avec tout ce bruit, même moi, j'aurais aimé trouver un endroit tranquille pour me cacher. Bien sûr, j'aurais pu simplement partir car je n'avais aucune obligation envers Huahua. Cependant, ce n'était pas le cas pour mon frère. Il devait rester pour accueillir les visiteurs et écouter leurs histoires. Parmi les visiteurs, bon nombre d'entre eux avaient des chats chez eux mais n'avaient jamais entendu parler de la nécessité des cendres de charbon pour les besoins de leur chat. Ils disaient à mon frère qu'il devrait entraîner Huahua à avoir un endroit fixe comme les humains pour faire ses besoins, cela serait plus pratique et plus propre que d'utiliser les cendres de charbon, une technique trop primitive. Mon frère devait donc expliquer patiemment que Huahua était un chat très particulier et que ses déjections partout étaient les conséquences de la peur. Il leur expliquait à quel point Huahua avait peur des gens et que c'était un chat timide et réservé et qu'il n'aimait pas les endroits animés et que sur ce point, il était semblable à son propriétaire. Les visiteurs ne pouvaient pas vraiment saisir ce que mon frère voulait dire mais, ils avaient déjà entendu parler du comportement étrange de Huahua. Ils savaient que c'était un chat inhabituel, effrayé par les gens et qui n'aimait pas la compagnie des gens. C'est le comportement typique des orphelins. Certaines personnes supposaient même que le comportement de Huahua était dû à une certaine frustration sexuelle. « Huahua est-il toujours un chaton ? » demandaient-ils. « Oui » répondait mon frère. « Il a même peur de sa propre famille, alors face à des chats étrangers ! Il a grandi ainsi sans jamais quitter cet immeuble. »

Les gens qui venaient disaient : « C'est là le nœud du problème. Il faudrait lui trouver une compagne pour voir si cela le rendrait plus heureux. » Quelques jours plus tard, une chatte persane, soigneusement sélectionnée est arrivée chez nous. Elle avait la responsabilité de devenir la partenaire de Huahua. Elle est restée chez nous pendant environ deux semaines, mais au final, rien ne s'est passé.

Huahua n'avait pas peur de la nouvelle chatte comme il avait peur des humains, après tout ils étaient de la même espèce. Cependant, il n'y avait pas de lien particulier d'affection entre eux, comme c'est souvent le cas entre congénères. La petite chatte était la première chatte que Huahua avait rencontrée après avoir atteint l'âge adulte. On aurait pu s'attendre à ce qu'il manifeste un grand enthousiasme, mais ce ne fut pas le cas. Huahua était indifférent à l'autre chat, sans chaleur particulière et il n'a pas montré l'empressement qu'il aurait dû en présence d'une chatte. Il avait l'air de considérer cela comme tout à fait normal. La petite chatte, en revanche, étant sans vergogne, tournant autour de Huahua et émettant divers miaulements lascifs demandant l'accouplement. Elle avançait sa tête vers l'entrejambe de Huahua, le reniflant ici et là. Pour échapper à cela, Huahua sautait sur une chaise. La petite chatte continuait à tourner autour de la chaise, tendant ses pattes vers la queue de Huahua. Si elle sautait aussi sur la chaise, Huahua sautait immédiatement ne restant jamais sur la même chaise qu'elle. Pendant les repas, Huahua se retirait toujours sur le côté, laissant la petite chatte manger en premier. La petite chatte tenait fermement la tête de poisson dans sa gueule émettant des grognements d'avertissement pour empêcher Huahua de s'approcher de la gamelle. Huahua faisait preuve d'une grande dignité, montrant un comportement très distingué, il faut dire qu'à l'origine la gamelle lui appartenait. Ce n'est que lorsque la petite chatte avait bien mangé et bien bu que Huahua osait s'approchait pour manger quelques bouchées à contrecœur. Cependant, en ce qui concerne la manière de faire ses besoins la petite chatte était supérieure. Elle s'accroupissait comme un être humain, tenant ses pattes sur le rebord de la cuvette. Huahua, quant à lui, continuait à faire ses besoins partout, ce qui répandait une mauvaise odeur chez nous. Cela nous épargnait de devoir être témoins de l'imitation remarquable des habitudes humaines par le chat, ce qui nous mettait mal à l'aise. Une semaine plus tard, lorsqu'on a appris que la propriétaire de la chatte allait venir nous rendre visite, mon frère s'est dépêché de donner un bain à la petite chatte. Elle semblait habituée à cette routine, ronronnant doucement les yeux fermés pendant qu'on la séchait. Mon frère a également aspergé la petite chatte du parfum laissé par ma belle-sœur. Mon frère semblait momentanément perdu dans ses pensées en raison de cette odeur familière. Il caressait doucement le pelage doux et propre de la petite chatte pendant que de son côté, Huahua semblait indifférent, montrant ainsi qu'il n'était pas du tout jaloux. Plus tard, la petite chatte a été emmenée et Huahua est resté calme comme d'habitude, ce qui était difficile à comprendre. Parfois, nous nous demandions : la femele est-elle vraiment venue chez nous ? Huahua s'est-il déjà entendu avec un chat qui n'est pas lui ? Oui, Huahua est toujours vierge et n'a toujours pas connu les joies du mariage. Cependant, mon frère avait quand même organisé un mariage pour elle et ma belle-sœur de là-haut devrait sûrement être réconfortée. Ce n'est pas que Huahua n'avait pas eu d'occasions de rencontrer des femelles ou qu'aucune femelle ne l'avait intéressé mais il était trop fier pour prendre le mariage et les femelles au sérieux. Puisque Huahua avait choisi le célibat, nous devions tous respecter son choix.

Après la mort de ma belle-sœur, bien que Huahua fût choyé par mon frère pendant un certain temps, cette période heureuse fut de courte durée, car le problème des puces n'avait pas été correctement résolu. De son vivant, c'était elle qui, tous les jours, à la lumière de la lampe, capturait les puces de Huahua. Bien que mon frère puisse ramasser les cendres de charbon et mendier la nourriture pour chat, capturer les puces était clairement une tâche difficile pour lui. Imaginez mon frère, un homme grand, en train de passer ses journées le chaton dans les bras à la recherche de puces. Cela aurait été inapproprié. Même s'il avait été prêt à faire preuve de patience, il n'avait tout simplement pas la finesse requise. La capture des puces nécessite non seulement de l'affection mais aussi une grande habileté. Il a donc dû renoncer. Bien que ma mère souffrît des puces, il était difficile pour elle de proposer d'abandonner Huahua, d'autant plus que ma belle-sœur venait de s'éteindre. Plus tard, Huahua est devenu l'objet d'attention de toutes les voisines, jeunes et vieilles du quartier rendant la demande de ma mère encore plus difficile à formuler. Étant donné que ma mère et ma belle-sœur entretenaient des relations harmonieuses, ma mère avait de l'affection pour ma belle-sœur et tolérait Huahua même si cela la dérangeait. Ma mère avait même envisagé de prendre la relève de ma belle-sœur pour capturer les puces, mais étant donné son âge avancé, ses problèmes de vue et de dextérité. Après tout elle avait besoin de mon aide pour des choses aussi simples qu'enfiler une aiguille. Capturer les puces, ce qui demande agilité et précision, était donc hors de question. Ma mère avait donc placé ses espoirs dans sa future belle-fille.

Un peu plus d'un mois après le décès de ma belle-sœur, l'idée de mon frère de se remarier semblait déraisonnable. Cependant, dès que les gens ont compris que la nouvelle conjointe devrait répondre à certaines conditions, à savoir être passionnée par les affaires de notre famille, tout a soudainement pris sens.

Cette personne (la personne choisie) devait aimer les animaux, plus particulièrement les chats. Elle devait non seulement aimer les chats mais aussi être compétente pour en prendre soin, c'est-à-dire savoir attraper les puces et elle ne devait pas avoir de chat elle-même. Ces conditions étaient si étranges qu'elles suscitaient des doutes : cette famille cherchait-elle vraiment une belle-fille ou une belle-mère pour le chat ? Lorsque les jeunes femmes qui venaient pour un rendez-vous entraient chez nous et sentaient cette odeur de zoo, tout devenait clair pour elles.

Comme mon frère n'avait pas trouvé de nouvelle compagne, maman et lui ont reporté leur affection sur moi. À ce moment-là, ma petite amie et moi étions déjà ensemble depuis plus de deux ans et il était grand temps de nous marier. Ils m'ont invité à revenir à la maison après le mariage et mon frère a même proposé de nous laisser sa chambre et celle de ma belle-sœur. Au départ, ma mère a longtemps désapprouvé mon mariage avec Xu Lu, ma petite amie. Cependant, Xu Lu a su comment réagir, faisant semblant d'aimer vraiment Huahua. Elle l'a même prise dans ses bras et a sérieusement tenté de lui attraper des puces à plusieurs reprises. J'étais le seul à savoir qu'à la fin de chaque chasse aux puces, elle enlevait tous les vêtements qu'elle portait et les mettait soigneusement dans un sac en plastique avec une fermeture éclair, qu'elle jetait ensuite dans la poubelle située en bas de son dortoir. Chaque fois, elle demandait de l'accompagner pour acheter de nouveaux sous-vêtements et vêtements. C'est à ce moment-là que je réalisais que c'était un jour à « capture de puces ». Je disais discrètement à Xu Lu : « Tu sais, ces vêtements peuvent être lavés et portés à nouveau. » Elle faisait comme si elle n'avait rien entendu et continuait à faire comme elle l'entendait, jetant immédiatement les vêtements qu'elle venait d'enlever. Son empressement et sa nervosité étaient comme si elle jetait des vêtements ensanglantés après un meurtre. En été ça pouvait aller car on portait peu de vêtements. Mais dès que le temps commençait à se refroidir, il était difficile de financer cette activité de lutte contre les puces. C'est moi qui supportais les dépenses d'achat de nouveaux vêtements. Même si elle préférait se sacrifier et porter des vêtements bon marché pour traquer les puces de Huahua, j'en avais assez de ce jeu. Quand ma mère n'était pas d'accord pour que je me marie avec Xu Lu, je voulais vraiment l'épouser. Mais, maintenant que ma mère semblait être sur le point de changer d'avis, j'avais perdu mon enthousiasme initial. C'est ainsi que sont les choses, difficiles à expliquer. Finalement, à un moment crucial, j'ai révélé la supercherie de Xu Lu. Ce qui a le plus choqué ma mère, c'est qu'elle (Xu Lu) n'aimait pas Huahua et n'avait pas l'intention de venir vivre avec moi chez nous après le mariage.

Dès l'instant où Xu Lu a compris qu'il n'y avait aucun espoir de se marier avec moi, elle a définitivement arrêté d'attraper les puces de

Huahua. Lorsqu'elle venait chez nous par nécessité (elle était toujours ma petite amie), elle ne cachait pas son dégoût et se couvrait le nez et la bouche sans aucune hésitation. Elle ne touchait pas nos verres et ne s'asseyait pas sur nos chaises, se tenait debout dans notre salon en essayant de ne rien toucher chez nous. Si cela avait été possible, elle aurait préféré flotter dans les airs. Elle avait l'air d'une héroïne en territoire hostile et répétait sans cesse : « Ça sent vraiment mauvais ! Ça sent vraiment mauvais ! »

IV

Notre appartement est situé au septième et dernier étage. Au-dessus du septième étage, se trouve le toit qui couvre l'ensemble du bâtiment. Dans le couloir, il y a une trappe carrée qui permet d'accéder au toit grâce à une échelle. Sur le toit, il y a un énorme réservoir d'eau destiné aux habitants des trois derniers étages ainsi que quelques antennes éparses. En dehors de cela, c'est un endroit désert mais spacieux. Aux alentours, il n'y a pas de bâtiments comparables. Du toit, on peut admirer la vue majestueuse de la ville, avec l'hôtel Jinling et le pont sur le fleuve Yangtsé qui se profilent en ombres grises. Dès qu'on monte sur le toit, on ressent un vent vigoureux qui souffle en plein visage. Au moins, l'air y est frais et l'esprit s'ouvre immédiatement.

L'été, les résidents de l'immeuble grimpaient sur le toit pour profiter de l'air frais. Mais cela a été interdit par la suite par crainte que les enfants turbulents ne tombent. La seule exception à cette règle était lors des feux d'artifice de la Fête nationale pendant laquelle les résidents et l'ensemble de leur famille sortaient en masse du fenestron carré. Les conditions pour observer les feux d'artifice étaient vraiment excellentes à cet endroit. Par la suite, les gens ont utilisé cet endroit pour observer les éclipses de Lune, les comètes, en deux mots tous les événements célestes qu'ils soient d'origine humaine ou naturelle. Le toit de notre immeuble est rapidement devenu une station d'observation – certains y avaient même installé de puissants télescopes. Cependant, en raison du grand nombre de visiteurs, la fragile couche d'isolation thermique a été endommagée provoquant des infiltrations d'eau dans les appartements du dernier étage quand il pleuvait ou neigeait. C'est ainsi que l'observatoire du dernier étage a été définitivement fermé.

Mon frère, je ne sais comment, a soudoyé le service de gestion de l'immeuble pour obtenir les clés du fenestron. Il a discrètement emmené Huahua sur le toit. Il a placé un coussin en coton à l'endroit où l'isolant thermique était endommagé pour que Huahua puisse s'y reposer. C'est à partir de là que Huahua a vécu sur le toit. Grâce à la présence de l'isolant en ciment, Huahua n'était en réalité pas exposé aux intempéries. Il se déplaçait entre les pavés de bitume et les dalles d'isolation en béton, des conditions bien meilleures que celles auxquelles on aurait pu s'attendre. Selon mon frère : « Huahua dispose de la plus grande superficie de logement par habitant à Nankin. » En effet, tout le toit appartenait désormais à Huahua soit la somme de la superficie de quatre appartements plus le couloir. Je ne pourrais même pas calculer la superficie exacte. Cela représentait environ la superficie occupée par une vingtaine de personnes. Autrement dit, Huahua occupait un espace aussi grand que celui de vingt personnes, comparé à sa vie précédente où il se cachait dans un coin de notre appartement ou dans un tiroir, c'était vraiment le jour et la nuit.

Chaque jour, mon frère apportait sur le toit de la nourriture et de l'eau pour le chat et l'appelait plusieurs fois « Huahua... » jusqu'à ce que le chat réponde de loin de l'isolant thermique. Puis, mon frère, rassuré, redescendait du toit. Cela se répétait tous les jours. Parfois, je montais aussi avec mon frère pour rendre visite à Huahua. Bien sûr, en dehors de quelques signes de sa présence, il n'y avait aucune trace de Huahua. Même ces prétendus signes semblaient douteux comme quelques polis sales soulevés par les rafales de vent ou un morceau d'excrément desséché. Lorsque Huahua était en bas, même s'il n'apparaissait généralement pas il y avait de nombreux signes évidents de sa présence comme les puces qui nous piquaient constamment. Depuis le départ de Huahua, le nombre de puces a diminué grâce à notre nettoyage intensif et aux efforts d'hygiène de toute la famille. L'odeur d'urine de chat, quant à elle était de plus en plus faible jusqu'à devenir presque imperceptible. Se retrouver soudain dans un environnement propre et sans odeur était assez déconcertant. J'allais sur le toit pour essayer de revivre l'ambiance d'antan mais j'ai été très déçu. Même si cet endroit était jonché d'excréments de Huahua et que mon frère ne le nettoyait jamais avec la cendre de charbon, en raison de l'exposition aux éléments, les fortes rafales de vent, la pluie, la neige, l'odeur nauséabonde des déjections avait disparu depuis longtemps. Quant à savoir si les puces pouvaient survivre dans ces conditions difficiles, la plupart d'entre elles se concentraient sur le corps de Huahua qui était définitivement débarrassé du problème du bain. Son pelage emmêlé était le seul refuge des puces et il semblait que leur reproduction avait atteint un point de saturation. Heureusement, cela ne concernait plus les humains, c'était une guerre biologique entre les puces et le chat.

Mon frère redescendait du toit avec les restes de nourriture pour chat et le bol d'eau, puis les remplaçait avec de la nourriture fraîche et remplissait le bol d'eau avant de remonter sur le toit. Avec le temps, il a cessé d'appeler Huahua ; l'état de la nourriture du jour précédent suffisait à indiquer si Huahua allait bien. Si la nourriture était restée intacte, cela pouvait indiquer que Huahua était malade, mais il existait aussi la possibilité qu'il soit difficile à satisfaire. Mon frère devait faire la distinction. Comme sa charge de travail avait considérablement diminué et qu'il n'avait plus à se soucier ni des cendres de charbon ni des puces, il pouvait davantage concentrer son attention sur l'alimentation de Huahua. Si Huahua tombait malade, mon frère lui préparait un repas spécial, réfléchissant d'une part à ses goûts, et d'autre part, en y ajoutant soigneusement de la tétracycline ou un médicament similaire. Par la suite, mon frère a découvert que si Huahua ne mangeait pas, ce n'était pas parce qu'il était malade. En fait il était en meilleure forme qu'auparavant depuis son installation sur le toit. Il s'était habitué à la vie libre et sans contrainte de l'extérieur et était devenu de plus en plus réticent à la nourriture cuite. Une fois cette conclusion tirée, le travail de mon frère est devenu beaucoup plus facile. Il n'avait plus besoin de cuisiner sur le poêle (ce qui signifiait qu'il n'avait plus à supporter l'odeur nauséabonde ou agréable qui flottait quotidiennement dans notre appartement). Il prenait simplement le poisson qu'il avait pêché ou acheté et le montait tel quel sur le toit pour le donner à Huahua. Mon frère n'était pas certain que le toit puisse être considéré comme un environnement sauvage car il n'y avait ni fleurs, ni herbe, ni aucun autre animal en dehors de Huahua et des puces. Même s'il était en plein air, il n'était pas en contact avec les environs. C'était comme une autre planète sur laquelle Huahua évoluait. Pas étonnant qu'il fut le chat le plus étrange du monde.

Notre bâtiment a la forme d'un ⊥ avec le nord en haut, le sud en bas, l'est à gauche et l'ouest à droite. Notre appartement se trouve à gauche sur la partie inférieure de la barre transversale inférieure. Chaque étage compte quatre appartements répartis de part et d'autre de la barre transversale. La barre verticale constitue le couloir. En réalité la distance entre les deux barres transversales est plus courte que ce que l'on pourrait imaginer. Notre balcon fait face à la fenêtre arrière de l'appartement nord situé juste en face à seulement deux mètres de distance. Cela signifie que l'été l'air chaud provenant de leur climatiseur se dirige directement vers notre appartement. Plus tard, notre chat Huahua a emménagé sur le balcon et l'odeur nauséabonde qu'il dégageait a dissuadé nos voisins d'ouvrir leurs fenêtres – mais c'est une autre histoire, passons là-dessus pour l'instant.

Mon frère a profité de la structure particulière de l'immeuble pour ne plus monter sur le toit nourrir Huahua. Il se tenait sur le balcon brandissant deux sacs en plastique (l'un avec la nourriture et l'autre avec de l'eau) et les lançait en direction du toit opposé avec un sifflement. Huahua ouvrait lui-même le sac contenant la nourriture. Le sac contenant l'eau se brisait avec un bruit sourd sous l'impact, et l'eau se répandait. Huahua léchait ensuite la partie de ciment humidifié. Au début, mon frère craignait que l'eau ne soit absorbée par le ciment du toit. Plus tard, après que plusieurs sacs avaient été jetés, l'eau a commencé à s'accumuler dans les creux formant une petite mare. Mon frère a commencé à viser cette petite mare naturelle, et avec la pratique, sa précision s'est améliorée. Remplir la mare n'était plus un problème, trois sacs en plastique d'eau suffisaient. Pendant les étés extrêmement chauds, l'eau s'évaporait rapidement. Mon frère plaçait des glaçons dans les sacs en plastique. Cela servait à la fois à rafraîchir Huahua et à ralentir l'évaporation, ce qui permettait à Huahua de boire à sa guise avant que les glaçons ne fondent.

Pour Huahua, mon frère a vraiment donné de sa personne, faisant preuve d'une grande prévenance et d'une minutie incroyable. Malgré cela, il ressentait toujours une certaine culpabilité principalement parce qu'il consacrait beaucoup moins de temps à Huahua qu'auparavant. Tout semblait si facile et si bien orchestré que c'était à peine croyable. Désormais, chaque fois que c'était l'heure de manger, Huahua le rappelait activement à l'ordre. Il se rendait sur la partie horizontale supérieure du « 工 » (le côté gauche), étirait son cou en direction de notre balcon (la partie horizontale inférieure du « 工 » côté gauche) et miaulait doucement. Son désir d'intimité était évident, nous étions ravis, mais aussi profondément attristés car nous étions convaincus que Huahua ne pouvait plus supporter sa solitude. Nous écoutions sa voix familière tout en contemplant avec des yeux embués sa silhouette qui semblait venir d'un autre monde. Autrefois son pelage était noir et blanc, aussi distinct que le jour et la nuit. À présent, elle ressemblait à un chat gris. Cela pouvait s'expliquer par le fait que Huahua avait vieilli, ses poils noirs devenant blancs. De plus, le fait de ne pas se laver ni d'avoir d'autres chats ou humains pour l'aider à entretenir son pelage avait peut-être provoqué ce changement, faisant paraître le pelage blanc comme gris et laissant une impression de négligence et de saleté.

Chaque jour, mon frère soulevait son bras musclé et lançait rapidement du balcon jusqu'au toit. Il accomplissait cette tâche sans émotion comme s'il s'agissait d'une routine quotidienne ou d'une partie de son travail habituel, à la fois habile et précis, sans montrer un quelconque intérêt. Pour les observateurs extérieurs, cette scène paraissait très étrange. Plus mon frère donnait l'impression d'être déconcerté, plus son comportement semblait charmant. À cette époque j'avais déjà déménagé et vivais ailleurs. Je revenais chez moi de temps en temps simplement pour regarder mon frère nourrir Huahua. J'étais subjugué par ce spectacle, et je le présentais comme une attraction à mes amis. En raison de ma relation avec Xu Lu, elle avait eu le privilège de voir cela en premier. Mes autres amis sont venus les uns après les autres, prétextant emprunter un livre ou simplement manger, mais en réalité tous voulaient savoir comment mon frère s'occupait de Huahua. D'autres personnes n'ayant pas eu l'occasion de le voir de leurs propres yeux, ils ne pouvaient que se fier aux récits qu'ils entendaient. Avec le temps, mon frère avait élevé un chat étrange mais personne n'en parlait plus. Les gens étaient surtout intéressés par la manière inhabituelle dont il s'occupait du chat. Cette méthode était à la fois étrange et élégante, pleine de passion, d'imagination, d'énergie et d'efficacité. Si je n'en avais pas parlé ici mon frère n'y aurait jamais prêté attention jusqu'à aujourd'hui !

De temps en temps mon frère montait sur le toit pour ranger les sacs en plastique et nettoyer les déchets. Parfois, Huahua apparaissait, mais il ne se cachait plus comme auparavant – peut-être parce qu'il était difficile de voir son maître. Lorsque mon frère lançait la nourriture du balcon vers le haut, Huahua prenait le risque de se pencher sur le rebord du toit pour le regarder. Le soir venu, lorsque les lumières s'allumaient à l'intérieur, si les rideaux n'étaient pas tirés, Huahua pouvait observer les activités de la famille à l'intérieur depuis le toit. Le faisait-il souvent ? Tous les jours ? Il observait avec une tendresse profonde, plongeant dans une réflexion propre aux félins, jusqu'à ce que l'aube pointe à l'horizon.

Un jour, J'ai accompagné mon frère sur le toit et Huahua ne s'est pas éloigné. Mon frère, tout en nourrissant Huahua lui caressait le dos. Il a retiré de Huahua de grosses touffes de poils gris, doux et fins comme des bulles de savon, qui ont rapidement disparu dans la main de mon frère. J'ai regardé avec stupéfaction ces poils emportés par le vent sur le toit, s'éloignant de nous. Notre conversation n'avait rien à voir avec Huahua, et mon frère n'a pas jeté un seul coup d'œil à Huahua, se contentant de frotter ses doigts l'un contre l'autre de temps en temps pour enlever les poils de chat collés sur ses mains, puis de continuer à brosser le dos de Huahua. Quant à Huahua, il était complètement absorbé par son repas, mâchant rapidement et goulûment en penchant la tête pour avoir suffisamment de force. Pendant ce temps le soleil se couchait à l'horizon lointain et nos visages étaient éclairés par sa lumière jaune dorée avant de disparaître soudainement. Mon frère a ensuite évoqué une connaissance commune, une femme qui, par amour, avait quitté son travail dans le nord-est et était venue à Nankin par amour. Elle avait eu un fils. Le fils avait grandi et était en première année d'école élémentaire mais elle avait divorcé et elle était retournée seule dans le Nord-Est… ; C'était vraiment une histoire malheureuse et j'opinais fréquemment en l'écoutant. Mais qu'est-ce que cela avait à voir avec Huahua ? En fait, il n'y avait aucun rapport : le repas de Huahua et sa mue automnale, les paroles et les gestes de mon frère, mon écoute et ma réflexion. Pourtant tout était en harmonie, chaque élément se fondait dans l'autre, se transmettait mutuellement des émotions et se neutralisait, tous convergeant en cette lumière particulière qui apparaissait sur le toit un soir d'automne.

V

En raison des protestations des voisins, Huahua a été contraint de redescendre.

Ils pensaient que si le chat se soulageait partout sur le toit, il pourrait contaminer le réservoir d'eau, même si celui-ci était recouvert d'un lourd couvercle en béton et qu'il fallait deux personnes pour le soulever. Qui pouvait garantir qu'il n'y avait pas d'autres fissures autour de la citerne qui la mettraient en contact avec les excréments de l'animal ? D'autre part, le ciment est très perméable. Même si Huahua ne passait pas par une fissure particulière et faisait ses besoins simplement sur le dessus du couvercle en ciment, à la longue, cela pourrait pénétrer dans le réservoir. Sans parler de cette odeur omniprésente et insaisissable qui se dispersait partout toute la journée, créant ainsi une odeur très particulière. L'ensemble des résidents des onze appartements du cinquième étage et au-delà, en dehors de notre famille, ont tous ressenti cela en même temps. Lorsqu'ils montaient sur le toit et voyaient les excréments secs dispersés ici et là ainsi que les arêtes desséchées de poisson, cela devenait insupportable. Ils ont recueilli des échantillons d'eau du réservoir et les ont fait analyser par les autorités compétentes, espérant obtenir des preuves compromettantes contre mon frère. Mais comme les données concernant la composition des excréments de félidés étaient insuffisantes, l'affaire en est restée là.

Les voisins ont alors porté plainte en disant que leurs maisons avaient toutes des infiltrations et qu'ils en imputaient la responsabilité à mon frère qui, en se rendant régulièrement sur le toit pour nourrir le chat, avait abîmé l'isolant thermique. Heureusement, ils n'étaient pas assez bêtes pour prétendre que c'était le chat qui avait causé les dégâts, car même un léopard ou un tigre de Sibérie n'aurait pas une démarche aussi lourde. Mais ils avaient quand même la possibilité de déplacer la faute et d'utiliser des moyens diffamatoires. L'isolant thermique sur le toit était déjà fissuré à plusieurs endroits bien avant que mon frère n'aille y nourrir le chat. C'était le résultat de l'époque où ils étaient venus ici avec leur famille pour regarder les feux d'artifice, les éclipses de Lune et les comètes. Les fonctionnaires de l'administration des biens immobiliers n'ont pas hésité. Ils ont décidé que mon frère était en faute en se basant sur les traces de pas sur le toit et les taches jaunâtres sur les murs de chaque appartement. Ils lui ont ordonné de faire descendre le chat du toit. Face à l'injustice des fonctionnaires de l'administration des biens immobiliers, ma mère était furieuse et a tenté de se défendre. Mon frère, lui, souriait en gardant le silence. Il niait catégoriquement l'existence de son chat. « Qui a dit que je gardais un chat sur le toit ? Trouvez-le et montrez-le-moi ! » dit mon frère. Bien entendu, à ce moment-là, Huahua était caché sous l'isolant thermique. Mon frère avait une grande confiance en la capacité de Huahua à se cacher et en sa patience, c'est pourquoi il osait parler avec audace devant ces preuves secondaires telles que les excréments de chat et les arêtes de poisson. Les voisins savaient pertinemment que mon frère mentait mais ils ne pouvaient pas le confondre. Certains plus excités ont même demandé à soulever complètement l'isolant thermique pour prouver devant les responsables de la gestion immobilière qu'ils avaient raison. Cependant, cela allait à l'encontre de leur intention initiale. Ils avaient porté plainte contre mon frère dans l'espoir de sauver l'isolant thermique et d'empêcher les infiltrations d'eau dans les appartements, mais maintenant ils étaient prêts à le détruire pour confondre mon frère. Comment cela pourrait-il fonctionner ? Au fond, mon frère n'était pas une mauvaise personne et le fait qu'il nie la présence de Huahua sur le toit, c'était plus parce qu'il était indigné par les actions des voisins. Ces petites questions de voisinage auraient pu être résolues par négociation et, il était inutile de déranger les autorités de gestion immobilière. De plus, il avait fait tout cela à l'insu de mon frère. Les voisins qui s'entendaient bien habituellement, s'étaient soudain ligués contre notre famille, tout ça pour un pauvre petit chat. Plus mon frère y pensait plus il était en colère. Mentir face à eux était sa façon de provoquer ces voisins têtus. Cependant, c'était nos voisins et les choses ne pouvaient pas tourner au vinaigre. Alors que tout le monde était dans une impasse, mon frère leur a donné une issue en admettant l'existence de Huahua : « En effet, il se trouve sous l'isolant thermique du toit. » a-t-il dit avec sincérité. « Mais je ne peux pas le faire sortir et encore moins l'attraper. » Après avoir dit cela, il a appelé doucement Huahua. Toutes les personnes présentes ont aidé mon frère en l'appelant à leur tour : « mimi, mimi, mimi... ». Les personnes qui s'étaient disputées quelques minutes auparavant sont soudain devenues très douces, émettant des sons doux et délicats. Cependant, cela fut vain. Huahua n'a pas dit un mot. Certains des voisins ont même commencé à douter de l'existence de Huahua. Mon frère leur a affirmé avec certitude : « Il est en bas, je l'ai vu hier ! » Une telle atmosphère de courtoisie et de respect aurait été inimaginable quelques minutes plus tôt, et tout aurait été beaucoup plus simple si nous l'avions su. À ce moment-là, les voisins ont estimé qu'il était un peu excessif de persécuter un petit chat solitaire et vulnérable, et mon frère était lui aussi inquiet d'avoir dérangé tout le monde. Il a dit aux voisins qui avaient apaisé leur colère : « Vous feriez mieux de descendre, je vais essayer doucement de le faire sortir. Huahua est un chat timide, il n'a jamais vu une telle agitation... » Avant de partir, les voisins ont dit à mon frère qui retrouvait peu à peu son calme : « Il n'y a pas d'urgence. Si vous réussissez à le faire sortir tant mieux, sinon continuez à le garder sur le toit pendant un an ou deux, ce n'est pas grave. »

En ce début d'hiver, le toit qui était haut était exposé au vent du nord qui soufflait fort. On ne s'en était pas aperçu pendant la dispute, mais maintenant que la colère était retombée on ne ressentait que le froid qui nous envahissait. Les gens se sont retirés un à un, la tête baissée et l'air penaud. Mon frère et moi avons appelé Huahua pendant un moment, mais voyant qu'il ne réagissait pas du tout, nous sommes descendus par le fenestron du toit jusqu'au couloir.

Cette nuit-là, une forte tempête de neige s'est abattue. Le lendemain matin, des voisins sont venus frapper à notre porte. Ils étaient extrêmement inquiets pour Huahua : ne risquait-il pas de mourir de froid par ces températures glaciales ? On pouvait voir qu'ils étaient sincères et que ce n'était pas une ruse pour faire descendre Huahua du toit. Mon frère leur a dit avec soulagement : « Huahua a déjà déménagé avant que la neige ne tombe, il est maintenant sur notre balcon. » Mon frère les conduisit jusqu'au balcon, non pas pour admirer le paysage enneigé en contrebas, mais pour leur montrer la drôle de cabane pour chat qu'il venait de construire.

La cabane pour chat avait été construite dans le coin nord-est du balcon, elle était faite de briques et de tuiles brisées assemblées, recouverte de feutre goudronné et de plastique, avec une sortie de la taille d'un livre du côté sud. Seules les parois sud et ouest étaient construites, le côté est reposait sur la partie solide du balcon, et le côté nord était contre le mur extérieur de l'appartement. Les joints de la cabane étaient remplis de petits morceaux de bois et de mousse de polystyrène blanche, ce qui indiquait qu'elle avait été construite à la hâte avec les matériaux disponibles sur place. Les visiteurs ont seulement vu la cabane pour chat qui était en désaccord total avec la propreté du balcon, mais ils n'ont pas vu Huahua. À ce moment-là, Huahua naturellement se trouvait à l'intérieur de la cabane. Les visiteurs se sont penchés et ont regardé dans la cabane à travers l'embrasure de la porte. Avant même qu'ils ne puissent voir clairement ce qu'il y avait à l'intérieur, ils ont entendu un sifflement, c'était Huahua qui les mettait en garde. Bien qu'ils n'aient pas vu à quoi ressemblait Huahua, ils entendirent sa menace de ne pas s'approcher, confirmant ainsi sa présence. Maintenant que Huahua était sur le balcon de notre appartement, il ne se déplaçait plus sur le toit. La tension entre les voisins et notre famille s'est alors dissipée.

Les activités de Huahua étaient strictement limitées au balcon. Ainsi, tant que la porte menant au balcon restait fermée, l'intérieur de la maison restait propre. Avec le temps, Huahua s'y est habitué, et maintenant, même si la porte menant au balcon est ouverte, il ne met plus une patte à l'intérieur. Les trois chambres et le salon de notre appartement étaient un monde totalement étranger pour Huahua. Si Huahua se sentait menacé sur le balcon, il se faufilait dans la cabane située dans le coin nord-est, mais il était totalement impossible pour lui de se glisser sous un lit ou de se cacher dans un tiroir de la chambre, comme il le faisait lorsqu'il était plus jeune. La cabane à chat était la seule barrière qui dorénavant protégeait Huahua. En dehors de cela, le balcon rectangulaire était vide. À l'origine, ma mère y cultivait beaucoup de plantes et de fleurs et Huahua, telle une chèvre, avait l'habitude de les manger. Ces fleurs et ces plantes qui n'étaient pas comestibles ont fini par être étouffées par l'odeur corporelle de Huahua. Aujourd'hui, sur le balcon, il n'y a que quelques pots de fleurs empilés et des morceaux de boue séchée nous rappelant les fleurs et les plantes luxuriantes de cette époque. Si Huahua ne voulait pas retourner dans la cabane, et qu'il n'osait pas rentrer dans l'appartement et qu'en même temps il se sentait fatigué de rester sur le balcon et n'en pouvait plus, la seule option était de sauter par-dessus la balustrade pour se suicider.

VI

Par la suite, mon frère est parti dans le sud et ma mère a trouvé un compagnon et a déménagé, et la responsabilité de s'occuper de Huahua est tombée sur mes épaules. J'ai abandonné ma propre maison pour revenir dans la maison familiale dans le seul but de m'occuper de Huahua. Sinon mon frère n'aurait pas pu aller dans le sud pour faire fortune (ce qui aurait retardé ses perspectives) et ma mère n'aurait pas pu trouver un nouveau compagnon (ce qui aurait affecté son bonheur de ses années de vieillesse). Avant cela, mon frère n'était jamais parti et ma mère n'avait jamais accepté les avances de Monsieur Guan tout cela pour Huahua. Leur idée était en réalité d'attendre la mort de Huahua puis chacun suivrait son chemin. Ils ne s'attendaient pas à ce que Huahua, après avoir surmonté tant d'épreuves, paraisse de plus en plus jeune sans aucun signe de vieillissement. À présent, avec son apparence juvénile, Huahua semblait avoir un but dans la vie. Ce chat sautait et jouait sur le balcon, s'amusant avec sa propre queue. Son pelage a progressivement changé de couleurs passant de gris à noir et blanc. Il avait vraiment une tout autre allure. Mon frère et ma mère ne pouvaient s'empêcher d'avoir peur et de se demander que comme ma belle-sœur n'avait pas survécu à ce chat, comment pourraient-ils eux... ? Abandonner ou laisser délibérément Huahua mourir était vraiment inimaginable, mais comment résoudre cette situation ? C'est la raison pour laquelle je suis revenu. Mon frère et ma mère ont finalement retrouvé leur liberté trois ans après le décès de ma belle-sœur.

Chaque jour, après le travail, je prenais un moment pour m'occuper de Huahua, ce qui n'était en réalité pas si contraignant. Le système de base pour la vie de Huahua avait déjà été établi et il est resté inchangé après le départ de mon frère. Je n'ai pas laissé Huahua entrer dans la maison pour éviter les puces. Il vivait toujours sur le balcon, où il mangeait, buvait et faisait ses besoins. Il se nourrissait d'abats de poisson cru, il n'était pas nécessaire de les faire cuire. Je nettoyais régulièrement ses excréments sans qu'il fût besoin de les camoufler sous la cendre. Cependant, l'odeur persistait et n'avait pas totalement disparu, bien sûr elle restait cantonnée au balcon. Notre balcon n'était pas comme ceux des voisins des étages inférieurs et supérieurs, transformés en une sorte de véranda improvisée. Malgré les nombreuses suggestions des voisins, je l'avais laissé ouvert pour permettre à l'air de circuler, laissant ainsi entrer le vent et la pluie ce qui réduisait naturellement de moitié les odeurs. La véritable raison pour laquelle les voisins me demandaient de fermer le balcon était d'empêcher la propagation des odeurs et de les limiter seulement à ma propre absorption. Ils pensaient que les mauvaises odeurs produites par Huahua se dispersaient dans l'air et se déposait sur le linge étendu sur leurs propres balcons. Notre balcon est au septième étage et les voisins habitant au même étage n'étaient pas épargnés, ceux qui habitaient en dessous souffraient encore plus. Ils estimaient qu'en fermant leur propre balcon, cela permettrait de se protéger de cette odeur omniprésente. Les coûts liés à la fermeture des balcons devaient être à ma charge à moins que, comme eux, je ne décide de fermer mon propre balcon. Je leur ai répondu que c'était précisément parce qu'ils avaient fermé leurs balcons que je n'avais pas besoin de faire de même. Si jamais ils acceptaient de démonter les vérandas déjà installées de leurs balcons, je m'engageais à fermer le mien. Ce genre de propos traduisait clairement une certaine hostilité. Comme ils ne pouvaient pas démonter les vérandas déjà installées, mon balcon restait donc légitimement exposé aux éléments.

Étendre mon propre linge était en effet un problème, même si la corde à linge que j'avais tendue touchait presque le haut du balcon. Mes vêtements flottaient au-dessus de la zone où vivait Huahua juste au-dessus d'une source de vapeur chaude provenant des excréments du chat. Par la suite, j'ai fixé un support en fer à l'extérieur du balcon pour y étendre mon linge. L'odeur de Huahua imprégnant le linge ne venait pas de l'horizontale mais de côté, toutefois le problème a persisté. C'est à ce moment-là que j'ai lu un livre qui expliquait que les odeurs agréables et désagréables sont en réalité la même chose. Plus précisément, l'odeur agréable est une dilution de l'odeur désagréable, et l'odeur désagréable est une concentration de l'odeur agréable, tout est une question de proportion. Cela m'a beaucoup inspiré. Le linge que j'avais étendu sur notre balcon dégageait en effet une odeur à peine perceptible qui n'était pas vraiment une mauvaise odeur mais dire que cela avait une bonne odeur de parfum serait exagéré. En tout cas, les jeunes filles qui ne savaient pas que j'avais un chat sembler peu enclines à s'approcher de moi. J'ai remarqué qu'en ma présence, elles prenaient de profondes inspirations comme si elles étaient envoûtées. Je n'osais pas attribuer cela à mon charme personnel, mais plutôt à Huahua. C'est exactement ce que j'ai expliqué à Xu Lu, ce qui l'a rendue folle de jalousie en sachant que ces filles se frottaient délibérément à mes vêtements.

Elle a finalement emménagé chez nous par pur désespoir. Face à ces filles qui aimaient l'odeur de Huahua, elle a eu une idée. Elle voulait que son corps dégage la même odeur que moi, c'est-à-dire l'odeur de Huahua. Lorsque les autres sentiraient cette odeur, ils sauraient qu'elle et moi étions étroitement liés et que nous partagions le même lit. Si nécessaire, Xu Lu pouvait même suggérer que cette odeur venait d'elle, qu'elle était née d'elle et qu'elle l'avait transmise à ma peau lors de nos contacts rapprochés. Je n'avais rien à dire pour réfuter cela, alors son stratagème a réussi. Cependant, pour que cela fonctionne elle devait emménager avec moi, nous devions partager nos repas, nos toilettes et il fallait que notre linge sèche sur le même balcon. Xu Lu a vraiment fait ça par amour, ce qui m'a profondément ému. Pour s'imprégner davantage de l'odeur de Huahua, c'était dorénavant elle qui s'occupait de Huahua. Xu Lu le faisait avec diligence, ne se plaignait jamais surtout lorsqu'il s'agissait de nettoyer les excréments de Huahua une tâche aussi sale. Je pouvais voir en elle, l'image émouvante de ma belle-sœur prenant soin de Huahua. Bien sûr que ce soit mon frère ou moi, nous étions prêts à endurer des épreuves pour Huahua mais s'en occuper n'était pas tout à fait la même chose. Il faut toujours une femme pour que tout soit dans l'ordre et que règne une certaine harmonie. Bien sûr Xu Lu ne portait jamais Huahua dans les bras, ni ne lui donnait le bain, ni ne la débarrassait de ses puces. Ils étaient physiquement séparés. Mais, elle pouvait interagir avec lui, s'imprégner de son odeur et l'appeler par son nom : « Huahua ». Parfois, il répondait volontiers par : « miaou, miaou ». Leurs regards se croisaient et ils semblaient se comprendre à un certain niveau, mais parler d'amour et de confiance serait exagéré. Par exemple, elle ne s'est jamais préoccupée de la vie amoureuse de Huahua, ni de lui trouver une compagne. Elle n'a jamais envisagé de l'emmener hors du balcon pour lui faire découvrir le monde extérieur. Xu Lu n'a jamais tricoté de pull à Huahua comme ma belle-sœur le faisait et n'a jamais essayé d'utiliser son autorité pour le libérer de sa captivité.

Pendant cette période, nous sortions rarement sauf pour aller travailler (pour moi) ou étudier (Xu Lu). Xu Lu ne voulait pas que je traîne et que je rencontre des filles qui me complimenteraient sur mon odeur. Elle venait chez nous pour s'occuper de Huahua, mais en réalité, elle me surveillait. Nous avons inconsciemment commencé à vivre une vie isolée du monde extérieur. Je faisais les courses et cuisinais pendant que Xu Lu s'occupait de Huahua. À tous égards, cela ressemblait à une famille de trois personnes. Bien sûr, à cause de l'attitude de Xu Lu envers Huahua qui était bienveillante mais sans trop d'enthousiasme, cela donnait l'impression qu'elle était une belle-mère. Heureusement que nous avions Huahua, sinon notre vie ensemble, dénuée d'activités, n'aurait pas pu durer aussi longtemps. Huahua était devenu un élément amusant de notre vie, un élément qui apportait un peu de joie à notre existence sans espoir. Nous avons appris à l'observer tranquillement. Pour moi, en plus de m'intéresser à Huahua et à tout ce qui le concernait, il y avait aussi la relation entre Huahua et Xu Lu, ou plutôt entre Xu Lu et Huahua. Je me demandais si Xu Lu nous observait, Huahua et moi, de la même manière. Si elle se sentait aussi vide que moi, il était possible qu'elle le fît. Dans cet appartement, ma petite amie et moi observions chacun la vie de Huahua, nous échangions souvent nos observations et tirions certaines conclusions. Cependant, il y avait des choses que nous ne partagions pas. La partie concernant la relation entre l'autre personne et Huahua était de l'ordre du privé. Cela aurait pu être interprété de manière dévalorisante, en abaissant l'autre personne (en l'occurrence Xu Lu) au niveau de Huahua. Pour Huahua, cela aurait pu être perçu comme une promotion, le traitant comme égal de Xu Lu. Il valait donc mieux ne pas en parler. Si je n'étais pas tombé dans un ennui profond, je n'en serais pas arrivé là (à prendre du plaisir à observer comment Xu Lu et Huahua interagissaient).

Pendant cette période, Xu Lu a réalisé de nombreux dessins de Huahua, représentant diverses expressions et postures. Les dessins de chat variaient en taille, certains étaient des agrandissements de parties spécifiques, d'autres étaient le contour de chat dans son ensemble. Ce que Xu Lu dessinait pouvait à peine être considéré comme des chats et il était difficile de dire s'il s'agissait vraiment de Huahua. Elle n'avait jamais suivi de formation professionnelle, ses dessins de chats étaient purement spontanés, son talent éclatait librement sur le papier. J'aimais beaucoup les chats qu'elle dessinait et j'étais très impressionné, mais j'avais aussi une sorte d'inquiétude vague car à part les chats, elle ne dessinait jamais rien d'autre. Plus tard, elle en a dessiné de plus en plus, produisant des dizaines d'œuvres chaque jour. Des chats aux expressions étranges souriaient ironiquement sur le papier, reflétant naturellement les émotions de Xu Lu. Chaque fois qu'elle se disputait avec moi, elle se mettait à dessiner avec ardeur, ou à chaque période d'ovulation quand elle craignait de tomber enceinte elle dessinait des chats en abondance. Les dessins frénétiques de chats de X Lu étaient liés à ses pensées et à son état d'esprit, et bien que je le sache, je ne voyais pas de signification précise dans les chats qu'elle dessinait, ce qui alourdissait mon humeur et me rendait plus tendu. Il était évident que Xu Lu ne cherchait pas à perfectionner son art de dessiner les chats pour en faire un gagne-pain plus tard. Bien qu'elle fût très appliquée, son attitude était très nonchalante. Elle abandonnait ses brouillons n'importe où, et utilisait du papier trouvé au hasard, le verso de lettres, les marges des livres et des magazines, ainsi que les espaces libres des agendas et les nappes. Sur notre balcon se trouvait un chat étrange, et dans la maison des chats imaginaires de toutes sortes étaient créés chaque jour. Leurs images étaient omniprésentes, rendant cette période complètement folle. Lorsqu'elle ne dessinait pas de chats, Xu Lu prenait une chaise, s'asseyait sur le balcon et méditait. Ses yeux fixaient Huahua ou parfois, elle ne le regardait même pas. À ce moment-là, diverses images de chats encore plus vagues devaient sûrement apparaître dans son esprit. Parfois, j'avais l'impression que Xu Lu ressemblait de plus en plus à un chat, non seulement son corps était en permanence imprégné de l'odeur de Huahua, mais son apparence, son comportement et sa personnalité devenaient de plus en plus étranges. Elle était en pleine transformation, et il semblait que le point final de cette transformation serait Huahua sur le balcon. En pensant à Xu Lu de cette manière, je ne pouvais m'empêcher de me demander si je ne me rapprochais pas de Huahua moi aussi. Si un jour, dans la rue on nous montrait du doigt en nous désignant comme deux gros chats, peut-être que je ne serais pas surpris.

Nos journées semblaient clairement inhabituelles, parfois je ne pouvais m'empêcher de me demander si cela était dû à la magie de Huahua. Il semblait rajeunir de plus en plus et devenir de plus en plus beau. Je n'avais jamais vu un chat aussi beau, distant et élégant, les lignes de son visage étaient parfaitement dessinées. Sa beauté transcendante dégageait un mystère qui nous obligeait à le contempler. Ainsi, dire que notre observation de Huahua était simplement un choix par défaut dans notre vie ennuyeuse ne semblait pas tout à fait juste. Nous restions cloîtrés, notre attention tournée vers le balcon, attirés mystérieusement par Huahua – ce n'est que plus tard que nous l'avons réalisé. Nous passions des heures sur le balcon, oubliant de manger et nos tâches respectives. Et, même lorsque nous quittions le balcon, nos regards se tournaient invariablement vers la porte en bois qui y menait. Cette porte en bois n'était jamais fermée. Il y avait aussi une fenêtre dans la chambre qui donnait sur le balcon, parfois observions Huahua à travers celle-ci – comme si une seule porte en bois ne suffisait pas.

Si cela avait été possible, nous aurions voulu abattre le mur entre la chambre et le balcon, ou le remplacer par une paroi vitrée car le béton et les briques nous empêchaient d'admirer l'élégante présence de Huahua. Installer Huahua dans la chambre pour que nous cohabitions n'était pas une solution. Même si nous avions mis de côté les puces, il aurait disparu sans laisser de traces, se cachant sous le lit ou au-dessus de l'armoire, hors de notre champ de vision. Le meilleur choix était de laisser Huahua sur le balcon sans endroit où se cacher et où nous pourrions la voir quand nous le voulions. Comme l'envie de le voir devenait de plus en plus fréquente, une certaine tendance a émergé : nous avons envisagé de nous installer sur le balcon avec Huahua. Passer du temps dur le balcon sans rien faire était devenu notre habitude, et même plus, nous aimions de plus en plus travailler sur le balcon. Xu Lu ressemblait à une écolière, apportant une chaise et un petit tabouret en plastique pour faire ses devoirs. Une heure plus tôt, je me moquais d'elle et une heure plus tard, je me retrouvais dans la même position (assis sur un petit tabouret la tête baissée sur les feuilles de papier posées sur la chaise) en train d'écrire un roman sur le balcon. Le cahier de devoirs de Xu Lu était rempli de dessins de Huahua, et mon roman s'est imperceptiblement transformé dans ce récit intitulé L'étrange histoire de Huahua. Par la suite, de plus en plus d'articles pratiques pour notre vie quotidienne ont été apportés sur le balcon : une bouteille thermos, une boîte de biscuits, un cendrier…Plus tard encore, des câbles électriques ont été tirés jusqu'au balcon, une ampoule de 100 watts éclairant le balcon comme en plein jour. Avec l'ajout d'une télévision et d'une chaîne stéréo, notre balcon est redevenu plein de vie. Cependant, Huahua a commencé à se retirer. Elle ne se couchait plus à côté de nous sur le balcon pour prendre le soleil.

La plupart du temps, elle préférait se retirer dans la cabane à chat et ne plus en sortir. Dès qu'il disparaissait de notre champ de vision, nous ressentions un ennui profond, et la signification originelle de notre venue sur le balcon perdait tout son sens. Le refus de Huahua de se rapprocher de nous ajoutait à son charme. Elle persistait dans son mode de vie de chat indépendant, sans jamais chercher à nous séduire. Par respect pour son monde intérieur incompréhensible, nous avons mis fin à nos tentatives et nous sommes discrètement retirés du balcon. Nous avons enlevé tout ce que nous avions apporté sur le balcon, dont l'ampoule d'éclairage, ne laissant que la litière pour chat d'origine. Dès lors, nous avons considéré le balcon en béton comme un environnement naturel non exploité que nous entretenions et préservions. Le nettoyage des déjections de Huahua était devenu une tâche de moindre importance. Tout ce qui existait avant l'arrivée de Huahua méritait d'être respecté et préservé et son retrait nécessitait une réflexion sérieuse et une attitude prudente, à moins que cela ne soit absolument nécessaire. Nous ne nous aventurions plus sur le balcon aussi facilement et, désormais, le linge lavé séchait à l'intérieur de la chambre. La porte qui menait au balcon restait ouverte toute la journée, l'odeur primitive de la tanière remplissait constamment la pièce. Ainsi, l'utilisation de parfum pour le linge n'était plus un problème. Grâce à cette attitude extrêmement libérale, Huahua a recommencé à apparaître sur le balcon, même pour dormir, il retournait rarement dans sa cabane à chat Il se sentait particulièrement à l'aise allongé au milieu de ses excréments plus ou moins secs.

Nous regardions Huahua jour et nuit à travers la porte en bois ouverte et la fenêtre donnant sur le balcon tandis qu'il restait fier et ne tournait jamais son regard dans notre direction. Il ne nous regardait pas en face, mais accepter volontiers de devenir l'objet de notre observation. Parfois, il sautait automatiquement sur le rebord de la fenêtre et s'accroupissait nous permettant ainsi de l'observer plus attentivement depuis la chambre. Huahua restait immobile, dos tourné. Il était évident qu'il n'était pas en train de se reposer ou de dormir et son esprit était loin d'être dans un état de rêverie ou de confusion. Ses pattes arrière étaient fléchies, ses pattes avant droites telle une sculpture de chat. Il était si concentré, que d'où nous étions nous ne pouvions pas voir ses yeux, nous voyions seulement cette silhouette profonde et solennelle. Devant Huahua se trouvait la rambarde en fer du balcon, en dessous c'était le vide. C'était ce vide que Huahua fixait. En contrebas, les scènes de la rue et les gens changeaient constamment, mais le regard de Huahua restait immuable, focalisé sur ce vide, sans jamais suivre les mouvements en contrebas. Il fixait simplement le vide, silencieux et immobile, ce qui nous inquiétait de ses intentions. Huahua pouvait-il soudainement franchir la balustrade et mettre fin à ses jours en sautant du balcon ? Nous n'aurions pas été surpris s'il l'avait fait. Je retenais mon souffle, craignant de déranger Huahua et j'ai mis le doigt sur la bouche pour indiquer à Xu Lu de ne pas bouger. Nous voulions lui sauver la vie, mais nous savions que notre agilité et notre vitesse ne pouvaient rivaliser avec les siennes d'autant plus que Huahua était beaucoup plus proche de la balustrade que nous ne l'étions... Nous ne pouvions qu'attendre et voir ce qu'il allait se passer. Des situations similaires se sont produites à plusieurs reprises, mais Huahua n'a jamais sauté du balcon comme nous le craignions. Nous avons finalement compris que Huahua était simplement perdu dans ses pensées sans aucune intention de se suicider.

Parfois, je me demandais si le balcon n'était pas un endroit d'où il était facile de tomber. La balustrade du balcon était conçue pour les humains, juste au niveau de l'abdomen, ce qui signifiait qu'il était possible, pour un petit chat comme Huahua de passer à travers les barreaux et de tomber. Cependant, malgré les années passées à vivre ici, Huahua n'a jamais couru un tel danger. Il semblait donc qu'elle avait une connaissance précise de la hauteur (ou de la profondeur). Elle savait qu'une chute du septième étage aurait été fatale, contrairement au fait de sauter sur le rebord d'une fenêtre depuis le balcon, ce qui ne lui posait aucun problème.

Pour échapper au pouvoir ensorcelant de Huahua, nous faisions de notre mieux pour découvrir ses côtés mesquins et ridicules. Par exemple, les chats ont l'habitude de recouvrir leurs excréments. Mon frère avait l'habitude de ramasser des briques de charbon en bas de l'immeuble et de les mettre dans un bac en plastique, tout simplement pour satisfaire ce besoin de Huahua. Après avoir fait ses besoins, il grattait le charbon pour les recouvrir. Parfois, si le charbon était trop humide (à cause de l'urine de chat), Huahua refuser de faire ses besoins et nous devions lui fournir du charbon sec pour quelle puisse le gratter. Comme Huahua vivait sur le balcon, il n'y avait absolument pas de charbon autour mais il continuait à gratter comme d'habitude. Nous le regardions griffer le sol en béton dur, laissant des traces blanches et émettant un bruit de grincement, nous trouvions cela un peu comique. Après avoir fini, il effectuait toujours le même rituel autour de ses excréments. Ce tas d'excréments restait inchangé, mais il avait l'illusion de l'avoir recouvert après avoir gratter. Quoiqu'il en soit, le chat doit toujours faire le geste de recouvrir ses excréments. Quand nous avons découvert que ce vieil instinct était toujours présent chez Huahua, nous avons été immédiatement soulagés. Tout cela montrait qu'il restait bel et bien un chat et non quelque chose se dissimulant dans la peau d'un chat.

Un jour Xu Lu est venue me voir avec une joie débordante : « Huahua se masturbe ! » Elle voulait dire que Huahua avait trouvé un moyen de se satisfaire sans avoir besoin de s'accoupler avec d'autres chattes. Ce que voulait dire Xu Lu, c'est que Huahua se masturbait. Je l'ai suivie sur le balcon pour observer ce phénomène. Bien sûr la façon dont Huahua s'y prenait était différente de celle des humains, il n'avait pas les doigts aussi agiles et sensibles. Huahua levait une de ses pattes arrière bien haut, la tête repliée vers son entrejambe léchant son pénis rouge et pointu. Du point de vue de la morale humaine, c'était quelque chose de gênant à voir, nous étions là sans savoir que faire. Devions-nous déranger Huahua ? Devions-nous rester là sans rien faire ? Ou retourner dans notre chambre et faire comme si rien ne s'était passé ? Si Huahua avait été un être humain, il aurait sûrement réagi en nous voyant le regarder, cherchant à dissimuler ce qu'il faisait. De plus, Huahua était timide et craintif. Cependant Huahua, n'était pas un être humain et sa réaction à la situation était étonnamment décontractée. Lorsque nous sommes arrivés, il n'a pas bougé et n'a pas tenté de dissimuler ce qu'il faisait. Huahua n'était pas exhibitionniste et il ne s'agissait pas d'une performance érotique. Sa réaction impassible nous a laissés perplexes. Mais, le fait de découvrir qu'il avait encore des pulsions sexuelles était préférable à l'idée qu'il n'en ait pas, ce qui nous permettait de mieux le comprendre. Aussi calme, intrépide voire élégant, le fait qu'il exprimât sa libido indiquait qu'il restait un chat ordinaire, un animal. En tant qu'animal avec des pulsions sexuelles, tout cela restait dans nos attentes et notre compréhension, et il n'était pas nécessaire de le scruter dans son absence de désir sexuel.

Parfois, je me dis que malgré tout ce que nous ne comprenons pas dans le monde des chats, en tant qu'êtres humains, nous sommes quand même bien plus avancés et supérieurs à eux. Même si Huahua était un chat extraordinaire, caché derrière ce visage de chat incroyablement beau se cache une sorte d'âme qui transcende sa nature féline, mais au fond il n'est rien de plus qu'un être humain. J'ai commencé à penser que Huahua avait dû être une personne dans une vie antérieure, et qu'il était peu probable qu'il ait été un chat. L'âme de cette personne était emprisonnée dans la vie d'un chat, une vie de chat extrêmement misérable et malsaine. Cette personne, derrière ce visage de chat, méditait peut-être et avait peut-être même des pensées suicidaires, mais le corps de ce chat l'en empêchait. Tout comme de nombreuses personnes, même si elles ont un visage humain, leur âme peut être celle d'un chat, voire d'une souris. Même si Huahua avait un corps et un pelage de chat, il ne semblait pas s'y adapter. Ses actions, vues à travers ses illusions de la vie d'un chat, fausses et trompeuses, ne ressemblaient en rien à celles d'un chat, mais plutôt à celles d'un être humain. S'il avait été un être humain, quel genre de personne aurait-il été ? Une personne réfléchie, sensible, solitaire, timide, belle mais pâle.

Après avoir partagé ces divagations avec Xu Lu, celle-ci a dit : « N'est-ce pas toi ? En dehors de la beauté tout le reste te correspond. »

Je lui ai répondu : « Ne m'implique pas là-dedans. Est-ce que cela est une description appropriée de Huahua ? »

« En dehors de la pâleur, tout le reste est approprié - Huahua est un chat de couleur. Tous les autres points sont corrects. » dit Xu Lu. Elle expliqua : « On dit que les membres d'une même famille ont des traits communs, que les époux qui passent beaucoup de temps ensemble finissent même par se ressembler. Huahua ressemble de plus en plus à votre famille ! »

À en juger par son ton, elle ne semblait pas louer le style et les traits distinctifs de notre famille, mais elle cherchait plutôt à les dénigrer avec une pointe de moquerie et de mépris. Il faut dire que Huahua n'était pas un chat normal, en bonne santé et énergique, mais plutôt un chat étrange, malheureux et détestable. C'est exactement ce que Xu Lu semblait insinuer. En d'autres termes, elle voulait dire que j'étais une personne étrange et déprimée.

En l'écoutant, je ne l'ai pas vraiment prise au sérieux, mais j'ai ressenti une sorte de lien avec Huahua. Je me demandais souvent comment je me comporterais dans le corps d'un chat, la situation serait probablement très différente de celle de Huahua. Puis, je me demandais aussi, comment ce serait si Huahua avait un corps comme le mien, c'est-à-dire si c'était une personne. Il aurait été probablement très semblable à moi au point que nous nous serions détestés mutuellement. Heureusement c'était un chat, ce qui nous permettait de coexister pacifiquement, de vivre en harmonie, et même de développer une sympathie mutuelle. Je ne savais pas comment Huahua me voyait, mais je ressentais de plus en plus de sympathie pour lui.

Sur la base de cette situation, j'ai eu l'idée d'emmener Huahua à travers le monde. Bien sûr, ce monde n'est pas mesuré à l'échelle de mon propre corps mais plutôt vécu du point de vue de Huahua. J'ai enfilé un imperméable, mis des gants et pris Huahua dans mes bras. À ce moment-là, j'étais déjà très familier avec Huahua et bien que le contact puisse entraîner chez lui une certaine résistance, ce n'était pas impossible. Je portais un imperméable à l'intérieur et un jour de plein soleil pour éviter les puces de Huahua et aussi pour le protéger des griffures. Une fois dans mes bras, Huahua a quitté le sol et il était très tendu presque comme si nous partions dans une navette spatiale quittant la Terre. Il m'a attrapé fermement, les griffes perçant la couche de caoutchouc de l'intérieur de mon imperméable et atteignant ma peau. Il tremblait nerveusement et avait même perdu le contrôle de ses sphincters. J'ai emmené le chat paniqué et presque évanoui hors du balcon et dans la chambre. Tout en marchant dans la pièce, je secouais les épaules, réconfortant Huahua comme on l'aurait fait avec un bébé dans les bras. En marchant je lui disais : « C'était la chambre de ta maman et de ton papa (en parlant de ma belle-sœur et mon frère), maintenant c'est la chambre de ton oncle (moi) et de ta jeune tante (Xu Lu)… C'est le bureau de ton papa… C'était autrefois la chambre de ta grand-mère (ma mère), Voici le salon… Voici la cuisine…, et à côté, ce sont les toilettes… » Quand Huahua a commencé à se calmer et a compris que je n'avais pas de mauvaises intentions, il était très excité. Bien que ses griffes restassent fermement agrippées à mes vêtements, son regard exprimait une grande joie et une grande curiosité. Il regardait tout autour de lui.

Il était évident que Huahua appréciait beaucoup cette activité. Cependant, en raison des précautions à prendre pour s'équiper et du nettoyage minutieux des traces laissées par Huahua dans la chambre, ce type de voyage n'était pas très pratique. Deux ou trois fois par an environ, j'avais l'envie soudaine de prendre Huahua dans les bras. Cependant, même quand je n'avais aucune intention de voyager, Huahua venait parfois gratter mes vêtements. Il essayait de sauter sur mes épaules ou de grimper sur mon dos comme s'il montait à bord d'un moyen de transport et s'asseyait immobile. Il me fallait faire beaucoup d'efforts pour l'en empêcher. Souvent, il me sautait dessus avant même que je ne sois complètement habillé et, naturellement, les puces en profitaient. Outre ces désagréments, Huahua ne cherchait pas à se rapprocher de moi pour des câlins. Il me voyait simplement comme un moyen de voyager dans le monde. Après avoir pris conscience de cela, mon enthousiasme pour les voyages a diminué par rapport à ce qu'il était auparavant. Ce qui était étrange, c'était que bien que la porte du balcon ait été ouverte toute la journée, Huahua n'a jamais pensé à utiliser ses pattes pour explorer la chambre. Il devait utiliser mon corps comme moyen de transport pour commencer son voyage. Ce n'était pas que Huahua fut paresseux ou qu'il économisa son énergie, mais plutôt qu'il associait le plaisir de voyager à ce moyen de transport particulier. Il semblait que les fortes sensations et le plaisir de voyager en utilisant ce moyen de transport étaient plus importants que le voyage lui-même. Après cette réflexion, je me suis senti plus équilibré sur le plan psychologique. J'emmenais Huahua, nous déambulions dans la chambre que je connaissais par cœur, et je racontais des histoires farfelues : « C'est ton Amérique... C'est ton Europe...C'est l'Afrique du Sud...C'est la Guinée équatoriale... C'est Singapour... Ce sont les Andes...C'est l'Antarctique... »

VII

Une fois Huahua a vomi partout et a refusé de manger pendant plusieurs jours. Nous étions très tristes en le regardant étirer et rétracter son cou, gonfler et dégonfler son ventre, pour finir par n'expulser que quelques gouttes d'eau jaune mais nous ne savions pas comment l'aider. Les moyens médicaux pour Huahua se limitaient à mélanger un comprimé d'antibiotique écrasé dans sa nourriture. Comme il refusait de manger, la seule option était d'utiliser la force. J'ai enfilé un imperméable, suis monté sur le balcon pour attraper Huahua, et avec l'aide de Xu Lu, nous avons ouvert sa bouche de force pour lui administrer le médicament en poudre. En dehors de la forte résistance de Huahua, l'efficacité du traitement n'était pas garantie pour autant. À peine avons-nous lâché prise que Huahua s'est mis à vomir violemment. L'expression « vomir violemment » ne signifie pas que la quantité de vomi était exceptionnellement importante. Au contraire, l'estomac de Huahua ne contenait rien d'autre que la poudre médicamenteuse ingérée ainsi qu'une cuillère d'eau nécessaire à la diluer. L'expression « vomir violemment » décrit ses mouvements, Huahua était comme électrisé, l'amplitude de ses mouvements, la rapidité de leur succession, et la nature mécanique de son état étaient comparables à celles d'un chat robot spécialement conçu pour vomir. En même temps, quelques gouttes d'eau verte s'écoulaient de ses commissures labiales, des vomissements symboliques tout aussi irréels.

À l'époque, nous avons sérieusement envisagé d'emmener Huahua à l'hôpital. Mais au fond de nous, nous pensions que c'était une réaction exagérée, Huahua n'était qu'un chat après tout. S'il s'était agit d'une personne, en cas de crise, nous n'aurions pas hésité même si cela impliquait de faire venir une ambulance sirènes hurlantes. Cependant, alors que nous hésitions, Huahua était déjà dans un état critique et nous avons pensé qu'il était trop tard pour le sauver et donc l'envoyer à l'hôpital serait inutile et donc pas nécessaire de faire quoi que ce soit. Huahua s'était recroquevillé en boule dans la cabane à chat. Nous nous sommes accroupis pour le regarder et avons vu qu'il avait les yeux fermés, mais qu'il n'était pas mort. Son corps tremblait visiblement. C'est précisément en raison de ces tremblements que nous avons conclu qu'il était toujours en vie. Nous avons tendu la main pour caresser son dos sans avoir à craindre ses griffes et ses dents acérées. À cet instant, Huahua était épuisé, incapable de contrôler ses propres tremblements. Nos mains l'ont apaisé, ses tremblements ont cessé ou leur faible fréquence a été absorbée par nos mains. Nous avons remarqué que Huahua semblait apprécier cela : il avait les yeux fermés, il était recroquevillé, il nous laissait le caresser doucement. Il nous a signifié ce qu'il ressentait par de faibles miaulements. Quand nos mains se sont arrêtées, il a poussé un gémissement rauque signifiant qu'il avait besoin de notre contact et de notre chaleur. Quand nos mains ont retrouvé son pelage, Huahua a émis le même miaulement, signifiant qu'il se sentait mieux ainsi, puis, il s'est tu. Xu Lu et moi nous relayions sentant Huahua s'apaiser sous nos paumes de main, ses miaulements devenaient de plus en plus faibles, jusqu'à ce qu'il ne fasse que bâiller pour nous signifier son besoin.

Xu Lu m'a dit que la durée de vie moyenne d'un chat est de huit à dix ans. Cette année, Huahua a plus de huit ans. Cependant, je ne peux pas affirmer qu'il mourra de vieillesse. Si nous emmenions Huahua à l'hôpital pourrait-il être ressuscité ? Si on en juge par son apparence, Huahua ne ressemble pas du tout à un vieux chat. Lorsque j'étais enfant en vacances à la campagne, je voyais souvent ces vieux chats allongés sur la cuisinière pour se réchauffer ou sur le toit de la grange pour prendre le soleil. Ils restaient immobiles, les poils qui pendaient, ils étaient gros et gras. Aucun ne ressemblait à Huahua, qui était alerte, nerveux avec une silhouette mince et gracieuse. Huahua ne montre aucun signe de vieillissement ou de mort imminente. Son apparence éternellement jeune est déconcertante. Peut-être que cela est dû à sa vigilance constante, et au fait qu'il est toujours aux aguets.

Pour apaiscr Huahua dans ses derniers instants, nous l'avons installé pour la première fois dans la chambre à coucher. J'étais à ce moment-là malade moi aussi couché au lit avec une forte fièvre. Huahua était installé à côté de mon lit – Xu Lu avait apporté une boîte en carton, l'avait garnie d'un vieux matelas en coton, dans lequel elle avait installé Huahua. Elle prenait soin de nous deux en même temps, très occupée. J'étais adossé à la tête de lit regardant le sol. Parfois, Huahua ouvrait les yeux dans un demi-sommeil, me jetait un regard émettant en même temps un miaulement mécanique. En regardant Huahua mourant, je ressentais une grande empathie. Même si je n'avais qu'un simple rhume, j'avais l'impression que ma fin était proche. J'avais l'impression que nos maladies étaient liées et que si je pouvais me rétablir, il y avait de l'espoir pour Huahua. Sous la lumière de la lampe, je lui parlais constamment : « Huahua, Huahua,... » lui disais-je. Il tremblait dans l'ombre des meubles. Finalement, je me suis endormi dans un état semi-conscient. Avant de m'endormir, j'ai vu Xu Lu déposer un bol de soupe de poisson fraîchement préparée à côté de Huahua.

Je me suis levé au milieu de la nuit pour aller aux toilettes. La chambre était plongée dans l'obscurité, et un bruit étrange m'a percé les tympans : Huahua était en train de haleter, il n'en pouvait plus. Quand j'ai allumé la lumière, j'ai vu Huahua qui haletait, la bouche en sang, secouant la tête frénétiquement. Son apparence était terrifiante. J'ai eu envie de tendre la main pour le réconforter, mais j'ai hésité sachant que je devrais me laver les mains ensuite. Alors que j'étais en train d'hésiter, Huahua a soudain bondi, a sauté sur mon dos (j'étais accroupi). J'ai eu vraiment peur, je ne m'attendais pas que ce chat mourant puisse agir aussi vite. Instinctivement, j'ai haussé les épaules pour essayer de le faire tomber. Les griffes de Huahua se sont agrippées à mon pyjama, mais finalement je l'ai secoué jusqu'à ce qu'il retombe sur le sol. On a entendu un bruit sourd, Huahua gisait sur le côté. En temps normal, cela aurait été impossible, Huahua commençait à se raidir. Il n'arrivait ni à se retourner, ni à remonter dans la boîte en carton, mais ses membres bougeaient encore. Ces mouvements faibles lui ont permis de changer légèrement l'orientation de sa tête et de sa queue par rapport à sa chute initiale.

Huahua essayait de pousser avec ses pattes arrière et a renversé le bol de soupe de poisson à côté de lui. C'est ainsi qu'il est mort, gisant dans le liquide refroidissant de la soupe de poisson.

Xu Lu a été réveillée par une série de bruits. Elle s'est retournée, a plissé les yeux et m'a demandé : « Qu'est-ce qu'il se passe ? » J'ai répondu : « Rien, rien, tu peux dormir. » Puis j'ai éteint la lumière et me suis glissé sous les couvertures. J'imaginais avoir apporter avec moi les puces de Huahua, peut-être même des bactéries encore plus dangereuses. Au milieu de cette nuit vide, j'ai somnolé, il y avait aussi un chat mort, et j'avais perdu une partie de ma retenue habituelle. Je n'avais pas pris la peine de me nettoyer correctement avant de me coucher. J'imaginais que les puces et les bactéries étaient partiellement passées de mon corps à celui de Xu Lu, ce qui me remplissait de culpabilité envers ma bien-aimée. Je l'ai étreinte encore plus fort sous les couvertures. Xu Lu a murmuré : « Tu vas bien ? Huahua va bien ? » Je lui ai chuchoté à l'oreille : « Tout va bien, tout va bien, on en reparlera demain. » Puis nous nous sommes endormis.

Le lendemain matin, au réveil, la nouvelle de la mort a été officiellement annoncée. Xu Lu avait naturellement les yeux rougis par les larmes. Par rapport à la nuit précédente, la position de Huahua n'avait pas changé d'un iota. Il était toujours allongé sur le côté, les pattes étendues en une longue ligne. Le bol de soupe avait basculé, mais il ne restait presque plus de liquide sur le sol car il avait été absorbé par le pelage de Huahua. Les éclaboussures de sang autour de la bouche avaient déjà séché, et une fine pellicule avait pris place sur ses yeux grands ouverts. J'ai attrapé un sac en plastique pour le mettre dedans, mais la rigidité cadavérique l'avait transformé en une forme longue et mince, et le sac en plastique était trop large mais pas assez profond (Huahua avait la forme d'un bâton). J'ai dû finalement opter pour un sac-poubelle de plus grande taille pour cacher tant bien que mal sa forme sans vie. Pour plus de sécurité, j'ai ajouté un sac à vêtements par-dessus le sac-poubelle douteux. Après ces arrangements, personne ne pouvait deviner qu'il y avait un cadavre de chat à l'intérieur. Je l'ai porté et, guidé par Xu Lu, nous sommes sortis pour nous rendre au centre commercial de la Paix à proximité.

Notre emploi du temps ce jour-là était le suivant : aller au centre commercial pour réapprovisionner le réfrigérateur et des articles de désinfection, puis enterrer le chat, ensuite rentrer chez nous et faire un nettoyage minutieux de la chambre et du balcon. Alors que nous faisions les courses, je portais Huahua dans les mains. J'ai dû aligner les sacs de courses avec le sac à vêtements contenant le corps de Huahua et les porter tous ensemble. Nous (Huahua et moi) nous nous sommes déplacés au milieu de la foule, sommes montés dans le bus, et nous sommes retrouvés dans les rues animées à l'atmosphère festive (c'était un dimanche). Les enfants joyeux criaient, des ballons publicitaires flottaient dans les airs, le ciel était bleu et parsemé de nuages, et d'innombrables câbles électriques surplombaient nos têtes, certains d'un noir profond, d'autres étincelants... Ce monde familier me fascinait, simplement parce que je tenais un cadavre entre les mains. Comme par magie, cela m'a permis de découvrir la merveille et la beauté extraordinaire de ce monde ordinaire, ainsi que le vide et la tristesse indicibles. Cette magie a permis à un animal autrefois reclus et maladif, qui ne sortait pratiquement jamais de chez lui, de déambuler fans les rues animées après sa mort, son corps raidi.

Xu Lu et moi avons enterré Huahua dans le parc Jiuhua Shan. Les pelles et les couteaux que nous avions apportés (comme outils pour creuser) n'ont pas été nécessaires, car il y avait des trous d'arbres déjà faits sur la colline. À ce moment-là, Huahua avait exactement l'aspect d'une branche d'arbre. Nous l'avons planté dans l'un des trous, avons rempli de terre, bien tassé, camouflé et avons marqué l'endroit puis nous avons pris des photos. J'ai envoyé les photos que j'avais prises à mon frère qui se trouvait loin dans le sud, lui annonçant la nouvelle de la mort de Huahua. J'ai souligné que l'emplacement de sa sépulture bénéficiait d'un excellent feng shui, adossé aux contreforts du mont Jiuhua, avec en contrebas une vue étendue sur la ville qui s'étendait à perte de vue, comme en attestaient les photos.

Un an plus tard, mon frère est revenu à Nanjing pour faire des formalités de mutation. Il est allé pleurer longuement sur la tombe de ma belle-sœur. Avant de partir, il s'est rendu à Jiuhua Shan et a exhumé le corps de Huahua en se basant sur les photos. Je ne sais pas si le corps était totalement décomposé, mais en tout cas, mon frère a collecté quelque chose et l'a mis dans une valise qu'il avait apportée. Il a enterré le contenu de la valise à côté de la tombe de ma belle-sœur. Même si les deux endroits étaient éloignés l'un de l'autre, mon frère a fait le trajet sur sa moto, ce qui n'était pas une corvée pour lui. Pour ma part, je pense que cela n'était pas vraiment nécessaire.

HOLOCÈNE

I

Liu Tao, vêtu d'une combinaison de travail flambant neuve et tenant une grande boîte en carton, a traversé l'immense espace ouvert du parc industriel en direction d'un bâtiment de dortoir gris-blanc.

À l'intérieur du dortoir, il y avait six couchettes, dont quatre étaient déjà occupés par des personnes toutes vêtues de combinaison de travail et tenant des boîtes en carton, l'air hébété et perdu. Liu Tao est entré, s'est assis sur la cinquième couchette, c'est à ce moment-là que la radio a démarré.

La femme à la radio a dit : « Bienvenue dans le tout nouveau monde. À partir de maintenant, vous faites partie de cette grande famille ! Le dortoir est votre maison, la couchette sur laquelle vous êtes assis est votre espace privé, vous y aurez accès douze heures par jour. Les douze suivantes c'est votre coéquipier qui utilisera la couchette. Pour plus de détails veuillez consulter le SMS reçu sur votre téléphone portable. »

La notification de SMS a retenti, non pas d'un seul téléphone mais il semble que plusieurs téléphones recevaient des notifications. Liu Tao a suivi le son et a soulevé son oreiller, où se trouvait effectivement un téléphone portable dont l'écran clignotait. Liu Tao a lu les messages. Les messages avaient été envoyés par le « gestionnaire » et en tout il y avait deux messages.

Premier message : « Ce téléphone portable est un cadeau de bienvenue que nous vous faisons. Vous le partagez avec votre coéquipier, et les frais de communication seront partagés entre vous deux, ils seront déduits de votre salaire. Le numéro de téléphone est situé à l'arrière sur la coque du téléphone. »

Deuxième message : « Votre coéquipier est une belle femme, que diriez-vous de lui envoyer un petit message pour la saluer ? »

Alors que tout le monde manipulait les téléphones, une nouvelle personne entra et s'assit sur la sixième couchette. Liu Tao trouva que cette personne lui était quelque peu familière et dit : « tu es… »

La personne leva le doigt pour lui faire signe de se taire. Il posa la boîte en carton et se dirigea vers la porte, faisant signe à Liu Tao de le suivre dans le couloir.

— Je ne suis pas originaire de la même région que vous, les gens de la même région n'habitent pas ensemble, dit-il.

— Tu, tu es ce journaliste, non ? demanda Liu Tao.

— Oh, vraiment ?

— À l'entrée de l'usine, tu m'as interviewé, tu m'as demandé si j'étais venu pour postuler un emploi. J'ai répondu par l'affirmative. Puis, tu m'as ensuite demandé si j'étais au courant des récents incidents de suicide en série à Zhanxin Shi. J'ai répondu que j'étais au courant. Tu m'as ensuite demandé si j'avais peur de travailler ici. Si ma famille ne s'inquiétait pas.

— Oui c'est vrai, a dit l'homme. Mais, je te prie de garder cela secret, je suis ici en mission d'infiltration.

— En infiltration ?

— J'ai une mission à accomplir. Je dois découvrir les dessous de cette affaire. Notre prochain reportage commencera de l'intérieur.

— Il y aura encore des suicides ?

— Oui, c'est certain, dit cet homme. Tu peux m'appeler Qian Fuzhe, c'est un pseudonyme.

Vers 18 h 50, le haut-parleur a retenti de nouveau pour rappeler aux occupants du dortoir de ranger leur couchette et leur chambre, et de quitter le dortoir à temps. « Votre coéquipier est déjà sur le chemin de retour du travail… (message répété)

Le responsable du dortoir frappait à chaque porte en disant : « Allez, allez, ne traînez pas… »

Les notifications de SMS ont à nouveau retenti, un concert de notifications. C'était toujours le gestionnaire qui envoyait les messages, rappelant aux propriétaires de téléphone de ne pas oublier d'envoyer un message de salutations à leur coéquipier avant de partir.

Liu Tao a envoyé un message depuis son téléphone : « je m'appelle Liu Tao, désolé d'avoir sali la couchette. Merci pour votre indulgence, belle inconnue ! »

Après avoir reçu le message, il a remis le téléphone sous l'oreiller.

II

La cantine était spacieuse, il y avait beaucoup de gens en train de manger, mais tous étaient des hommes. La plupart avaient à peu près le même âge que Liu Tao, une vingtaine d'années.

Qian Fuzhe est arrivé avec un plateau-repas et s'est assis en face de Liu Tao.

— As-tu remarqué quelque chose ?

— Il n'y a aucune femme dans la cantine.

— Il n'y a pas seulement l'absence de femme ici, depuis que tu as franchi les portes de Zhanxin Shi as-tu vu des femmes ?

— Non.

Après le repas, Liu Tao a suivi tout le monde dans le bus de l'usine en direction de l'amphithéâtre. Dans l'amphithéâtre, il n'y avait des sièges qu'aux premiers rangs, à l'arrière une foule sombre se tenait debout, il n'y avait toujours pas de femmes. L'éclairage de la scène était éblouissant. Il était évident que derrière les tables étaient assis les hauts dirigeants de l'entreprise. Un homme chauve ajusta sa cravate et se leva.

— Aujourd'hui, vous avez de la chance. Le Président du conseil d'administration M. Bai Qixian, s'est déplacé en personne. Si ce n'était pas pour quelques événements malheureux, M. Bai ne serait pas facilement venu, et même s'il était venu, il ne vous aurait probablement pas rencontrés. C'est ce qu'on appelle transformer une mauvaise chose en bonne chose. Vous avez de la chance ! Je suis ravi. Pour vous ! Je suis honoré pour vous !

Les applaudissements n'en finissaient plus.

Le président Bai a prononcé un discours dans lequel il a dit : « Les jeunes d'aujourd'hui sont vraiment fragiles. Lorsque nous avons créé cette entreprise, c'était vraiment difficile. Avez-vous entendu parler de l'histoire de cette main ? »

Il a tendu sa main gauche, en l'ouvrant pour que tous puissent la voir. Même si Liu Tao était loin, il pouvait voir qu'il lui manquait une phalange au pouce. C'était une main mutilée.

Le président a poursuivi : « Une fois, lors d'une période de travail intense, je n'ai pas dormi pendant trois jours et deux nuits, j'étais vraiment épuisé. J'ai laissé ma main sous la machine en oubliant de la retirer et mon doigt a été arraché. Je me suis précipité à l'hôpital pour y recevoir les premiers soins, on m'a rapidement bandé la main et je suis retourné à l'atelier avec le bras en écharpe. Avec ma main valide, j'ai ouvert la machine et ai extrait le doigt sectionné et la chair déchiquetée, puis j'ai nettoyé la machine au jet d'eau. Lorsque le client a envoyé quelqu'un pour s'enquérir de mes nouvelles, ma première phrase a été : "la commande sera livrée demain, il n'y aura absolument aucun retard !" C'était vraiment difficile à l'époque ! »

Dans un silence de mort, l'homme chauve en tête s'est mis à applaudir et tout le monde a suivi dans un tonnerre d'applaudissements. Alors que l'écho s'estompait à peine, l'homme chauve hurla dans le microphone : « C'est l'esprit de Zhanxin Shi ! »

Il a poursuivi en disant : « Monsieur le Président, lorsque j'étais à l'université, l'établissement comptait à peine vingt à trente mille étudiants, mais presque chaque année, des étudiants se suicidaient. Dans une entreprise de huit cent mille personnes, perdre sept à huit employés en six mois est dans la normale. Le suicide a une certaine probabilité. »

– Cela a du sens, mais nous avons besoin de statistiques précises. Faites des recherches à ce sujet, a répondu le président.

– Je vais m'en occuper, a rétorqué l'homme chauve.

– J'ai encore une question. Pourquoi la mort de quelques personnes à Zhanxin Shi provoque-t-elle une telle réaction sociale ? C'est une question qui mérite d'être étudiée, a continué le président.

– En plus des intentions malveillantes de certaines personnes et du battage médiatique, je pense que cela a à voir avec la manière dont les suicides sont survenus, a ajouté une autre personne portant des lunettes à monture dorée.

– Est-ce qu'il y a une différence ?

– Nos employés se jettent tous du haut d'un bâtiment, ce qui attire les curieux, et les décès sont également assez horribles.

– Dans ce cas, empêchez-les de sauter. Fermez les toits, installez des grilles de protection aux fenêtres.

– Cela nécessiterait un investissement considérable. En comptant les grilles de protection aux fenêtres et au sol, j'ai calculé qu'il faudrait 1,5 million de mètres carrés pour couvrir tous les dortoirs, dit l'homme aux lunettes dorées.

– Eh bien, il faudra le faire, ce ne sont que 1,5 million de mètres carrés, non ?

Désormais, les personnes qui s'exprimaient sur scène ne regardaient plus vers le bas. Ils se tournaient sur le côté, discutant entre eux comme s'ils étaient dans une salle de réunion. Liu Tao avait envie de parler à quelqu'un, mais il s'est rendu compte que Qian Fuzhe n'était plus à ses côtés. Les autres personnes de son dortoir n'étaient pas là non plus.

Dans la seconde moitié de la nuit, Liu Tao a été conduit dans l'atelier, à la ligne de production. Il a mis des chaussons, enfilé une combinaison antistatique, mis une charlotte de travail et un masque. Le conducteur de ligne les a guidés entre les machines pour qu'ils se familiarisent avec les machines et les outils.

Cette équipe était chargée de l'encapsulation des cartes mères d'ordinateurs. Le processus était le suivant : prendre une carte mère de la chaîne de production, scanner le code-barres, la placer dans un sac antistatique, apposer une étiquette, puis la remettre sur la ligne de production. Il y a en tout cinq étapes.

– Il faut assembler sept cartes par minute, soit une toutes les huit secondes en moyenne. Donc pas de geste superflu, chaque geste doit être précis, dit le conducteur de ligne.

– Cela ne semble pas si difficile, remarqua Liu Tao.

– Ici, on ne parle pas, on ne téléphone pas, on ne mange pas. Vous écoutez et c'est tout, répondit le conducteur de ligne.

– D'accord, répondit Liu Tao

– Même « d'accord », on ne peut pas le dire, dit le conducteur de ligne.

Ci-dessous, ce que le conducteur de ligne a dit tout seul :

« Ce n'est pas compliqué, n'importe qui peut le faire dès que c'est un être humain, sinon on n'aurait pas recruté des gens sous-qualifiés comme vous. La clé, c'est l'efficacité. Si vous n'atteignez pas les quotas, vous ferez des heures supplémentaires sans rémunération. »

« Une équipe travaille douze heures, une heure de pause repas, et je vous remplace pour les pauses toilettes qui ne doivent pas dépasser sept minutes. »

« Si vous endommagez un équipement ou un outil, vous devez payer les réparations vous-mêmes. De plus, cela affectera vos primes de rendement du mois en cours, impactant aussi les revenus de toute l'équipe. »

Liu Tao mit des gants en caoutchouc et commença à travailler sous les yeux du conducteur de ligne. Pendant qu'il travaillait, le conducteur de ligne l'a insulté en disant : « Tu es stupide comme un cochon, tu as des doigts ou des sabots de cochon ? »

Après avoir réprimandé Liu Tao, le conducteur de ligne se précipita vers quelqu'un d'autre pour l'insulter : « Je pense que tu es plus bête qu'un cochon, même pire ! »

Sous les lumières vives, Liu Tao constata qu'il ne connaissait aucune de ces personnes et qu'aucune personne de son dortoir n'était présente. Même s'il s'y attendait, il ressentait tout de même un sentiment de solitude. »

À l'aube, la somnolence s'est installée, ralentissant à nouveau la vitesse de travail de Liu Tao. Le conducteur de ligne a accouru pour lui proférer de nouvelles injures, puis il s'en est pris à quelqu'un d'autre. Presque tous les stagiaires ont subi des injures. Liu Tao s'est dit que les injures du conducteur de ligne étaient assez efficaces. Sous son impulsion, leur productivité s'est effectivement améliorée.

Le matin, le bus de l'usine les a ramenés à la zone d'habitation. Liu Tao s'est endormi sur le chemin de la cantine. Il a rêvé qu'il glissait ses doigts sous la machine et que ses doigts étaient arrachés – pourquoi ne ressentait-il aucune douleur ? Il s'est réveillé lorsque le bus s'est arrêté et a été soulagé de ne pas être le président du conseil d'administration. De plus, il n'y a plus ce genre de machines dans l'atelier à présent.

III

Après avoir bien mangé, le ventre bien rempli, je suis retourné dans mon dortoir. Les autres occupants étaient également rentrés. Nous nous sommes tous précipités vers la salle de bains pour prendre une douche, ceux qui n'en prenaient pas ont sorti leur téléphone de dessous leur oreiller. Liu Tao avait effectivement reçu un message, non pas de l'administration mais de son propre numéro. Le message disait : « Je suis Zhang Lihong, être loin de chez soi n'est jamais facile, si tu ne me détestes pas, je ne te détesterai pas non plus. Aidons-nous mutuellement. »

Liu Tao a tiré la couette et s'est couché. Il y avait un léger parfum dans les draps. Sur l'oreiller reposait une longue mèche de cheveux tandis qu'à côté se trouvaient un peigne en plastique et un petit miroir rond. Il s'est mis à se demander à quoi ressemblait la personne dans ce miroir. Puis, il s'est endormi et a fait un rêve.

Dans son rêve, Liu Tao se tenait toujours sur la chaîne de montage, ses mains bougeaient comme des machines comme si c'étaient des mains mécaniques. Derrière la charlotte de travail, pendait une longue tresse. Une personne est arrivée en courant et lui a dit : « tu es aussi bête qu'un cochon mécanique ! » Pourtant, son expression était vraiment chaleureuse et touchante.

Une heure plus tard, Liu Tao a été réveillé par un bruit métallique et assourdissant venant du rez-de-chaussée. Il s'est levé et s'est rendu près de la fenêtre. En bas, deux ouvriers portant des masques de protection coupaient des barres d'acier, créant des arcs électriques étincelants. Peu de temps après, on a frappé à la porte. Deux personnes sont entrées, tenant un mètre ruban et une perceuse électrique. Ils se sont dirigés vers la fenêtre, ont mesuré ses dimensions, ont noté les mesures au dos de leur main, puis ont commencé à percer des trous dans le rebord de la fenêtre. Liu Tao est retourné dans son lit et s'est couvert la tête avec sa couette.

Après cela, la porte du dortoir est restée ouverte en permanence et les ouvriers sont entrés et sortis à plusieurs reprises, se penchant à la fenêtre pour répondre aux questions des gens au-dessous en criant. Pendant que les ouvriers travaillaient, les occupants du dortoir étaient tous allongés sur leur lit, immobiles et silencieux. Ce n'est que lorsque la porte du dortoir a été refermée que le bruit a enfin cessé.

À 6 h 50, la diffusion radio a démarré à l'heure et Liu Tao s'est à nouveau levé. Quelque chose avait changé dans la chambre, ce n'était pas seulement la lumière, mais la fenêtre orientée vers le sud avait été équipe d'une grille de protection et le dortoir ressemblait à une cage ou plutôt à une prison.

Liu Tao a envoyé un message sur son téléphone : « Zhang Lihong, la couette que tu as utilisée sent tellement bon que je n'ai même pas pris le petit-déjeuner, j'ai dormi jusqu'à maintenant ! »

Après le dîner, Liu Tao s'est séparé des autres personnes du dortoir et est allé à l'atelier travailler.

Cette fois-ci, c'était un quart de travail officiel avec des quotas précis. Il était assigné à un poste de travail spécifique et suivait le processus établi.

Le travail n'était en effet pas vraiment difficile, et sa vitesse avait également augmenté. Liu Tao pouvait assembler environ cinq cartes mères par minute. Le conducteur de ligne lui a lancé une injure et a corrigé un de ses gestes, ce qui lui a permis d'atteindre six cartes mères par minute. Cependant, après avoir atteint une vitesse de sept par minute, il n'a plus pu augmenter. Cela montrait que la consigne de passer de sept à huit n'était pas due au hasard.

L'atelier était éclairé d'une lumière vive et éclatante. En regardant autour, on pouvait voir une harmonie entre les machines et les travailleurs. Chacun accomplissait sa tâche et les tâches à accomplir étaient toutes différentes les unes des autres. Au bout de l'atelier, un écran LCD était incrusté dans le mur affichant deux rangées de chiffres rouges qui défilaient. L'une indiquait les objectifs de production de l'équipe, tandis que l'autre indiquait les progrès de production de l'équipe. Tout à coup Liu Tao a eu une envie pressante et a levé la main.

Le conducteur de ligne est venu vers lui.

– J'ai besoin d'aller aux toilettes, dit Liu Tao.

Le conducteur de ligne lui a lancé un regard sévère et a retiré sa carte d'accès suspendue à son cou et la lui a tendue.

– On a dit pas de parole, non ? À l'avenir, utilisez des gestes quand vous avez besoin de quelque chose.

Liu Tao voulait demander où se trouvaient les toilettes, mais il ne savait pas quel geste faire, c'est pourquoi il a hésité.

– Dépêche-toi, qu'est-ce que tu traînes ?

Liu Tao s'est précipité hors de l'atelier, a fait le tour dans le couloir avant de trouver les toilettes, mais il n'est pas parvenu à ouvrir la porte. Il a frappé plusieurs fois, mais personne n'a répondu. Enfin, il a essayé avec le badge d'identification. Après un clic, la porte s'est ouverte. Liu Tao s'est précipité vers l'urinoir, si heureux que son corps tremblait.

Son urination était longue, il n'en était qu'à la moitié lorsqu'un signal électronique a retenti : « Il ne vous reste plus qu'à une minute, veuillez regagner votre poste dans les temps. »

Ce signal a été suivi d'un bip, probablement un compte à rebours. Liu Tao a paniqué et le jet d'urine a atteint son pantalon.

En même temps, on frappait à la porte : « Eh ! Eh ! Dépêche-toi de sortir ! »

Liu Tao est sorti en remontant son pantalon, suivi par l'inspecteur qui l'injuriait : « Espèce de fainéant qui prend son temps pour pisser. Tu ne peux pas boire moins d'eau ? »

De retour dans l'atelier, le conducteur de ligne l'a raillé une fois de plus.

Dans la seconde moitié de la nuit, l'atelier a retrouvé son calme, à l'exception des bruits sporadiques d'outils qui s'entrechoquaient, tout était enveloppé dans un bourdonnement sourd. Le superviseur ne parlait plus beaucoup non plus.

La climatisation fonctionnait à plein régime, mais Liu Tao était couvert de sueur. Une fois que la brise fraîche l'a eu séché, la sueur a recommencé à perler sur son dos et son front. Il a dû se retenir d'aller une fois encore aux toilettes. Liu Tao a compris que sa transpiration était due au fait qu'il se retenait d'aller uriner, et que l'urine était évacuée sous forme de sueur. Cette réflexion l'a naturellement soulagé.

En plus, comme il se retenait, il n'était pas aussi fatigué que la veille.

IV

Une semaine plus tard, Liu Tao était devenu un ouvrier qualifié, la vie de l'usine n'avait plus rien d'excitant. Cela se résumait à aller travailler, manger, dormir, tout cela était régi par une certaine routine, d'une monotonie désespérante. La seule source de joie pour Liu Tao était l'évolution de sa relation avec Zhang Lihong. Il ne se contentait plus de lui envoyer un message par jour, mais plutôt quatre ou cinq, parfois même sept ou huit d'affilée. Chaque fois qu'il rentrait dans son dortoir, il découvrait trois ou quatre messages de Zhang Lihong en ouvrant son téléphone.

Par le biais des messages, Liu Tao a raconté à l'autre personne qu'il avait vingt ans cette année, qu'il était orphelin et qu'il avait été élevé par son oncle mais que sa famille ne le traitait pas bien. Zhang Lihong lui a dit qu'elle avait dix-neuf ans cette année, que son père avait perdu son emploi, que sa mère était partie avec un autre homme et qu'elle avait un petit frère qui venait d'être admis à l'université. Ensuite, ils ont évoqué l'histoire des ouvriers qui se suicidaient en se jetant par la fenêtre, disant qu'on prétendait que pour chaque suicide, l'indemnisation était de plusieurs dizaines de milliers de yuans.

Liu Tao a dit que quand il était parti, son oncle lui avait en effet dit que le sacrifice d'une personne pouvait sauver une famille entière. « Cependant, je ne sauterai pas, je ne suis pas si stupide » a écrit Liu Tao.

Zhang Lihong a dit qu'elle avait en effet envisagé de sauter. Ainsi, un saut pourrait régler les frais de scolarité de son frère cadet et assurer la subsistance de son père. Cependant, qui s'occuperait de son père à l'avenir ?

Liu Tao a envoyé un message : « Je vais prendre soin de toi, je vais te montrer la pitié filiale. » Après avoir réfléchi, il s'est dit que ce n'était pas approprié, il a envoyé un autre message : « Ce que je veux dire ce n'est pas que tu sautes, mais que nous résolvions les difficultés ensemble. »

Le message de Zhang Lihong : « Tu es qui pour moi ? Tu es presque comme un mari. »

Le deuxième message : « À l'avenir, on devrait s'arrêter d'envoyer des messages, on peut juste les écrire et les laisser dans les brouillons. Envoyer des messages coûte trop cher. »

Alors, Liu Tao a écrit un message : « Est-ce que tu pourrais prendre une photo de toi et la stocker dans le téléphone ? » Puis, il a ajouté : « Je vais d'abord prendre une photo de moi, désolé pour l'apparence si elle te déçoit. »

Le lendemain, il y avait effectivement une photo de Zhang Lihong dans le téléphone. Elle était allongée sur le lit, la tête reposant sur l'oreiller, souriant à pleines dents comme une star de cinéma. Dans les brouillons se trouvait un message de Zhang Lihong complimentant Liu Tao sur sa belle apparence, disant qu'il ressemblait à Jay Chou. Liu Tao a répondu : « Je suis comme ça, mais ma taille est correcte 1m81, tu es toujours plus belle. »

« Est-ce que les hommes et les femmes sont comparables ? Je ne me compare qu'avec des femmes. »

« Comment te compares-tu avec des femmes ? »

« Les filles de notre ville ne sont pas aussi belles que celles qui vont à Shenzhen pour devenir hôtesses et qui gagnent beaucoup d'argent. Si j'y allais, je gagnerais certainement plus qu'elles. Mais, on ne peut pas se rabaisser, même si on gagne assez d'argent, personne ne voudra nous épouser ! »

Le message de Liu Tao : « Je veux t'épouser. » Puis, il a ajouté : « Je ne veux pas que tu deviennes prostituée, ce que je veux dire, c'est que je suis amoureux de toi. »

Le message de Zhang Lihong : « Tu as l'air vraiment bien, et j'ai compris ton intention. »

Liu Tao a montré la photo de Zhang Lihong aux personnes du dortoir : « Comment la trouvez-vous ? Une beauté, n'est-ce pas ? »

Qian Fuzhe n'a rien dit. Une autre personne a dit : « Vous en êtes seulement à ce stade ? Regardez ma coéquipière ! »

Il a ouvert son téléphone, la femme sur la photo était en apparence ordinaire, mais elle était entièrement nue, dans une pose suggestive.

La deuxième personne est venue et a ouvert son téléphone, la femme sur la photo n'avait pas de visage, seulement des organes, seulement les ongles vernis en rouge.

Liu Tao a rapporté la situation à Zhang Lihong dans un message. Voici les trois messages de Zhang Lihong :

« Tu n'as vraiment pas honte ! À l'avenir, je ne te montrerai plus mes photos. » « À moins que tu ne les montres à personne tu promets ? » « Tu ne peux pas non plus publier mes photos intimes en ligne. Si tu le fais, je sauterai par la fenêtre ! »

Liu Tao a répondu par trois messages : « Tu ne crois pas en mon intégrité, mais s'il te plaît crois en mon amour, je t'aime. » « De plus, ce téléphone ne peut pas se connecter à Internet, je n'ai jamais utilisé les cybercafés de l'usine. » « Et puis, ce sera des photos que de certaines parties, personne ne pourra te reconnaître, aucune association ne pourra être faite. »

Ce jour-là Zhang Lihong, n'a sauvegardé qu'un seul message : « Commence, toi. »

Liu Tao a glissé son téléphone sous la couette, puis a cliqué pour prendre une photo. Lorsqu'il a vérifié, tout était noir, rien n'avait été pris en photo. Il a pris son téléphone, s'est dirigé vers la salle de bains, a verrouillé la porte et a pris sept ou huit photos d'affilée. Il en a finalement sauvegardé deux et a supprimé les autres.

Zhang Lihong a également pris des photos d'elle et Liu Tao s'est caché pendant un bon moment sous la couette pour les admirer. Ensuite, il est retourné à la salle de bains pour se prendre en photo.

Le lendemain, Zhang Lihong a supprimé les photos qu'elle avait prises la fois précédente, mais il y avait deux nouvelles photos d'elle dans le téléphone. Le corps sur la photo était toujours celui de la veille, mais les angles étaient différents, le mettant davantage en valeur, ce qui éveillait des fantasmes chez Liu Tao.

Toutes ces photos étaient prises dans la même salle de bains, non seulement par Liu Tao et Zhang Lihong, mais aussi par leurs colocataires et leurs coéquipiers respectifs. On retrouvait les mêmes toilettes, lavabos et carreaux blancs de céramiques collés au mur.

En plus des messages et des photos, Zhang Lihong laissait des bas et des sous-vêtements sous la couette, bien sûr à la demande de Liu Tao. Ce dernier laissait des taches de sperme sur les draps. Il s'excusait pour cela et Zhang Lihong répondait : « Pas besoin de t'inquiéter ! »

Heureusement, les draps et les housses de couette étaient collectés chaque semaine par une personne dédiée et nettoyés par l'entreprise. Allongé dans des draps propres, Liu Tao a envoyé un message à Zhang Lihong : « Lihong, je ne suis pas habitué à dormir sans ton odeur. Je n'arrive pas à dormir. »

La réponse de Zhang Lihong : « Tu es vraiment un sale porc ! »

V

Qian Fuzhe est sorti de la salle de bains après avoir pris une douche et s'est dirigé vers la couchette en se frottant le corps avec une serviette. Il a sorti un ensemble de vêtements d'un grand sac à dos, a enfilé un pantalon, un tricot de corps à manches longues et a aussi mis des chaussettes. Ensuite, Qian Fuzhe a retourné l'oreiller avant de s'allonger.

Sur la couchette d'en face, Liu Tao était en train d'écrire un message.

« Hong, tu es la seule raison pour laquelle je reste ici. Il suffira que tu me le demandes pour que je te suive jusqu'au bout du monde ! »

« Nous pouvons monter notre propre entreprise, monter une société. Nous n'avons pas beaucoup d'argent, mais nous sommes jeunes, et l'amour est notre plus grand atout ! »

« Nous devons gagner beaucoup d'argent pour permettre à ton petit frère de poursuivre ses études et offrir une vie meilleure à ton père ! »

Qian Fuzhe s'est retourné dans son lit, puis s'est tourné vers Liu Tao et a dit : « Je n'arrive pas à dormir. Que dirais-tu d'aller faire un tour dehors ? »

Dans la zone industrielle, en dehors des bâtiments de différentes tailles, il n'y avait absolument rien à voir, même pas un arbre. Les murs des bâtiments ainsi que les panneaux d'affichage étaient couverts des instructions du président Bai : « Lorsqu'on quitte le laboratoire, il n'y a plus de haute technologie, il n'y a que la discipline à suivre. « Si la Chine est le terrain d'expérimentation des technologies manufacturières, Zhanxin Shi en est le front le plus avancé. Le plus grand ennemi est la faiblesse humaine. » « D'où vient le stress au travail ? Qualité, temps, coût, technologie, efficacité. » « Les subalternes n'ont que quatre réponses au choix : bien, oui, d'accord, entendu. »

– Pourquoi est-ce que tu portes toujours autant de vêtements quand tu dors ?, demanda Liu Tao.

– J'ai une petite amie, et je ne peux pas partager la couchette avec d'autres femmes, répondit Qian Fuzhe.

– Mais tu le fais quand même.

– C'est inévitable, mais nos corps ne se touchent pas, ou du moins pas directement.

– Je n'ai pas de petite amie, Zhang Lihong a accepté d'être ma petite amie.

– C'est un complot, un complot capitaliste ! Réfléchis un peu, une entreprise aussi grande que Zhanxin Shi se soucie-t-elle vraiment de construire quelques dortoirs de plus ? Et en plus, avec les équipes de travail en alternance entre hommes et femmes, c'est pour stimuler les hormones et donc augmenter la productivité, s'exclama avec émotion Qian Fuzhe.

— ...

— Je voudrais te demander, est-ce que tu as déjà rencontré Zhang Lihong ?

— Non.

— Est-ce que vous pouvez vous rencontrer ?

— Non.

— Est-ce que vous pourrez vous rencontrer plus tard ?

— Sauf si on quitte l'entreprise, et qu'on ne travaille plus ici.

— Tu vas partir ?

— Tant qu'elle sera ici, je ne partirai pas.

— C'est ça, laissez-vous manipuler mutuellement, travaillez bien pour eux, cependant vous ne pourrez jamais vous rencontrer.

Au loin, une rangée de gardiens se tenait les bras ballants comme des poteaux électriques plantés au bord d'une route. Il n'y avait aucune présence humaine en dehors de Liu Tao et des gardes dans le parc. La lumière du soleil éblouissait le sol en béton.

— C'est vraiment ennuyeux, dépourvu d'intérêt ! Le travail est si dur et mécanique, on gagne si peu d'argent, on n'a ni droits ni dignité, pourquoi ne pensez-vous pas à tout ça ? Si je n'avais pas cette mission sur les bras, j'aurais même envie de mourir ! dit Qian Fuzhe.

Liu Tao regarda l'autre avec perplexité.

— La philosophie des Chinois a toujours été de préférer une vie misérable à une mort honorable. Hélas, cette nation est condamnée...

— Est-ce quelqu'un ne s'est pas jeté d'un bâtiment ?

— Cela fait longtemps qu'il n'y a pas eu de suicide.

Le lendemain, Liu Tao a reçu un message de Zhang Lihong disant qu'elle envisageait de se jeter par la fenêtre. Son père avait été diagnostiqué d'un cancer de l'œsophage en phase terminale et le traitement nécessitait des dizaines de milliers de yuans. Zhang Lihong avait écrit : « Je n'ai d'autre issue que de sauter pour obtenir une indemnisation de l'entreprise. »

Liu Tao répondit par message : « Si tu sautes, je saute. »

Zhang Lihong répliqua : « À quoi ça servirait que tu sautes ? L'argent ne sera pas versé sur mon compte, l'indemnisation sera pour ton oncle.

Liu Tao insista : « Alors marions-nous, une fois mariés, l'argent ira sur ton compte et pas sur celui de mon oncle. »

Zhang Lihong répondit : « En réalité, j'ai envie de me marier avec toi depuis longtemps, mais pas pour l'argent. Donc maintenant, je ne veux plus me marier ! »

Liu Tao était profondément touché, pensant que c'était vraiment une bonne fille, indifférente à l'argent. Par conséquent, il était de plus en plus déterminé à l'épouser.

L'un voulait se marier, l'autre pas. Plus l'un refusait, plus l'autre insistait. Les messages sont allés et venus pendant plusieurs jours. Pendant cette période, aucune photo n'a été prise et Zhang Lihong n'a plus mentionné la maladie de son père. Finalement, Liu Tao s'est retrouvé totalement désemparé.

Lorsqu'ils étaient à la cantine, Liu Tao s'est tourné vers Qian Fuzhe pour demander conseil et les yeux de ce dernier se sont illuminés.

– Est-ce que Zhang Lihong, envisage réellement de sauter ?

– Il semble que ce ne soit pas un mensonge. Son père a besoin d'argent de toute urgence pour une opération.

– Tu ne veux pas qu'elle saute, tu veux sauter à sa place ?

– C'est ce que je pense.

– Oh, l'amour est vraiment grand, c'est tellement incroyable ! déclara Qian Fuzhe.

– Mais, nous devons nous marier, sinon l'argent n'ira pas sur son compte.

– Eh bien, mariez-vous.

– Elle refuse.

– Attends, attends. Laisse-moi réfléchir, dit Qian Fuzhe.

Il a versé la nourriture de son bol dans celui de Liu Tao et n'a rien mangé lui-même. Pendant que Liu Tao mangeait, Qian Fuzhe l'observait attentivement.

– Tu dis que tu veux te marier pour sauter d'un bâtiment, mais bien sûr Lihong ne voudra pas... Alors, dis que ton père t'a laissé un héritage et que son testament stipule qu'il ne te reviendra qu'après ton mariage. Dès que tu seras marié, tu pourras obtenir cet argent et le donner à la famille de Lihong pour payer les frais médicaux.

– Mais, je n'ai pas cet argent.

– Une fois marié, tu auras l'argent et ensuite tu pourras sauter, non ?

– Est-ce que je dois vraiment sauter ?

– Regarde, je pensais que relation en était arrivée à ce point, que l'amour vrai existait dans ce monde. Liu Tao, oh Liu Tao, me décevoir n'est pas grave, mais tu ne peux pas décevoir Lihong.

VI

Dans la salle de réunion de l'entreprise, une réunion de la direction de l'entreprise était en cours. Un grand écran, suspendu au mur derrière le président Bai, affichait la courbe des suicides des ouvriers s'étant suicidés au cours des trois derniers mois. De part et d'autre de la longue table, étaient assis des cadres et gestionnaires, chacun avait devant lui un ordinateur affichant la même courbe que celle projetée sur l'écran.

– Il n'y a pas eu de cas de suicide récemment. Le directeur Lu a raison, le suicide est une question de probabilité, dit le président Bai.

– C'est grâce à la décision judicieuse du président. Ce 1,5 million de mètres carrés de grille ne sont pas là pour rien. Maintenant, même s'ils veulent sauter, ils ne le peuvent pas, répondit le directeur Lu.

– Nous ne devons pas prendre cela à la légère. Voyons s'il n'y a pas d'autres failles à corriger, dit le président.

– J'ai entendu des rumeurs selon lesquelles les ouvriers se suicident pour obtenir des indemnisations. Au départ, je voulais dépenser de l'argent pour éloigner le malheur, mais je n'aurais jamais pensé que ma bonne intention se retournerait contre nous. À l'avenir, les nouveaux employés devront signer un accord de non-suicide, ou un accord stipulant qu'en cas de suicide, aucune indemnisation ne sera versée. C'est la seule façon de résoudre le problème à la racine, ajouta le président après une pause.

– Le président a raison, même ceux qui sont déjà en poste devraient être obligés de signer pour combler cette lacune, répondit le cadre portant des lunettes dorées.

– Je préfère dépenser de l'argent pour augmenter les salaires, il vaut toujours mieux dépenser de l'argent pour les personnes vivantes que pour les personnes décédées, a conclu le président.

– Monsieur le président, ces deux sommes d'argent ne peuvent pas être mises sur le même plan…, dit le cadre aux lunettes dorées.

– Je le sais. Nous pouvons profiter de cette occasion pour engager une transformation industrielle. J'estime que nous avons déjà pleinement exploité les avantages liés aux faibles coûts et à la main-d'œuvre bon marché. Il nous faut, maintenant, nous concentrer sur l'innovation et l'optimisation technologique. Cela concerne le futur développement de l'entreprise.

– Le président est visionnaire. Zhanxin Shi va une fois de plus prendre l'initiative, dit le directeur Lu.

– La décision est prise, y a-t-il d'autres questions ?

– Il y a un ouvrier qui demande à se marier avec sa partenaire de couchette, dit le cadre aux lunettes dorées.

– Oh, Vraiment ? Il y a vraiment une flamme d'amour ?

– Je pense qu'on ne devrait pas les laisser se marier. Cela irait à l'encontre de notre intention initiale de créer un modèle de partenariat. Il ne s'agit pas seulement de se rencontrer mais aussi d'avoir des enfants, tout cela relève de l'entreprise, dit le cadre à lunettes dorées.

– Est-ce que qu'ils ne peuvent pas se marier sans se rencontrer ni avoir d'enfants ? demanda le président.

– Pour obtenir le certificat de mariage, il faut se présenter en personne.

– Est-ce que l'entreprise n'a pas son mot à dire ?

– Non.

– Mon idée est la suivante : nous devons les laisser se marier, mais ne pas les laisser se rencontrer. Les laisser se marier est une bonne chose et nous devons aussi avoir quelqu'un pour célébrer ça. Ne pas les laisser se rencontrer, c'est pour ne pas enfreindre les règles. Je pense qu'il n'est pas nécessaire de passer par les autorités locales, nous pouvons le valider nous-mêmes.

— Le valider nous-mêmes ?

— Je peux gérer huit cent mille personnes, alors valider un mariage ! Haha ha.

VII

À 18 h 50, l'annonce sonore rappelant de quitter les lieux a retenti. Les occupants du dortoir sont sortis en file indienne, ne laissant que Liu Tao et Qian Fuzhe. Ce dernier s'est précipité vers la porte pour la bloquer, tandis que Liu Tao a sorti une lame de scie de sa taie d'oreiller et s'est précipité vers la fenêtre pour en scier les barreaux.

Des coups frappés à la porte ont résonné.

— Ouvrez la porte ! Ouvrez la porte ! Qu'est-ce qu'il se passe ici, cria le gestionnaire.

Qian Fuzhe a fait un signe à Liu Tao qui a rapidement rangé la lame de scie dans sa taie d'oreiller. Une fois la porte ouverte, tous les deux se sont précipités à l'extérieur, frôlant le gestionnaire. Ce dernier est entré dans le dortoir et a balayé les alentours avec une lampe de poche.

Sur le chemin de la cantine, Liu Tao a dit à Qian Fuzhe : « J'ai à peine commencé à scier, cela prendra sans doute encore plusieurs jours. »

— Ce n'est pas grave, il faut prendre son temps pour bien faire les choses. Demain je m'occuperai de la porte pour toi, dit Qian Fuzhe.

— Ça ne prendra plus que quelques jours.

— Cela prouvera ton amour pour elle.

— Je l'aime, Lihong est ma femme.

— Alors, prouve-le-lui.

— N'y a-t-il pas d'autres solutions ?

— Non. Si tu ne sautes pas, tu devras utiliser l'héritage de ton père, sinon ce sera considéré comme un mariage frauduleux, et Lihong ne te pardonnera pas, dit Qian Fuzhe.

VIII

Liu Tao a laissé neuf messages à Zhang Lihong qu'il a rassemblés dans la lettre d'adieu ci-dessous :

« Ma chère épouse, je suis désolé, je pars en premier, tu dois me pardonner. J'ai menti, mon père ne m'a laissé aucun héritage. Même marié, je n'aurai pas d'argent, mais si je me suicide j'aurai de l'argent. Prends cet argent pour aider ton père à se soigner et aide-moi à accomplir ma piété filiale envers ton père. J'ai grandi sans parents et ton père est comme un vrai père pour moi. Merci ma chère épouse, c'est-à-dire toi, de m'avoir donné tant d'amour. Bien que nous ne nous soyons jamais rencontrés, notre amour est aussi réel que si nous nous étions rencontrés ; même si nous n'avons jamais eu de relations physiques, c'est mieux que cela, notre amour est pur et grand. En mon absence, prends bien soin de toi. Une fois que tu auras reçu l'indemnisation, ne travaille plus pour Zhanxin Shi, retourne dans ton village natal et ouvre une boutique de vêtements. Il te reste encore un long chemin à parcourir dans la vie, ne sois pas triste pour moi. Je suis extrêmement heureux et honoré de pouvoir donner ma précieuse vie pour toi. S'il y a une autre vie après la mort, je m'efforcerai de renaître en tant que ton fils, que tu porteras dans tes bras chaleureux et nourrira de ton lait maternel tous les jours. Avant cela, mon âme restera à tes côtés, te suivra et te protègera. Mon âme est sur le point de quitter mon corps, aucun haut mur ni aucune règle ne pourront plus le retenir. Je viendrai te voir en personne même si tu ne peux certainement pas me voir. C'est ce dont j'ai rêvé jour et nuit. Adieu, Hong ma très chère épouse. »

IX

L'âme de Liu Tao flottait au-dessus du parc, sans substance ni forme, se déplaçant librement, traversant les murs comme bon lui semblait.

L'âme a vu que Zhang Lihong était recroquevillée sous la couette, qu'elle pleurait à chaudes larmes, embrassant frénétiquement les photos de lui prise de son vivant, à tel point qu'elle semblait presque vouloir engloutir son téléphone.

L'âme a vu Zhang Lihong frapper à la porte d'un bureau et demander une indemnisation auprès du service concerné. La personne en face lui a répondu : « Nous avons une nouvelle règle, nous ne donnons plus d'indemnisation aux personnes qui se jettent par la fenêtre car cela revient à encourager le suicide. » Zhang Lihong ne voulait pas abandonner si facilement. La partie en face d'elle ajouta : « Même sans cette règle, tu ne pourrais pas recevoir d'indemnisation car votre mariage n'est pas légal. Il a été reconnu par l'entreprise mais n'a pas été enregistré auprès des autorités locales. »

L'âme a vu Qian Fuzhe enlever sa combinaison de travail, remettre ses vêtements d'origine et sortir fièrement de l'enceinte de l'entreprise d'un air assuré. De nombreux micros pointaient vers Qian Fuzhe. Il a annoncé qu'il était en fait en infiltration, envoyé par le journal et qu'il détenait des informations de première main sur cet incident. Le défunt était, par hasard, son colocataire. Les sombres secrets de Zhanxin Shi étaient maintenant dévoilés !

L'âme a vu l'avion personnel du président Bai percer les nuages et atterrir à nouveau sur le toit de l'immeuble administratif.

Lors de la conférence de presse, le président Bai s'est incliné profondément devant les personnalités de divers milieux et a exprimé ses excuses. Il a déclaré que l'entreprise ne devait pas seulement se contenter de la gestion des activités industrielles mais qu'elle devait aussi contribuer à la société. À l'avenir les employés pourront se marier, avoir des enfants et des crèches et des crématoriums seront créés. Au même moment, le directeur Lu est venu annoncer l'arrivée des trois moines du mont Wutai. Le président Bai a immédiatement annoncé qu'un service funéraire de haut niveau serait organisé pour le défunt...

L'âme a vu un nouvel ouvrier fraîchement embauché grimper sur le lit où la personne dormait auparavant, enfouir sa tête sous la couette et renifler.

Quand Zhang Lihong est rentré du travail, elle a remarqué quelque chose d'anormal, elle a retiré les draps et a dormi à même le sommier.

L'âme a vu que le grand trou dans la fenêtre, par où le corps était sorti, était toujours là, avec les barreaux de fer coupés dressés. Zhang Lihong avait repéré ce trou et l'a fixé du regard. Les autres occupants du dortoir étaient profondément endormis, émettant un concert de ronflements.

Zhang Lihong s'est levée, elle a grimpé sur le rebord de la fenêtre.

NOUS SOMMES-NOUS DÉJÀ RENCONTRÉS ?

En 2021, j'ai séjourné dans la ville de L. pendant cent jours. Ce n'était ni un voyage pour un voyage d'affaires ni pour faire du tourisme, j'y avais simplement loué une maison. À L., il y avait un groupe d'amis qui écrivaient de la poésie. Dans les années 1990, beaucoup d'entre eux étaient allés chercher fortune ailleurs, mais au début du nouveau siècle qu'ils aient ou non réussi financièrement, ils ont tous renoué avec la poésie. Ils avaient l'intention de lancer une revue et m'ont invité à L. pour discuter de ce projet ambitieux. Dès mon arrivée j'ai été séduit par le rythme de cet endroit.

En général, le matin tout le monde dormait. À midi, après avoir mangé, on se retrouvait peu à peu pour aller dans un salon de thé prendre du thé et jouer aux cartes. Quand la partie commençait, il était déjà plus de 15 heures. Entre-temps, quelqu'un envoyait parfois un serveur à côté chercher un bol de nouilles, mangeant tout en jouant (oubliant de déjeuner). Quatre personnes s'affrontaient à la table de jeu et il pouvait y avoir plus de quatre personnes sur le côté qui regardaient. Bien sûr, nous aurions simplement pu discuter, parler de quelque sujet sérieux, mais ces sujets sérieux n'étaient plus liés aux affaires mais relevaient d'entreprises littéraires. Mes amis prévoyaient de revenir à l'avant-garde de l'écriture et la création d'une revue était la première étape qu'ils envisageaient. C'était justement en publiant une revue que nous nous étions distingués dans les années 1980. Mais après tout, les temps avaient changé, et je m'interrogeais sur l'efficacité de publier une revue : « À présent, l'endroit le plus libre devrait être Internet. »

Ce que je voulais dire, c'est qu'il fallait passer de l'édition papier à l'édition électronique et publier la revue en ligne. En fait, je ne connaissais pas grand-chose à Internet, j'étais juste un peu en avance sur eux en termes de sensibilisation. En ce qui concerne l'utilisation ou la familiarité avec Internet, nous appartenions à une génération à part.

Une fois le consensus atteint, il était temps de recruter et rechercher des personnes qualifiées. Les candidats devaient non seulement comprendre la poésie, mais aussi connaître notre bande de vieux amis. C'est pourquoi, le processus de sélection était inévitablement long. Heureusement que nous étions dans une maison de thé, que nous pouvions jouer aux cartes et aux échecs tout en rêvant à l'avenir de la poésie, ce qui était plutôt agréable. Avec un tel événement majeur en perspective, leur passion pour les jeux de société et mon hésitation à partir étaient donc parfaitement justifiées.

C'était après 15 heures, c'est-à-dire quelques heures avant le dîner. Nous jouions aux cartes tout en discutant, en réfléchissant à l'endroit où nous irions boire le soir. En réalité, nous n'avions pas très envie de manger (nous venions de manger peu de temps auparavant), notre appétit était plutôt dirigé vers autre chose. L'alcool en faisait partie, mais l'atmosphère qui régnait autour de la table était encore plus importante. Les activités de l'après-midi, bien que relaxantes pour le corps et l'esprit, manquaient d'une atmosphère chaleureuse et en plus comme nous venions de nous réveiller nous étions encore un peu engourdis. Le repas du soir était différent. Quand les lumières de la ville se sont allumées, et surtout lorsque la vaisselle sur la table a été débarrassée de la fine couche de plastique qui l'enveloppait et a brillé de mille feux, nous semblions être totalement réveillés, complètement lucides. J'avais l'impression que c'est seulement à ce moment-là que la journée des habitants de L. commençait réellement.

Parmi ceux qui étaient partis tenter leur chance dans les années 1990, certains avaient réussi financièrement, d'autres non. Parmi ces derniers, il y a Zong Bin (c'est lui qui m'a invité à venir à L.). Il avait gagné beaucoup d'argent, avait connu richesse et prospérité, mais a fini par tout perdre. Aujourd'hui, gagner sa vie est devenu un problème pour

Zong Bin. Heureusement, grâce à sa réputation de poète à l'époque, ses amis qui avaient fait fortune étaient ravis de l'aider. Lorsque je suis arrivé à L., Zong Bin venait d'acquérir un petit bar. Sa petite amie Peng était responsable de la gestion, tandis que Zong Bin avait pour mission d'attirer les clients, c'est-à-dire de faire venir ses amis riches pour qu'ils dépensent de l'argent. Ainsi, tous les soirs après le repas, notre point de chute était le bar de Zong Bin, le Lulu bar.

Dès que nous nous installions, au moins deux douzaines de bières étaient servies. Ce n'était que le début, nous buvions jusqu'au milieu de la nuit et il était tout à fait normal que chacun consomme en moyenne une douzaine de bières. Notre table avait été personnellement réservée par Zong Bin. Peu de temps après notre arrivée, d'autres amis qui avaient terminé le repas, nous rejoignaient, souvent en groupe. Nous nous rassemblions souvent pour agrandir notre table. À certains moments, nous avons pu rassembler sept ou huit tables, les alignant en une longue rangée. Si ce n'était à cause de la longueur de la pièce, nous aurions continué à en ajouter. C'était la seule table de tout le bar pouvant accueillir jusqu'à quarante ou cinquante personnes. Parfois, nous ne partagions pas les tables, chacun s'asseyant séparément, à l'intérieur du bar ou sur les terrasses en plein air. Il y avait aussi des gens qui se baladaient bouteille à la main, allant et venant. C'était l'apogée du Lulu Bar, un mois ou deux après son ouverture, cela coïncidait pratiquement avec le lancement de notre site Internet de poésie.

Cette période était en effet très animée, le recrutement de talents avait également porté ses fruits. Quelques jeunes s'étaient joints à nous, tous originaires de l'extérieur de L., aucun d'entre eux n'était originaire de L. Mais, tous, sans exception, étaient passionnés par la poésie et avaient entendu parler de nous.

(Zong Bin, Zhu Xiaoyang ou moi-même). La force des jeunes était qu'ils connaissaient bien Internet, mais leur faiblesse était leur faiblesse financière ce qui posait un problème pour leur subsistance. Ainsi, ils mangeaient et dormaient tous au Lulu Bar. Zong Bin disait : « Tant que j'ai à manger, vous ne mourrez pas faim. Peng est comme votre mère, elle prend soin de vous. » Les jeunes étaient vraiment purs, peu intéressés par le thé l'après-midi ou l'alcool le soir, ils avaient l'esprit complètement absorbé par Internet.

Le cadre du site Lulu poésie a rapidement mis en place. À l'époque, les forums en ligne étaient très populaires, c'est pourquoi notre site proposait non seulement des livres électroniques, mais aussi un forum et une salle de discussion. Finalement, il s'est avéré que les livres électroniques étaient presque négligés, le forum était le plus animé, et la salle de discussion s'est avérée être une découverte inattendue, voir la principale surprise.

En fin de compte, du jour au lendemain, Internet est devenu un sujet de conversation et une partie importante de notre vie à L. Maintenant, lors des dîners du soir, nous ne buvons pas autant qu'avant. Zong Bin est toujours préoccupé par son Lulu Bar et il pense aux jeunes qui y travaillent dur. Récemment, le Lulu Bar a acheté quelques ordinateurs, les jeunes y surfent sur Internet. Les anciens ont également commencé à apprendre l'informatique. Bien qu'à peu près du même âge que Zong Bin, Zhu Xiaoyang a toujours eu une grande réactivité. Il a appris à taper à l'ordinateur en quelques jours et est devenu le P.-D.G. du site du site Lulu poésie. En plus de gérer le site, il doit gérer les gens, la vie des jeunes et la communication entre les jeunes et les anciens. Zong Bin, lui était différent. Dès le début, lorsque j'ai suggéré de passer à une publication en ligne, il s'y est opposé. Maintenant que le site Internet est opérationnel, il est rempli d'inquiétude et de panique, car il ne peut pas y accéder. Un jour, Zong Bin est parti sans un mot, je lui ai demandé : « Qu'est-ce qui ne va pas ? Ce n'est pas que tu as pas trop bu, n'est-ce pas ? » Zhu Xiaoyang a répondu : « Il va bien, il est parti étudier. »

Lorsque nous sommes arrivés au Lulu Bar, nous avons vu Zong Bin assis dans un coin devant un ordinateur, en train de taper. Il n'était bien sûr pas connecté à Internet, il s'entraînait simplement. Sur le mur en face de lui était accrochée une affiche de l'alphabet pinyin chinois pour les enfants. Zong Bin avait une cigarette à la bouche et tendait un doigt de chaque main. Il jetait un coup d'œil sur le tableau, tapait sur le clavier et le bout de ses doigts restait suspendu en l'air pendant sept à huit secondes. Le tableau était conçu pour les tout-petits, par exemple dans la case pour « e » il y avait le dessin d'une oie, à côté du « i » il y avait un petit vêtement, et pour « sh » il y avait le dessin de lion avec une longue crinière[1]. Les yeux de Zong Bin étaient plissés en raison de la fumée de cigarette, il ne savait même pas comment tapoter la cendre de cigarette. De sa bouche serrant le mégot de cigarette, émanaient des sons étranges comme « e », « yi », « si ».

— Je suis aussi originaire de L. et je n'ai jamais appris le pinyin non plus, dit Zhu Xiaoyang.

Avec les encouragements de Zhu Xiaoyang et de moi-même, Zong Bin a réussi à apprendre à taper en moins d'une semaine. Cependant, lors des dîners du soir, il quittait toujours la table plus tôt pour retourner au Lulu Bar, puis, se précipitait vers le salon de discussion du site Lulu poésie. Zong Bin prétendait que le Lulu Bar était le quartier général de notre révolution poétique de notre relance à Dongshan, mais ce n'était pas vraiment le cas. Il y avait simplement quelques ordinateurs allumés toute la journée et quelques jeunes ainsi que Zong Bin qui naviguaient sur Internet. Le travail de création du site Internet était déjà terminé, et il ne restait plus que la maintenance quotidienne. Les jeunes considéraient cet endroit comme un cybercafé gratuit. C'était pareil pour Zong Bin, absorbé dans son propre cybercafé, et il ne critiquait pas trop les jeunes. De plus, même Peng avait commencé à utiliser Internet. Dès lors, chaque fois que nous allions au bar, nous ne la voyions plus. Heureusement, nous étions tous de vieux amis, alors nous allions dans l'arrière-cuisine nous servir nous-même les bières dans l'armoire réfrigérée. Nous prenions les verres, ouvrions nous-même les bouteilles et en partant laissions l'argent sous le cendrier. Un jour, j'ai demandé à Zong Bin : « Et Peng ? » Ce n'était pas pour qu'elle vienne nous accueillir, c'était simplement une forme de courtoisie, après tout Peng était la petite amie de Zong Bin. Zong Bin, les yeux rivés sur l'écran d'ordinateur, sans même relever la tête a répondu : « Elle est en train de discuter avec son David. »

— David ?

— Oui, Peng est en train de vivre une relation en ligne.

---

1. NdT : prononciation de ces mots en chinois.

Une fois, Peng est venue à notre table, elle n'était pas là pour nous servir, pour prendre des verres, ouvrir des bouteilles ou quoi que ce soit d'autre, c'était juste par courtoisie. Après tout, nous étions les potes de Zong Bin. Zong Bin lui a dit : « Va discuter avec David, vas-y, il n'y a rien pour toi ici. »

Ce que Zong Bin n'était pas un commentaire déplacé, il avait plutôt l'air heureux. C'était comme s'il avait renvoyé Peng discuter, cela lui donnait encore plus de raison d'aller sur Internet lui-même.

En raison du manque d'intérêt de Zong Bin et de sa compagne (bien qu'ils ne soient pas mariés, leur relation était bien réelle), les affaires du Lulu Bar ont commencé à décliner. J'étais à L. depuis plus de deux mois, et l'enthousiasme avec lequel nous accueillions les clients a peu à peu cédé à la routine. Dans l'ensemble, l'atmosphère de la vie nocturne de L. n'était plus aussi animée qu'au début. Les parties de cartes de l'après-midi se poursuivaient comme d'habitude, elles étaient déjà assez calmes. Les dîners en groupe se sont également poursuivis mais les moments de convivialité étaient plus brefs. Le nombre de participants avait fortement diminué, souvent il n'y avait que moi, Zong Bin, Zhu Xiaoyang et An Long. Si des étrangers se joignaient à nous (par étrangers, on entendait ceux qui n'étaient pas impliqués dans la gestion du site Lulu poésie), Zong Bin devenait très agressif et demandait à la personne : « Sais-tu utiliser Internet ? » Si la réponse était négative, Zong Bin se moquait impitoyablement de la personne. Il disait que la personne était vieux jeu, qu'elle ne savait que gagner de l'argent, qu'elle allait bientôt être abandonnée par son temps, et que même à l'approche de la mort elle pourrait toujours rire. La personne était perplexe. Ensuite, Zong Bin a commencé sa longue tentative de persuasion et de prêche. À table, il était le seul à parler, la personne critiquée essayait parfois de se défendre, Zong Bin s'emportait et il finissait par se battre avec elle. De telles discordes se terminaient invariablement dans la discorde.

Je pense que Zong Bin le faisait exprès, cela lui permettait de rentrer plus tôt au Lulu Bar pour aller sur Internet. Lorsque nous retournions au Lulu Bar, l'ambiance était assez morose. Il y avait de moins en moins d'amis venant nous soutenir, et il arrivait souvent qu'il n'y ait que notre table. Ce n'était plus une grande table composée de quatre ou cinq petites, mais seulement une petite table qui n'était même pas entièrement occupée. Il n'y avait personne pour servir au bar, que ce soit Peng ou les jeunes, tous étaient cachés dans une pièce à côté de la cuisine pour surfer sur Internet.

Il n'y avait pas de lumière dans la pièce, non pas parce qu'elle n'avait pas été installée, mais tout simplement parce que personne n'avait pensé à l'allumer. Dehors, la rue était très lumineuse, et un peu de lumière entrait à travers cette grande fenêtre ce qui créait une atmosphère particulière. Nous étions assis là dans la pénombre, buvant de la bière tiède (en raison du relâchement de Peng, la bière n'était plus mise au réfrigérateur). Sans grand sujet de conversation. Comme il n'y avait personne pour me tenir compagnie, Zong Bin n'osait pas se précipiter sur Internet. Il devait probablement être contrarié d'avoir laissé An Long le devancer. En fin de compte, cette bière avait un goût fade. Zong Bin s'est levé à plusieurs reprises pour se rendre dans la pièce adjacente à l'extérieur du bar et a erré sans aucun but précis, donnant l'impression de s'agiter, prêt à partir à tout moment. Je n'avais pas encore fini ma petite bouteille de bière que Zong Bin a amené quelqu'un, ou plutôt cette personne l'a suivi à l'intérieur. Il s'agissait manifestement d'un invité, probablement un ami de Zong Bin et des autres. Zhu Xiaoyang a fait un vague signe de tête à cette personne sans se lever. Après que Zong Bin a fait signe à Zhu Xiaoyang, l'homme est venu s'asseoir à notre table. Il était à contre-jour, donc du début à la fin, je n'ai jamais pu distinguer son visage.

Zhu Xiaoyang a présenté cet homme et j'ai retenu le nom de la revue « revue de poésie de L. ». Bien sûr, Zhu Xiaoyang a également mentionné son nom, mais je n'ai pas fait d'effort particulier pour m'en souvenir, il semble qu'il s'appelait Sun. L'homme nommé Sun sentait l'alcool, il venait probablement de quitter un dîner et était venu ici. Il a attrapé une bouteille de bière sur la table et a voulu trinquer avec moi, mais j'ai dit que je ne buvais pas beaucoup, que je prenais mon temps. Celui qui s'appelait Sun n'était pas content, il a insisté plusieurs fois, mais je n'ai pas cédé. Il a dit : « Tu es bien l'entêté, n'est-ce pas ? Je te connais. » Avant même que je puisse répondre, il a incliné la tête en arrière et a vidé sa bouteille d'un trait. Après avoir posé sa bouteille, il a dit : « Putain, qu'est-ce que tu as de si génial ? »

À ce moment-là, mon esprit s'est mis en marche. Quelle était la relation entre ce type, Zong Bin et Zhu Xiaoyang ? Ils se connaissaient c'était certain, mais à quel point étaient-ils familiers ? C'était difficile à dire. Étaient-ils amis ? Si oui, à quel point étaient-ils proches ? Ou peut-être que Zong Bin et les autres avaient des intérêts communs avec cet homme ? Lui avait-il rendu service ou était-il un client de Zhu Xiaoyang ? En un instant, j'ai eu beaucoup de pensées, et elles étaient exhaustives. Puis j'ai regardé Zong Bin et Zhu Xiaoyang qui étaient tous deux silencieux, comme s'ils ne considéraient pas que quelque chose de particulièrement grave se passait. Peut-être qu'ils étaient en train d'observer calmement, attendant que la situation évolue ? J'ai maintenu une expression douce lorsque je pensais à tout cela, j'essayais de garder le sourire. « Oui, il n'y a rien d'extraordinaire », ai-je dit joyeusement.

– Tu le sais, c'est bien, mais tu n'y connais rien, putain !

– Oui, je n'y comprends pas grand-chose, ai-je répondu. Peut-être était-il préférable de considérer l'autre comme un ivrogne, quelqu'un d'inhabituel, un ignorant.

– Alors, je vais te poser une question, a déclaré Sun en me fixant. « Pose ta question »

– Tu t'es repenti ?

– Repenti ? Pourquoi devrais-je me repentir ?

– Yu Qiuyu s'est repenti Yu Jie s'est repenti, et toi bordel tu t'es repenti ?

C'est à ce moment-là que Zong Bin est intervenu et a dit à Sun : « Je vais moi aussi te poser une question, sais-tu naviguer sur Internet ? »

Sun s'est figé pendant quelques secondes, puis s'est à nouveau tourné vers moi. Il était sur le point de dire quelque chose quand Zong Bin l'a insulté en disant : « T'es juste un imbécile », puis il s'est levé et a quitté la table. Zong Bin s'est dirigé une fois de plus vers le comptoir de la pièce adjacente. Il essayait probablement de distraire l'attention de Sun, ou peut-être il voulait signifier que cette scène était trop banale pour mériter de s'y attarder. Pourtant, j'avais l'impression que leur relation était plus profonde. Les disputes font partie de l'amour, non ? Le fait que Sun n'ait pas riposté après avoir été traité d'imbécile révélait beaucoup de choses. À ma grande surprise, l'action de Zong Bin était devenue une sorte de déclencheur. « Idiot » s'est écrié Sun, « Pourquoi tu ne te repens pas ? Je te parle, espèce d'imbécile ! »

Mon lien avec Sun n'en était pas encore arrivé au point où nous pouvions nous insulter mutuellement sans que cela ne nous dérange. Cependant, je n'étais pas vraiment en colère, je trouvais juste que la situation devenait interminable. Alors, soudain je me suis levé, attrapant la chaise sur laquelle je venais de m'asseoir et j'ai fait mine de la lancer. Je savais bien que je ne la lancerais pas vraiment ; Zhu Xiaoyang l'aurait sûrement arrêtée, sinon je n'aurais pas eu recours à cette stratégie. Comme prévu, lorsque je me suis levé, Sun et Zhu Xiaoyang se sont également levés. Zhu Xiaoyang s'est interposé entre Sun et moi et m'a dit : « Il est complètement ivre. » Puis, il s'est tourné et a poussé Sun vers la sortie. Sun hurlait et se débattait comme s'il voulait se battre avec moi. C'est à ce moment-là que Zong Bin est revenu de la pièce voisine, et tous les deux ont réussi à traîner Sun dehors. Bien sûr, ils l'insultaient tout en le traînant dehors : « T'es vraiment con, t'as un problème… Si tu ne peux pas boire alors fous-moi la paix… Putain de merde… » J'ai reposé la chaise que j'avais en main et me suis rassis.

Environ dix minutes plus tard, Zong Bin et Zhu Xiaoyang sont revenus, enfin débarrassés de Sun. Ensuite, An Long est également apparu et tous les trois sont restés pour boire avec moi, comme s'ils voulaient me faire oublier ce qu'il s'était passé. An Long, qui avait été absent pendant l'incident était le plus enthousiaste, exprimant son soutien avec générosité, et exprimant son désir de donner une correction à Sun s'il avait été présent. « Quel conard il mérite une raclée ! » Zong Bin, quant à lui, semblait un peu préoccupé ou morose. Cela n'avait rien d'étonnant car cet incident l'avait empêché de passer du temps sur Internet. Zhu Xiaoyang semblait avoir quelque chose à dire, mais avait du mal à parler en ma présence. Je pouvais sentir qu'il y avait des non-dits entre les trois vieux amis, et après tout j'étais un « étranger ». C'est pourquoi, après avoir fini mon verre, je suis parti.

Zhu Xiaoyang m'a accompagné jusqu'à la porte et m'a conseillé de ne pas prendre cela à cœur. J'ai répondu que ce n'était rien, juste une petite altercation, et que de telles choses arrivaient souvent dans les bars. Zhu Xiaoyang a dit : « C'est juste un petit grain de sable dans le système. » Ces mots m'ont marqué et sont restés gravés dans ma mémoire pendant de nombreuses années.

L'année dernière j'ai reçu une invitation pour remettre un prix à un jeune poète. L'invitation venait de la Revue de poésie de L. Cela m'a rappelé quelque chose. Par WeChat , j'ai demandé à Zhao, la personne en charge des contacts, qui d'autre participerait. Zhao m'a répondu qu'en raison de contraintes budgétaires, ils n'avaient invité personne d'autre que les jeunes poètes lauréats et les membres de leur comité éditorial. Il n'y avait qu'une seule place pour un invité extérieur. Zhao a précisé que ce prix était décerné une fois par an et qu'ils n'invitaient qu'une seule personne, quelqu'un qui avait remporté des succès remarquables dans le domaine de la poésie et qui avait du poids. Il m'a laissé entendre que c'était un honneur.

J'ai répondu que j'allais réfléchir, que je vérifierai mon emploi du temps et qu'ensuite je lui donnerai une réponse. Après la fin de la discussion privée sur WeChat, j'ai immédiatement fait une recherche sur Baidu sur La Revue de poésie de L., principalement pour trouver la liste de l'équipe éditoriale de cette revue. Le président de la maison d'édition de la Revue de poésie de L. s'appelle Qiu, mais je ne vais pas m'attarder là-dessus. Le rédacteur en chef se nomme Sun, Sun Xuehua, ce qui a éveillé en moi de forts soupçons. Est-ce que ce n'était pas ce Sun-là qui était associé à la Revue de poésie de L. à l'époque ? Après toutes ces années, il était fort plausible qu'il soit devenu rédacteur en chef. Ensuite, j'ai cherché des photos de Sun Xuehua, j'ai finalement trouvé une image dans un article sur un événement littéraire. Le rédacteur en chef sur la photo ressemblait beaucoup à la personne qui m'avait provoqué à l'époque. Je n'avais donc d'autre choix que d'accepter l'invitation.

Il ne s'agissait pas du tout d'une question de rancune mais plutôt d'une question de curiosité. La question n'était pas de savoir si ce rédacteur en chef Sun était bien la même personne que celle qui portait ce nom à l'époque. L'essentiel, c'était que s'il s'agissait bien de lui, pourquoi m'avait-il invité ? Peut-être que le rédacteur en chef Sun avait agi délibérément, qu'il regrettait ses actions passées et souhaitait s'excuser (l'invitation elle-même était une sorte d'excuse). Il était également possible qu'après avoir enfin obtenu le poste de rédacteur en chef, il veuille se vanter. Il était également possible que le rédacteur en chef Sun ait depuis longtemps oublié ce qu'il s'était passé à l'époque, et s'il s'en souvenait il estimait qu'il s'agissait d'une affaire insignifiante ne méritant pas d'être ressassée. Pour des raisons professionnelles, ils devaient inviter quelqu'un, les petits éditeurs en dessous de lui m'ont recommandé, et le rédacteur en chef Sun a simplement acquiescé. Si c'est le cas, alors le rédacteur en chef Sun est une personne généreuse et ouverte d'esprit…

Ensuite, je me suis envolé pour L. Les frais de déplacement aller-retour étaient bien entendu pris en charge par la Revue de poésie de L., et ils m'avaient même réservé une place en classe affaires, ce qui n'était pas nécessaire pour un trajet de deux heures entre Nankin et L. Cela indiquait clairement que le rédacteur en chef Sun avait des remords pour ce qu'il s'était passé autrefois et qu'il commençait déjà à se racheter auprès de moi. Installé dans le siège spacieux, les yeux fermés je réfléchissais. J'imaginais ce qu'il se passerait si deux personnes qui avaient des différends se rencontraient soudainement. Comment est-ce que je réagirais ? Après tout, je n'étais pas celui qui était en tort. L'essentiel était de savoir ce que l'autre allait dire en premier. Quels seraient ses premiers mots ? Quelle expression aurait-il sur le visage ? Après cela, tout dépendrait de ma propre réaction et de ce que je dirais. Est-ce qu'il ferait comme si rien ne s'était passé ? Ou bien, en ouvrant la porte il me donnerait une tape amicale et dirait : « Vieux, je suis désolé pour ce qu'il s'est passé il y a des années. J'avais trop bu, ne m'en tiens pas rigueur. »

Alors j'ai dit : « Salut, si tu n'en avais pas parlé, je l'aurais oublié depuis longtemps, ce n'était pas si grave. Si cela m'avait dérangé, je ne serais pas venu. »

Il a répondu : « C'est bien, c'est bien d'être venu ! On ne se connaît vraiment qu'après s'être un peu battu. Nous étions trop jeunes à l'époque »

J'ai acquiescé en disant : « Oui, oui, on a tous eu notre jeunesse… » Puis, nous avons trinqué effaçant d'un sourire nos vieux ressentiments.

Tout le long du trajet, je n'ai pas pu m'empêcher d'imaginer cette rencontre à venir. Je répétais mes répliques, les modifiant à plusieurs reprises comme si je rédigeais un scénario. J'ai envisagé différents débuts et différentes fins (jusqu'à ce sourire qui effaçait les vieilles querelles), sans vraiment profiter de la classe affaires pour dormir un peu. L'avion est arrivé à l'heure à L. Zhao était là pour m'accueillir, il était venu me chercher avec sa propre voiture. Nous nous sommes dirigés vers L.

À l'origine, j'avais prévu de déposer d'abord mes bagages. Cependant, en raison des embouteillages dus à l'heure de pointe, j'ai perdu beaucoup de temps, et il était déjà l'heure de la réception qui était prévue pour moi. Plus grave encore, les dirigeants de tous les niveaux étaient déjà arrivés. Même si j'avais dit : « Ne m'attendez pas, commencez sans moi » Le rédacteur en chef a répondu : « Comment cela peut-il être possible ? Nous devons absolument attendre, Maître Pi est l'invité d'honneur ce soir ! » (Nous avions déjà commencé à dialoguer par l'intermédiaire de Zhao) Contraint par les circonstances, je n'ai eu d'autre choix que de renoncer à l'idée d'aller à l'hôtel et de me rendre directement au restaurant. Toutes les préparations que j'avais faites avant la rencontre ne se sont pas déroulées comme prévu. Je n'ai pas eu l'occasion de me rafraîchir le visage, de changer de chemise ou de boire un verre d'eau pour me ressourcer avant d'arriver au dîner dans un état quelque peu négligé.

Heureusement, ils avaient déjà commencé depuis au moins une demi-heure. J'ai tiré ma valise et suis entré dans une grande salle privée. Je pouvais voir une épaisse fumée de cigarette et un bruit assourdissant régner. Un homme grand au visage sombre s'est levé de la table principale et a demandé au serveur de me trouver une place. C'était très probablement le rédacteur en chef Sun. Cependant, d'après le plan de table, il ne semblait pas être le plus important ici. Parmi les convives se trouvaient le président de la maison d'édition, des autorités locales et des hommes d'affaires de L. qui parrainaient l'événement. Le rédacteur en chef Sun a présenté chacun d'entre eux un à un. Bien sûr, je ne pouvais pas m'en souvenir du tout, je me suis contenté d'acquiescer et de serrer la main à chacun. Le rédacteur en chef Sun ne s'est pas présenté comme si nous nous connaissions depuis longtemps, ce qui était effectivement le cas, sinon il n'aurait pas réagi comme il l'a fait. Sun m'a présenté en disant : « Voici notre seul invité d'honneur pour la remise des prix, Pi Jian, Maître Pi. Cela a été un vrai défi de faire venir ici un poète de ce calibre ! La dernière phrase était clairement exagérée, mais on pouvait la comprendre comme une nécessité protocolaire.

Mon arrivée a brièvement interrompu les conversations animées autour de la table, suscitant un léger émoi. Cependant, cela a rapidement repris son cours et l'atmosphère animée a été reprise. En réalité, cela me convenait mieux, j'avais hâte de pouvoir me plonger dans la nourriture. Tout en mangeant, je me demandais : « Est-ce que c'est une rencontre officielle ? Peut-être pas. C'était une rencontre avec les organisateurs de l'événement, une rencontre collective. Je n'avais pas encore eu l'occasion de passer du temps seul avec le rédacteur en chef Sun en tête à tête. Il ne fallait donc pas que je baisse la garde. À ce moment-là, quelqu'un m'a proposé de porter un toast. J'ai répondu que je ne buvais pas beaucoup, alors j'ai fait semblant, disant à chacun de faire comme bon lui semblait. J'ai remarqué que le rédacteur en chef Sun assis à côté de moi me jetait un regard se remémorant probablement notre première rencontre. Ensuite, la scène est devenue un peu chaotique. Tout le monde trinquait, parlait fort et les conversations étaient agrémentées de nombreux compliments exagérés. Les gens des autres tables venaient nous rejoindre, trinquaient avec nous, faisaient de grands discours. La table était également divisée en groupes, chacun discutant de ce qui semblait d'être d'une importance vitale, dévoilant ses émotions, jurant, vantant ses exploits... Le rédacteur en chef Sun semblait très calme. J'avais également remarqué sa sérénité, et il a aussi remarqué que je le surveillais. Il semblait que dans cette salle, nous étions les seuls à rester calmes, les seuls à observer en silence. Une sorte de complicité s'était ainsi créée comme si nous faisions équipe, comme si nous étions des âmes sœur. De plus, nous étions assis côte à côte, donc il fallait bien dire quelque chose. Nous nous sommes tournés l'un vers l'autre presque en même temps, nos regards se sont croisés, sans aucune échappatoire possible. La confrontation était inévitable.

J'attendais, un sourire énigmatique se dessinant sur mon visage, le regard ferme et insistant. J'attendais ce moment depuis longtemps, j'avais déjà imaginé cette scène de nombreuses fois. Finalement, le rédacteur en chef ne pouvant plus se tenir a entamé la conversation : « Pi Jian, nous nous sommes déjà rencontrés ? »

Mon Dieu, cette phrase était totalement inattendue pour moi. J'ai été secoué intérieurement, mais je suis resté imperturbable. J'ai répondu : « Et toi, qu'en penses-tu ? »

– Je ne pense pas qu'on se soit déjà rencontrés, c'est la première fois. Bien sûr, j'ai vu beaucoup de photos de toi…, a répondu le rédacteur en chef Sun.

– Alors, nous ne nous sommes jamais rencontrés. Je n'ai pas une très bonne mémoire.

– J'ai une assez bonne mémoire, si je te dis que je ne t'ai jamais rencontré, c'est que je ne t'ai vraiment jamais rencontré.

J'admirais ce gars pour sa finesse tout en commençant à douter de moi-même. Peut-être que je ne n'avais jamais rencontré ce type. Peut-être que le rédacteur en chef Sun, en face de moi n'était pas le Sun que j'avais rencontré quelques années auparavant. Si cela avait été le cas, pourquoi aurait-il demandé : « Nous sommes-nous déjà rencontrés ? » Si sa mémoire avait été aussi bonne qu'il le prétendait, n'était-ce pas une question superflue… Quoi qu'il en soit, après cet échange, nous nous sommes tous les deux détendus. Le rédacteur en chef Sun a levé son verre pour me proposer un toast et je n'ai pas pu m'empêcher de boire une gorgée. Très naturellement, j'ai commencé à parler de quelques vieux amis que j'avais à L., en commençant par Zong Bin. Le rédacteur en chef Sun n'a pas caché qu'il connaissait Zong Bin.

– Zong Bin, ce n'est rien d'autre qu'un imbécile. Il ne fait que traîner sur Internet. Sans Internet, il n'est rien, sa poésie est aussi insignifiante que de la salive ! a-t-il dit.

Les yeux du rédacteur en chef Sun étaient enflammés, toute sa sérénité précédente avait disparu. Il a incliné la tête en arrière pour finir sa bière d'un trait, puis il a posé le verre en disant : « Tu sais ce que c'est qu'un crachat, n'est-ce pas ? Écrire de la poésie avec un crachat... Écrire de la poésie, c'est le faire avec du sang ! des larmes ! Seules la douleur et la souffrance peuvent forger l'âme poétique de cette nation Quel imbécile ! » La dernière phrase était encore une insulte envers Zong Bin.

Il n'y avait plus aucun doute que le rédacteur en chef face à moi était bien celui qui s'appelait Sun à l'époque. Il était si agressif, si imbu de sa personne et si abrupt. Nous nous étions vus seulement depuis moins d'une heure, nous n'avions échangé que quelques phrases qu'il a commencé à m'insulter. Bien sûr, il ne m'a pas insulté directement, mais c'était tout comme. Comme je l'ai déjà dit, à l'époque, Zong Bin était mon ami, alors ne l'avait-il pas fait intentionnellement ? L'éditeur en chef Sun voulait probablement me montrer qui était le patron.

Comme je me sentais mal à l'aise, je me suis tourné vers un gars de l'autre côté et j'ai spontanément trinqué avec lui. Le rédacteur e chef Sun continuait à proférer des injures sans fin en direction de là où je me trouvais. Bien que jc fusse dos au rédacteur en chef Sun, le gars avec qui je trinquais lui faisait face. Le rédacteur en chef Sun criait violemment vers nous deux. Le gars avec qui je trinquais occupait probablement un poste moins élevé. Il affichait un sourire constant, acquiesçant sans cesse en disant : « l'écriture n'est pas à la hauteur, je connais aussi ce lâche... »

Le rédacteur en chef Sun s'est emporté, passant des injures envers Zong Bin à Zhu Xiaoyang, puis à An Long. Il connaissait tous mes amis de L. et ils suscitaient tous en lui un grand dégoût. Sa colère envers eux ne datait pas d'hier, et il avait enfin saisi une occasion. Ce qui avait commencé comme un échange d'insultes entre deux personnes s'était peu à peu transformé en une sorte de discours, attirant l'attention de nombreuses personnes autour de la table. Le point culminant des toasts était passé, et le repas touchait à sa fin.

« ... Ils sont tous avancés en âge, ont dépassé la cinquantaine, plus de la moitié d'un siècle. Vous ne savez pas comment gagner de l'argent pour subvenir aux besoins de votre famille, acheter un appartement à vos parents. Putain, est-ce que cela fait de vous des êtres humains ? Vous n'êtes rien d'autre que de la racaille ! En fin de compte, c'est un problème éthique... Que représente la Revue de poésie de L. pour vous ? C'est ta mère, littéralement ta mère, mec. Sans la Revue de poésie de L. tu serais toujours dans l'obscurité ! Ce gros Zong et ce maigrelet Zhu n'ont-ils pas publié leurs premiers poèmes dans notre Revue de poésie de L. ? Comme le dit le dicton : un enfant ne devrait pas trouver sa mère laide... Que peut vous apporter Internet ? À ce jour, tu te débrouilles toujours comme un minable, chaque fois que tu me vois, tu trembles de tout ton corps... »

Je ne me souviens plus comment s'est terminé le repas. En tout cas, je me suis retrouvé à l'hôtel. Pour être précis, j'étais dans la baignoire de la chambre, et quand je me suis réveillé j'ai découvert une serviette à moitié immergée dans l'eau chaude des vagues. J'ai sursauté, je me suis demandé si je n'étais pas en train de me noyer (j'avais été réveillé avec de l'eau dans la bouche). Ça aurait été une blague de mauvais goût, non ? Je me suis rapidement levé, j'ai utilisé une serviette pour me sécher et j'ai enfilé le pyjama de l'hôtel. Après un court moment de confusion et une fausse alerte, l'image du rédacteur en chef Sun est revenue à mon esprit.

Je me suis préparé à passer un coup de fil à Zhu Xiaoyang.

En principe, ce que j'aurais dû faire en arrivant à L. aurait été de contacter ces amis, mais il s'était écoulé près de vingt ans et la situation de chacun avait beaucoup changé. Zong Bin n'était plus à L. depuis longtemps, il était parti à Pékin. Selon les dires du rédacteur en chef Sun, il ne pouvait pas se passer d'Internet. De forum en blog, puis de blog en microblog et maintenant WeChat, Zong Bin avait parcouru un long chemin et gérait désormais un compte public WeChat. Il a, à présent sa propre entreprise et sa propre équipe, *Lulu écrit des poèmes* compte des milliers de fans, il est devenu le chef de file incontesté de l'écriture de poésie en ligne. Il n'était plus à L. Zhu Xiaoyang n'était plus à L. non plus, mais contrairement à Zong Bin, il était retourné dans sa ville natale. Les parents de Zhu Xiaoyang étaient déjà âgés, et il avait fait vœu de les accompagner pendant les dernières années de leur vie tout en écrivant et en faisant preuve de piété filiale. Quant à An Long, il s'était retiré du cercle de la poésie depuis longtemps. Nous ne nous étions plus revus depuis notre dernière rencontre en 2001. Peu importe qu'il soit à L. ou pas.

J'ai appelé Zhu Xiaoyang principalement parce que je voulais discuter du rédacteur en chef Sun. Zhu Xiaoyang a répondu dès la première sonnerie comme s'il attendait ce coup de fil depuis longtemps.

– Je suis à L., ai-je dit.

– Oh, je suis à la campagne, a répondu Zhu Xiaoyang.

– Je sais tu m'en avais parlé. Es-tu disponible maintenant ? J'aimerais te parler de quelque chose.

– Je suis disponible, les vieux sont déjà endormis, je suis en train de lire. Tu te souviens de Sun Xuehua de la Revue de poésie de L. ? Il est maintenant rédacteur en chef de la revue.

– Je le connais.

Alors, j'ai commencé depuis le début, j'ai expliqué les circonstances de ma visite à L. jusqu'à ce qu'il s'était passé aujourd'hui y compris mes sentiments complexes et subtils. Avec un vieil ami comme Zhu Xiaoyang, je pouvais me confier sans retenue.

– Tu as fini de parler ? a demandé Zhu Xiaoyang.

– Oui, j'ai fini.

– Sun Xuehua est simplement comme ça, ne le prends pas trop à cœur.

– Je sais. Je n'aurais jamais imaginé qu'il oserait demander « Nous sommes-nous déjà rencontrés ? », j'avais pensé à tout sauf à ça. C'est vraiment rusé et astucieux !

Ensuite, nous n'avons pu nous empêcher d'évoquer nos expériences à l'époque du Lulu Bar, en en faisant une rétrospective. Zhu Xiaoyang a ajouté quelques détails, en mettant l'accent sur la période après mon départ, où lui, An Long et Zong Bin avaient eu une violente dispute. Zhu Xiaoyang a expliqué qu'au final, Zong Bin n'avait pas assumé son rôle d'hôte et n'avait pas arrêté les agissements de Sun. J'étais leur invité et nous étions bons amis. Qui était donc ce Sun pour agir ainsi ? Zhu Xiaoyang a affirmé que Zong Bin était tellement obsédé par Internet qu'il ne savait plus discerner le bien du mal. Zong Bin a répliqué en demandant à Zhu Xiaoyang pourquoi il n'était pas intervenu non plus. Zhu Xiaoyang était aussi l'ami de Pi Jian et, en tant que P.-D.G. du site Lulu poésie, il était de sa responsabilité de résoudre toutes sortes de conflits. Zhu Xiaoyang a répondu que cela n'avait rien à voir avec le site Internet, que cette affaire avait eu lieu dans un bar et que le bar était la propriété de Zong Bin. Ce dernier avait vigoureusement argumenté en disant que le Lulu Bar et le site Lulu poésie étaient indissociables. Sinon, pourquoi les deux porteraient le nom de Lulu ? Zhu Xiaoyang a rétorqué que cela avait été fait à sa demande, non ? An Long, quant à lui, avait pris parti pour Zhu Xiaoyang, affirmant que si le bar était la propriété de Zong Bin, il aurait dû faire sortir Sun dès son arrivée. En fin de compte, tous les trois s'étaient disputés vivement. À l'époque, ils avaient aussi bu pas mal de bière, et ils s'étaient disputés tout en buvant. À un moment d'excitation, Zhu Xiaoyang a violemment frappé la table avec le verre qu'il avait dans les mains. En raison de l'effet de l'alcool, il n'a pas bien maîtrisé sa force et a fini par briser le verre. Des éclats de verre se sont plantés dans ses doigts et il a saigné abondamment. C'est pourquoi, lorsque je l'avais revu le lendemain, il avait un bandage sur la main droite. Je me souviens lui avoir demandé ce qu'il s'était passé et il m'avait répondu qu'il s'était blessé en chutant et que sa main avait amorti sa chute sur un rocher.

Cette rétrospective m'avait complètement apaisé. J'avais même pu entendre le sifflement du vent entre les pauses dans la voix de Zhu Xiaoyang. Cet appel provenait d'une petite ville reculée de montagne, et je pouvais imaginer qu'il faisait déjà nuit noire là-bas. Je suppose que Zhu Xiaoyang ne voulant pas réveiller ses parents était sorti dans la cour pour passer cet appel. Peut-être qu'il contemplait la voie lactée tout en parlant. En regardant par la fenêtre de ma chambre d'hôtel, je voyais un océan de lumières avec des néons qui scintillaient du côté du marché nocturne, plein de tentations. Cette vue était magnifique aussi.

Finalement, Zhu Xiaoyang a ri doucement et a poussé son sens de l'humour à l'extrême. Il a dit : « Mais mon vieux, tu t'es trompé de personne, le gars de l'époque s'appelait Sun Peng. Il n'était pas de la Revue de poésie de L., mais éditeur de la Revue art et littérature de L. Tous les deux avaient des noms différents et ne travaillaient pas au même endroit, bien sûr il y avait des similitudes.

– Ah ? ce n'est pas possible…

– C'est pourtant la réalité, ils ont tous les deux le même nom de famille Sun, alors tu n'es pas entièrement responsable.

– Putain, c'est tellement ridicule et …vain.

SOMBRE

I

Le campus de l'université de la cité Rêvée est célèbre à travers tout le pays en raison de sa grande superficie et des arbres qui ornent son campus. Plus d'une fois, Wang Yue avait entendu dire que les arbres y étaient si nombreux qu'ils lui donnaient l'air d'une forêt primaire. Il n'y était toutefois pas encore entré. Et, cette fois encore, Wang Yue n'avait pas l'intention de mettre les pieds à l'université Rêvée.

Il était au milieu d'un groupe nombreux de soupeurs qui, ayant bien mangé et bien bu, se dirigeaient vers leur hébergement tandis qu'à leur tête, le vénérable Cai, les guidait jusqu'à une porte latérale. Ce n'est qu'à la vue de l'inscription qui la surmontait que Wang Yue comprit que l'étendue derrière le mur sombre était l'université de la cité Rêvée.

« Je nous fais prendre un raccourci, dit le vieux Cai, par lequel vous pourrez en plus profiter de la vue du campus de l'université Rêvée. »

Il avait parlé l'air de rien, mais le vieux Cai ne les avait pas menés là par hasard. À Wang Yue près, l'acclamation fut générale : « Voilà qui est bien, le campus de l'université de la cité Rêvée est fort célèbre ». « D'ailleurs, aurai-je l'occasion de faire un tour dans l'université même ? »

La peinture sur le panneau qui indiquait l'université était passée, les caractères difficilement lisibles, si le vénérable Cai n'avait pas été là, nul ne l'aurait en fait remarqué. Cette porte dérobée ne sautait, elle-même, pas aux yeux, elle était incrustée dans le mur et le seuil lui-même était discret qui, une fois franchit, donnait sur un clair-obscur qui filtrait à travers les branches. Un sentiment de dégoût instinctif souleva le cœur de Wang Yue. Il s'était convaincu qu'il n'éprouvait qu'un désintérêt pour le campus, jusqu'à ce moment fatal où il se rendait compte de son intime désapprobation.

Le vieux Cai était un hôte plein d'entrain, il aurait même par le passé obtenu une chaire à l'université de la cité Rêvée, ce qui expliquait qu'il connaisse si bien le campus et qu'en y faisant entrer plus de vingt personnes, il salue le gardien qui gardait la porte. Ce campus était en fin de compte assez peu ordinaire, la soirée était déjà avancée et l'on n'y voyait plus très clair. Soudain, on fut pris d'un grand froid, car il y faisait plus frais d'environ quatre ou cinq degrés qu'à l'extérieur. Une fois les portes franchies, le guide avait suivi une allée blanche sur laquelle il avait continué avec à une distance de deux ou trois pas. Pourtant, sans raison, Wang Yue et le vieux Cai avaient fini par se retrouver à la traîne du groupe. Que Wang Yue ferme la marche, c'était compréhensible, mais Cai devait guider le groupe. Peut-être ce dernier suivait-il désormais un petit ruisseau et le guide avait donc pu venir voir les traînards.

En marchant, Wang Yue s'aperçut de la présence de ce nouveau venu à ses côtés. Il put rapidement sentir la respiration de Cai dans son dos. Ce dernier avait un souffle particulier, que ce soit sa respiration dans l'effort ou le son qu'elle faisait, il semblait singulier. Il ne pouvait émaner que d'une personne particulièrement chaleureuse et attentionnée, et fort calme. Et tous, en sa compagnie, se trouvaient comme dans une brise printanière. À un moment, on entendit tousser Cai dans l'obscurité de la forêt, mais c'était pour ne rien expulser et il semblait plutôt vouloir rappeler à Wang Yue sa présence. Convaincu que Wang Yue ne serait pas incommodé par sa présence, Cai prit la parole.

— N'est-ce pas la première fois que Monsieur Wang se rend dans la Cité Rêvée ?

— Je suis venu ici plusieurs fois, mais je ne suis jamais entré sur le campus de l'université.

— Oh, dit Cai, le campus vaut chaque fois le détour.

Les deux hommes échangèrent encore un peu au sujet de la réunion dont ils sortaient. Ils avaient peut-être quelques connaissances en commun.

Cai déclara : « Je connaissais le professeur Wang depuis longtemps, mais cette fois j'ai rencontré l'homme. »

Mais, à la lumière de ce moment, rien ne paraissait. Bien sûr, Cai parlait de l'événement : de la salle de conférences, aussi lumineuse qu'en plein jour, où il avait naturellement rencontré Wang Yue. Et où Wang Yue avait naturellement rencontré Cai, mais ce dernier ne lui avait laissé qu'une impression de sa silhouette et de sa voix, tandis que les traits de son visage restaient flous. Cela n'était pas étonnant, après tout, il y avait eu une vingtaine de participants et, en incluant les organisateurs, on ne comptait généralement pas moins de trente personnes à ces réunions. Trois ou quatre tables avaient été dressées pour les repas. En plus, Wang Yue connaissait un autre Cai, qu'il avait rencontré lors d'une autre activité similaire. De nombreuses années avaient passé, le visage de Cai était devenu flou, si bien que lorsque Wang Yue le regarda de nouveau, son apparence le surprit. En somme, deux Cai avaient l'air de se battre, troublant la mémoire de Wang Yue. Mais Wang Yue ne pouvait pas répondre à Cai la chose suivante : « Je vous admire depuis longtemps, depuis vraiment longtemps et j'ai enfin rencontré la personne réelle. »

La lumière d'un bâtiment d'enseignement (ou était-ce un dortoir ?) perçait à travers les bois denses, qui la faisaient scintiller. Cette lumière semblait la pupille d'une bête, vacillante, tour à tour lointaine ou proche.

« Connaissez-vous Zhuang Meimei ? », demanda Cai. Wang Yue fut un instant surpris. Sans attendre sa réponse, Cai ajouta : « Nous nous connaissons très bien. Elle me parle souvent de vous. »

Les traits délicats du visage de Zhuang Meimei ainsi que d'autres parties de son corps apparurent soudainement devant les yeux de Wang Yue. Oui, c'était elle, Zhuang Meimei, son nom était bien Zhuang Meimei. Wang Yue songea : cela fait si longtemps, mais je m'en souviens. Pourtant il ne dit rien. Ou plutôt il demanda : « Comment va-t-elle désormais ? Voilà bien longtemps que nous n'avons pris contact ».

– Partie, dit Cai.

– Partie ?... Où est-elle allée ?

– Morte, dit Cai et il recommença à tousser.

– Quel... quel âge avait-elle

– Elle aurait eu quarante et un ans, dit Cai, si elle avait vécu jusqu'à cette heure. Il y eut un bruit, et finalement il cracha quelque part.

– Oh... quelle maladie nous l'a prise ?

– Le cancer. Mais ce n'est pas le cancer qui l'a tué. Elle est vraiment partie.

– Que voulez-vous dire ?

– Elle s'en est allée d'elle-même, je ne vous fais pas un dessin...

Et Cai commença à raconter. Zhuang Meimei souffrait d'un cancer du sein à un stade avancé, métastasé après une mastectomie. Elle avait perdu une grande partie de ses cheveux pendant la chimiothérapie. Peut-être qu'elle n'avait pas pu accepter de se voir chauve dans le miroir, ou c'était peut-être à cause d'autre chose.

« De quoi d'autre, que cela voulait-il dire ? » songea Wang Yue en son for intérieur, un jour que, Zhuang Meimei s'était enfuie de sa chambre d'hôpital. Elle avait probablement marché le long de la rivière, jusqu'à ce qu'elle n'en puisse plus et alors elle s'y était jetée. Ses restes n'ont jamais été retrouvés. Les parties concernées ont ensuite organisé une opération de sauvetage qui a duré une semaine, cherchant jusqu'à cinquante kilomètres en aval.

– Il est pourtant certain qu'elle s'est jetée dans la rivière, a déclaré Cai.

– Comment en êtes-vous si sûr ? demanda Wang Yue.

« La cité Rêvée jouxte une rivière », poursuivit Cai, « et l'hôpital est juste au bord de cette rivière. Chaque année environ deux cents personnes s'y noient. Les opérations de sauvetage sont effectuées par une équipe spécialisée. On dit qu'on ne retrouve jamais que vingt à trente pour cent des corps, ce qui est incroyable. »

D'autres questions vinrent à l'esprit de Wang Yue, mais il se tut. L'autre semblait avoir deviné ses pensées : « Il y a autre chose », a déclaré Cai, « Zhuang Meimei aimait la beauté, la nature, elle cherchait la pureté et la liberté... »

« Qu'est-ce que cela a à voir avec le fait de sauter dans la rivière ? », pensa Wang Yue, mais il le garda pour lui aussi.

« Après avoir commencé la chimiothérapie, elle s'est enfuie de l'hôpital à plusieurs reprises et à chaque fois on l'a retrouvée au bord de la rivière. » Cai dit : « Ne savez-vous pas à quel point la plage fluviale de la cité Rêvée est belle, surtout le soir quand le soleil s'y couche. »

Wang Yue était sans voix. En fait, il n'avait rien dit depuis qu'il avait demandé à Cai « que veux-tu dire ? » À ce moment, même la voix en son cœur se tenait coite. Les arbres des deux côtés de la route étaient sombres, et parfois quelques branches dont les feuilles luisaient, s'étendaient devant eux. Elles reflétaient une source de lumière si lointaine qu'on avait l'impression que l'éclat émanait des feuilles elles-mêmes, faible, mais évidente. Wang Yue songea à l'adjectif « luisant », oui, ces feuilles sont tout simplement luisantes.

Tout au long de son récit, Cai avait gardé un ton extrêmement doux et Wang Yue pouvait imaginer un sourire sur son visage (bien qu'il ne puisse pas s'en assurer, dans l'obscurité). S'il avait duré un peu plus, le sourire de Cai serait devenu ironique, mais il comprit bien qu'il n'exprimait que bienveillance et empathie. Cai craignait que Wang Yue ne soit pas capable de supporter la soudaine mauvaise nouvelle et il essayait par-là de le réconforter. Ainsi, il ne voulut pas dire « morte », mais avait souligné à plusieurs reprises que Zhuang Meimei était « partie », il n'avait pas dit son « cadavre » ni son « corps », mais seulement parlé de « restes ». Une telle douceur aurait presque fait pleurer Wang Yue.

Mais pourquoi Cai avait-il raconté cela à Wang Yue ? Ils ne se connaissaient pas avant cet événement et même s'ils avaient une amie commune en Zhuang Meimei, Wang Yue l'avait oubliée (jusqu'à ce que Cai ne révèle la nouvelle de sa mort). Peut-être Zhuang Meimei avait-elle une certaine confiance en Cai, et ce dernier avait-il reçu l'ordre d'exaucer ses dernières volontés. Mais avait-il entendu autre chose d'elle ? D'ailleurs peu importe ce qu'il lui avait entendu dire, ce n'était qu'un point de vue personnel.

Ce n'était donc pas tout à fait par accident si Cai était redescendu à l'arrière du groupe. Il avait peut-être aussi eu quelques arrière-pensées en choisissant de prendre un raccourci à travers le campus. Pourquoi n'y était-il pas allé de jour (en profitant pour emmener tout le monde visiter l'université de la cité Rêvée) ? Était-ce un simple coup de tête ?

Wang Yue trouvait d'une part Cai fort amical, mais d'autre part, il sentait qu'il nourrissait de mauvaises intentions et qu'il était sinistre. Wang Yue voulut dire quelque chose, il ouvrit la bouche plusieurs fois dans l'obscurité, mais la referma. Heureusement, Cai ne remarqua pas ce petit mouvement.

Lorsque Cai s'arrêta de parler, ils entendirent des bruits, des bruits de pas, le bruit de Cai toussant et crachant, et des bruits d'êtres, vivants ou non, autour. Est-ce que j'entends Wan Lai ? se demanda Wang Yue. Mais il n'y avait pas une âme au bout du chemin en ciment.

– Où sont-ils ? demanda finalement Wang Yue.

– Ne vous en faites pas, répondit Cai, sachant parfaitement que l'autre faisait référence au reste des participants, en particulier. Suivez cette route jusqu'à la porte principale de l'université. Vous ne vous perdrez pas.

II

Les échanges entre les participants se poursuivirent le lendemain et Cai se rapprocha de Wang Yue, intentionnellement ou non, lors des réunions ainsi qu'au moment des repas. Cai lui gardait un siège à ses côtés et faisait venir Wang Yue. Ou bien, si Wang Yue s'était déjà assis, Cai serrait les poings et demandait à la personne à côté de Wang Yue de changer de siège avec lui, affirmant qu'il avait quelque chose à faire. Mais une fois assis, il n'avait en fait rien à dire. Cai regardait simplement Wang Yue en souriant. Il avait probablement l'impression qu'après leur sortie de la nuit précédente, ils étaient parvenus à une sorte d'entente tacite. Mais Wang Yue ne le pensait pas, au contraire, il l'évitait, bien que la politesse de Wang Yue ne lui permette pas de le montrer.

La veille au soir, lorsqu'ils étaient arrivés à l'entrée principale du campus de l'université de la cité Rêvée, les autres participants les attendaient déjà près des portes. En les voyant arriver, tout le monde plaisanta bruyamment et leur demanda ce qu'ils faisaient, et leur reprocha de n'avoir même pas ramené une fille. À ce moment-là, Wang Yue jeta sans le vouloir un coup d'œil à Cai. Sous la lumière vive de la porte, son visage était complètement différent de ce qu'il avait cru voir. En d'autres termes, il ne correspondait pas au visage qu'il avait imaginé, cheminant dans le noir, c'était une autre personne qui lui avait parlé. On peut dire que le choc que cela provoqua fut encore plus grand que celui de l'annonce de la mort de Zhuang Meimei. Toutefois, si la conversation en cours de route n'avait pas porté sur Zhuang Meimei ou sur la fin tragique d'une amie, Wang Yue n'aurait pas été aussi choqué. Cai souriait toujours, mais Wang Yue avait vu le sinistre et la méchanceté sur ce souriant visage inconnu. Il savait aussi qu'il était victime d'une illusion, mais qui ne voulait pas disparaître.

En outre, lorsque le groupe sortit enfin par l'entrée principale de l'université, ils traversèrent la rue sur laquelle les voitures passaient sans interruption et aperçurent la rivière de l'autre côté, une longue bande endormie, avec un léger reflet à la surface. Comme l'avait dit Cai, la ville des Rêves jouxte une rivière, qui longe de nombreux bâtiments. Bien que Zhuang Meimei ne soit pas passée par là, Wang Yue se sentit sincèrement mal à l'aise. À ce moment-là, Cai invita le groupe de personnes à une promenade le long de la rivière. « Marchons au bord. » Il dit : « Les rives de la rivière sont des plus belles dans la cité Rêvée, surtout la nuit. » Cai prononça même les mots « pureté et liberté ». Wang Yue se sentit nauséeux, il eut envie de vomir.

Pour ces raisons, Wang Yue ne put pas se rapprocher de Cai. L'autre est alors devenu de plus en plus attentif, le suivant et l'accompagnant. Le programme de la réunion de l'après-midi fut rempli avec succès. C'est alors qu'un appel arriva sur le téléphone portable de Wang Yue. Lorsque Wang Yue décrocha, Cai, loin de le laisser, le fixa en souriant. Wang Yue n'eut d'autre choix que de s'écarter pour pouvoir parler. Après avoir répondu au téléphone, Wang Yue revint et Cai semblait avoir l'air prêt à entendre les détails. Bien sûr, Cai ne pouvait pas vraiment se croire qualifié pour connaître le contenu de l'appel, mais une habitude s'était formée. Wang Yue ne dit pas un mot.

Le chauffeur du bus klaxonna à nouveau. Tous les participants étaient déjà montés, cherchant à profiter de la demi-journée libre pour se rendre en centre-ville. Seuls Wang Yue et Cai se tenaient encore à l'extérieur. Wang Yue a dit à Cai :

— Je n'y vais pas. Mais toi vas-y, monte.

— Comment... Ce n'est pas possible...

— Je ne veux vraiment pas y aller. Je dois voir un ami.

La situation ne leur permettait pas de bavarder davantage, alors Cai trancha : « Je n'y vais pas non plus ». Sans attendre la réaction de Wang Yue, il fit signe au chauffeur, d'un geste qui voulait dire « Nous n'y allons pas » et avec un geste pour « Vous devriez partir rapidement ». Le bus eut l'air fâché et bondit dans l'allée.

— Pourquoi as-tu fait ça ? Mon ami et moi devons parler de certaines choses, dit Wang Yue.

— Je comprends, je comprends, je ne m'interposerai pas le moins du monde. Je suppose que mon frère Wang ne va pas passer toute la journée ici ? dit Cai avec un sourire.

Au téléphone, le président Sun avait en effet demandé à Wang Yue de le retrouver à son hôtel, sous-entendant que les occasions de se voir étaient rares, habitant un endroit différent et qu'ils en profiteraient pour discuter de quelques projets. « Dans quel hôtel se tiennent vos échanges ? » Il lui avait répondu : « C'est suffisamment grand là où nous sommes, au pire nous demanderons à nous faire ouvrir une suite présidentielle ». Par cette réponse, Wang Yue était tombé d'accord avec M. Sun. Pourtant il dit à Cai : « En effet, je vais aller chez un ami et j'irai directement à l'aéroport de chez lui, tôt demain matin. »

« Je comprends, je comprends, nous devons donc nous dire au revoir. »

Lui faisant ses adieux, Cai confia à Wang Yue qu'il souhaitait lui offrir quelque livre qu'il avait écrit. Puis ils se mirent en marche et entrèrent dans le hall de l'hôtel, avant de prendre l'ascenseur pour retourner dans leurs chambres respectives. Wang Yue qui pliait bagage s'arrêta un moment, en voyant que le vieux Cai, qui était allé chercher un livre, avait signé à la main sur la page du titre d'un « Cai Dong » fleuri. Avant que Wang Yue eût fini sa cigarette, la sonnette de sa chambre sonna. Cai entra portant une pile de livres et dit à plusieurs reprises : « Je suis désolé, je suis désolé, je sais que je vous fatigue, frangin Wang. » Cai chercha un endroit où poser sa pile de livres : « Autrement donne-moi ton adresse et je pourrais te les faire envoyer ? Ces livres sont trop lourds... »

Cette scène n'avait rien que de très banal : à ce genre d'événement, les participants se donnent des livres et Wang Yue avait également fait don de livres à d'autres. Mais il ne donnait jamais qu'un seul livre et seulement s'il jugeait l'autre véritablement lettré, ou s'il savait que le présent lui ferait plaisir. Même s'il ne le lisait pas, il l'emporterait au moins en quittant l'hôtel. Chaque fois que Wang Yue avait fait don d'un livre, il en avait reçu une dizaine en retour, ou un ratio du genre. Wang Yue en choisissait alors un ou deux et jetait le reste dans la poubelle de la pièce, ou les déposait à côté (s'il y avait trop de livres, la poubelle étant trop petite) afin de montrer qu'il n'avait pas oublié de les prendre. Mais cette fois-ci, puisque le vieux Cai était présent, il ne pouvait pas faire la même chose, et devait mettre ses livres un par un dans la valise.

Ceci fait, Cai s'approcha tout près de lui, plus près que deux hommes ne devraient rester l'un de l'autre. Cela, combiné au sourire ambigu sur le visage de Cai, fit se dresser les cheveux de Wang Yue sur sa tête. La main ballante de Cai toucha la main également ballante de Wang Yue ce qui détourna son attention et il regarda la main de Cai. Cai serrait le poing. Alors il lui remit ce poing et la paume de Wang Yue se releva instinctivement. Le poing de Cai se desserra et quelque chose en tomba dans la paume de Wang Yue.

Wang Yue éleva sa main. La lumière dans la pièce avait décliné sans qu'on s'en aperçût. Une lampe était allumée, sans qu'on sache bien à quel moment on l'avait allumé. Sous sa lumière orange, une pilule verte apparue au milieu de la paume de Wang Yue.

– C'est...

– C'est mieux que le Viagra, dit le vieux Cai, en s'éloignant à nouveau progressivement.

– Mais je n'en ferai rien...

– Prends-le, va, mon frère, dit Cai, ça marche et c'est sans risque, absolument aucun effet secondaire.

– Je n'en ferai vraiment rien.

– Et comment le sais-tu ? On est plus des gamins.

– Mon vieux Cai, vous ne comprenez pas...

Wang Yue eut soudain l'impression que cette scène était familière, comme s'il l'avait déjà vue : au lieu de se donner des livres ou de jeter les livres offerts, il vivait la scène étrange de recevoir un médicament. En même temps, la lumière, la conversation et jusqu'à ce vert pâle... Wang Yue était en transe, et Lao Cai étendit les mains pour fermer celle qui tenait la capsule. « Je ne comprends pas. Mais ce n'est rien. » Lao Cai serra la main de Wang Yue et lui dit : « Je souhaite à Maître Wang le succès rapide d'un tigre auquel des ailes auraient poussé ! »

III

Le président Sun était un personnage fort ennuyeux. Sans cette réunion et l'occasion de se débarrasser du vieux Cai, Wang Yue n'aurait pas accepté de le rencontrer. Et même pendant cette rencontre, il n'avait pas accepté l'invitation à séjourner dans une suite présidentielle.

Pourtant, l'endroit était très luxueux, et ils étaient les deux seules personnes d'une grande salle privée. Wang Yue et M. Sun étaient assis l'un en face de l'autre autour d'une énorme table ronde. Il y avait une vague bleue au milieu de la table, sur laquelle flottaient des navires de guerre et des îles sur lesquelles poussaient des cocotiers. Heureusement, cet océan n'avait rien d'une rivière. Ils se regardaient par-delà l'océan, mais sans avoir à hausser la voix. « Le marché tourne actuellement au ralenti », déclara M. Sun. Ding, ding, clang et un bruit de vaisselle retentit plusieurs fois. « Mais nous ferons de notre mieux pour répondre à vos exigences, Maître Wang. Votre vision des choses est... » M. Sun leva le pouce pour résumer ce qu'il voulait dire, « J'en suis ému, c'est comme si vous partagiez justement ce que je pense. »

M. Sun prononça des paroles similaires plus d'une ou deux fois, comme à chaque fois qu'ils se voyaient, avec la même lenteur. Mais le président n'avait pas mentionné la signature du contrat. Wang Yue pensa : puisque vous perdez votre temps à m'inviter dans un endroit comme celui-ci, et que le temps c'est de l'argent, pourquoi rester si scrupuleux à propos du contrat ? Quel est l'intérêt de telles méthodes ? Quel ennui...

À ce moment-là, M. Sun ajouta : « Rencontrer un vieil ami dans un pays étranger est un des grands plaisirs de la vie. Quelle joie ! quelle joie ! » Ils burent le vin rouge dans les verres, sans plus trouver quoi dire.

Le restaurant où ils mangeaient appartenait à l'hôtel et se trouvait dans le même bâtiment que les chambres. Wang Yue était logé au même étage que M. Sun. Ce dernier avait toutefois quelques occupations, il ne prit pas donc l'ascenseur pour monter avec lui. La scène changea et Wang Yue se retrouva en un instant dans sa chambre d'hôtel. Sans être une suite présidentielle, elle était assez haute de gamme. Wang Yue ferma la porte de la pièce et il parut s'isoler du reste du monde. Les activités sociales auxquelles il avait participé étaient désormais bien loin, sans parler du visage souriant du vieux Cai et même la scène du dîner avec M. Sun tout à l'heure, qui semblait appartenir à un monde parallèle. Vous auriez du mal à dire dans quelle ville se trouvait cette chambre : elle pourrait appartenir à n'importe quelle cité. Wang Yue s'était donc complètement détendu après avoir visité chaque pièce ou endroit de la chambre (il s'agissait d'une suite). L'immense baignoire ronde ne se trouvait pas dans la salle de bains, mais était située à côté de la fenêtre, sans rien autour. Wang Yue la remplit d'eau chaude et prit un bain, sans se presser, dans son propre petit monde. Après trempage et gommage, chaque partie du corps, en particulier les parties sensibles, fut lavée. Wang Yue était nu, il enfila le peignoir parfumé de l'hôtel. La nuit allait être longue et il avait de toute façon beaucoup de temps. Wang Yue eut une idée et se dirigea vers la porte. Il retira la carte électrique et la pièce soudainement devint sombre. Il avait déplacé le canapé sur le balcon puis l'avait tourné de manière à faire face au ciel. La chambre d'hôtel était située au 28e étage et lorsque Wang Yue s'allongea, il ne put rien voir que le ciel nocturne et quelques nuages tachés des lumières de la ville.

Wang Yue était à moitié allongé sur le canapé, ne pensant à rien, mais un peu mal à l'aise en son for intérieur, comme s'il avait laissé quelque chose inachevé. Il remarqua une petite lumière verte dans l'obscurité.

Inutile de dire qu'il s'agissait de la capsule donnée par le vieux Cai. Elle était posée sur la petite table basse à côté du cendrier, comme si quelqu'un l'avait spécialement mise là. À côté de la capsule se trouvait une bouteille d'eau ouverte, à portée de main. Wang Yue ramassa naturellement la capsule, la mit en bouche et l'avala avec de l'eau claire, comme s'il s'agissait d'une sorte de pilule qu'il devait prendre tous les jours. La lumière verte disparut, atteignit son ventre et commença à se décomposer et agir. Wang Yue attendit, puis la sentit. Il se souvenait des mots de Cai : « il n'y a pas d'effets secondaires », mais il sentait que sa bouche était sèche et ses joues tendues. Wang Yue recommença à boire et il but presque la bouteille. Il avait la tête légèrement étourdie et comme dilatée, mais ce n'était pas du tout douloureux, c'était d'ailleurs plus qu'agréable.

Wang Yue ne fut pas surpris d'entendre quelqu'un sonner à la porte. Il l'attendait depuis un bon moment. Il se leva et se dirigea vers l'entrée. Devant la porte se tenait Zhuang Meimei, vêtue d'une robe claire. Les lumières du couloir de l'hôtel étaient éblouissantes. À cause de ce contre-jour, Wang Yue ne pouvait pas distinguer ses traits en détail. Il avait l'impression que Zhuang Meimei ressemblait à une bouteille d'eau pure. Bien sûr, c'était une grande bouteille d'eau, similaire par la forme et l'odeur à la bouteille que Wang Yue venait de boire. Wang Yue avait vraiment soif. Il réfléchissait à une façon d'expliquer cela à Zhuang Meimei. Elle était déjà entrée dans la pièce et avait fermé la porte. La chambre redevint soudainement sombre. Zhuang Meimei n'avait pas du tout eu besoin de s'adapter. Wang Yue la soupçonnait de pouvoir secrètement percevoir les choses, car elle s'était fort avancée dans la pièce sans se cogner contre quoi que ce soit. Puis, dos au canapé, Zhuang Meimei fit un mouvement, et sa jupe glissa sur son corps : elle était complètement nue de la taille aux pieds. La jupe détachée se froissa sur le tapis, prise dans les chevilles de Zhuang Meimei. Elle s'en dégagea les pieds, puis leva les bras pour enlever son chemisier.

Comme sur une bouteille d'eau claire dont le bouchon se serait ouvert seul, Wang Yue, assoiffé, s'y jeta immédiatement. Pas un mot préparé par Wang Yue ne fut utilisé, et ils n'en prononcèrent pas un lors de ce qui suivit. Bien sûr, ils firent des bruits, comme des bêtes qui n'avaient pas encore développé l'organe de la parole, ils gémissaient, grognaient et rugissaient.

Enfin, ils purent s'exprimer en langage humain. Ils étaient tous les deux sur le lit, un cendrier était placé sur le ventre de Wang Yue, aussi recouvert d'un bout de couette. Le cendrier était en verre et il rougeoyait sous la faible lumière du mégot de cigarette, les cendres y tombaient à pic.

Wang Yue parla le premier, il se racla la gorge et dit :

– On ne t'a pas vu venir, ni le vieux Cai ni les autres ne t'ont vu, n'est-ce pas ?

– Personne ne m'a vue. Zhuang Meimei prit la cigarette de la main de Wang Yue et aspira une bouffée.

– Il n'y avait personne dans le couloir ?

– De quoi as-tu peur ? Pourquoi ne me l'as-tu pas demandé avant ?

– Tu ne m'en as pas laissé l'occasion…

Zhuang Meimei se tut et tendit la main pour prendre la cigarette. Mais il ne restait qu'un mégot, écrasé par Wang Yue dans le cendrier. Il en alluma une autre, prit une bouffée avant de la lui passer. Tous deux fumaient la même cigarette à tour de rôle, en regardant vers le balcon. Le ciel nocturne était toujours là, mais les quelques nuages rouges avaient disparu et la lumière était assez suggestive. Zhuang Meimei soupira tranquillement : « ça faisait dix ans que je ne l'avais pas fait ».

Wang Yue en fut surpris : « Que tu n'avais pas fait quoi ? » a-t-il demandé.

– Que je n'avais pas baisé quoi…

Wang Yue ne s'attendait pas à ce qu'elle utilise des mots aussi vulgaires. Il regarda à nouveau le corps de Zhuang Meimei, allongé tranquillement dans l'obscurité, doux et frais (il se colla délibérément à elle). Zhuang Meimei était toujours telle une bouteille d'eau claire, ou peut-être n'était-ce plus qu'une bouteille d'eau vide désormais.

– Dix ans, hein. Quel âge as-tu, maintenant ? a dit Wang Yue, il y a dix ans tu étais encore bien jeune, hein ?

– Mais non, voyons. J'ai pu le faire une fois il y a dix ans, simplement depuis je ne l'ai pas refait, affirma Zhuang Meimei.

Cette fois, elle n'avait pas utilisé de mots crus.

– Je vois, je vois. Heureusement que tu ne m'as pas dit que tu étais vierge, répondit Wang Yue en riant.

– Autrement ?

– Autrement quoi ? Et si je l'avais été ?

Wang Yue n'osa pas aller plus loin. Il lui prit la cigarette des mains et en tira une longue bouffée.

« En ce cas », conclut finalement Zhuang Meimei, ses paroles se faisant plus brèves et plus élégantes.

Ce n'est qu'après l'avoir fait une deuxième fois que Zhuang Meimei atteignit un état normal (aux yeux de Wang Yue). Elle ne s'assit même pas pour fumer avec lui, mais resta contre sa peau nue. Alors que Wang Yue fumait, Zhuang Meimei leva la tête et le regarda par en bas, il pouvait sentir son affection et jusqu'à du ressentiment dans son regard.

– Je compterai pour toi, n'est-ce pas ?

– Compter pour quoi ?

Zhuang Meimei n'expliqua pas : « Rien, je pense, trop. C'est bien comme ça, là. »

Soudain, Wang Yue entendit le courant de la rivière, une vague après l'autre. Même si l'hôtel dans lequel ils se trouvaient était situé sur la rive, la distance et la hauteur du bâtiment auraient dû l'empêcher de l'entendre. Wang Yue se dit que même s'il était sur la rive, il ne pouvait pas entendre la rivière couler, que ce n'était qu'une illusion. Au milieu de ce bruit d'eau courante qu'il hallucinait, Wang Yue entendit Zhuang Meimei dire : « D'accord, c'est d'accord, je mourrais de chagrin ».

Zhuang Meimei avait tourné son visage et semblait dormir. La voix dit encore : « Là, je suis morte… »

LA MORT DU LAPIN
ENDEUILLE LE RENARD

I

Zhang Dian a attrapé le cancer de la tête du pancréas ; une forme de cancer du pancréas. On dit que le cancer du pancréas est le roi des cancers, et le cancer de la tête du pancréas est le plus dangereux des cancers du pancréas. Quand j'ai appris la nouvelle, je me suis immédiatement rendu à l'hôpital pour lui rendre visite. Tan Bo est venu avec moi, il connaissait mal Zhang Dian, mais il était arrivé dans mon atelier juste à ce moment-là, alors nous sommes allés ensemble à l'hôpital.

Je m'étais psychologiquement préparé à ce qui arrivait à Zhang Dian et lorsque je l'ai vu, ça allait. Zhang Dian, qui était déjà mince de nature, l'était encore plus. Son dentier avait été retiré, son visage squelettique n'avait donc pas l'air si émacié, mais assez doux. Ce qui marquait c'était sa couleur, complètement mate, sans reflets où un jaune discret émanait du gris. Il ne pouvait plus parler, mais il était conscient. Parfois, ses yeux bougeaient, révélant de grands blancs sombres. Tan Bo était un artiste et je n'ai pas pu m'empêcher de l'observer de son point de vue.

Ensuite, j'ai serré Zhang Dian dans mes bras à travers la couverture et j'ai posé ma tête sur sa poitrine pendant un moment. Puis je me suis redressé et j'ai pris une de ses mains. Ses mains étaient froides, mais collantes, comme si elles transpiraient. Tout cela je l'avais médité à l'avance, pour que Zhang Dian ne se sente pas abandonné, il fallait le toucher. Sa compagne He, à côté, le regardait de ses yeux rouges.

Elle nous a fait sortir et semblait avoir quelque chose à dire dans le couloir sombre. C'est peut-être parce que Tan Bo était là que Mme He a hésité à parler. J'ai dit : « La prochaine fois. Je reviendrai. » Mais je savais en mon for intérieur que je ne reviendrais pas. C'était le dernier adieu entre Zhang Dian et moi. C'était quelque chose qui devait être fait, je l'ai fait et c'était terminé.

Nous étions soulagés de sortir de l'hôpital. C'était le début du printemps, il faisait particulièrement beau et de gros nuages blancs roulaient au-dessus du majestueux bâtiment de l'hôpital. Tan Bo a suggéré d'aller prendre une tasse de café dans un hôtel cinq étoiles non loin. Cet hôtel, comme l'hôpital, était situé dans le quartier le plus prospère de la ville. À travers sa baie vitrée, on voyait le trafic incessant des véhicules et des gens de toutes les couleurs. « C'est si beau », a déclaré Tan Bo.

« Pas tant que ça non plus… »

Je n'avais pas compris : Tan Bo ne faisait pas référence à la vue, mais à Zhang Dian. Ses pensées étaient restées dans la chambre d'hôpital.

Il avait toujours eu envie de peindre la dépouille d'un mort. Tan Bo avait un jour affirmé qu'un visage n'est jamais si vivant qu'au moment fatal. Tan Bo avait accompagné son beau-père jusqu'à sa mort et vécu cet éphémère moment. À cette époque, il avait voulu prendre quelques photos comme matériau pour de futurs portraits, mais s'en était finalement gardé. Peindre un défunt n'était pas pour Tan Bo guidé par une pulsion émotionnelle, mais par la matérialité de l'éclat du mort (pour parler son langage). Mais il était évidemment impossible de demander à prendre des photos dans de telles circonstances. Une fois j'avais dit à Tan Bo : « Je peux te laisser me peindre après ma mort. Veux-tu établir un testament ? » Tan Bo a répondu : « Nous ne savons pas qui partira le premier. »

Mais à cet instant précis, Tan Bo était extatique quant à la beauté de Dian : ses yeux étaient si agréables, mourir le rendait pur et sa peau était si complètement mate. Ses pensées se lisaient sur son visage.

J'ai envisagé les différentes possibilités. Tout d'abord, si Zhang Dian n'était pas soigné, il était condamné. Sur ce point, il n'y avait aucun doute. Par ailleurs, le consentement de Zhang Dian était nécessaire, au moins par l'intermédiaire de sa compagne. Compte tenu de la personnalité de Zhang Dian et de celle de sa femme, compte tenu aussi des trente ans d'amitié qui nous liaient Zhang Dian et moi, nous avions nos chances. Tan Bo était l'un des plus grands portraitistes du pays, et c'était un véritable honneur de lui en proposer un.

— Veux-tu dessiner Zhang Dian ? ai-je demandé.

Tan Bo était gêné : « Je... non... le moment venu, prendre quelques photos, peut-être... » Le « moment venu » comme il disait, était le moment glorieux de la mort de Zhang Dian.

J'ai promis d'en parler à ses proches. « Mais avant cela », dis-je, « tu devrais probablement écouter l'histoire de Zhang Dian. »

Tan Bo s'y opposa, évoquant une fois de plus sa « pure matérialité ».

— Lorsque vous peignez une personne, moins vous en savez sur elle, mieux c'est, a-t-il déclaré.

Je sais, et c'est bien là la différence entre peindre et écrire : je ne pouvais déjà plus l'arrêter. Tout comme le visage de Zhang Dian, qui attirait fortement Tan Bo, les histoires liées à Zhang Dian me vinrent à l'esprit involontairement, et je ne pus m'empêcher de me le reprocher.

Vers trois heures de l'après-midi, nous avons arrêté le café et sommes passés au vin rouge. Zhang Dian vivait encore et son histoire avait commencé il y a bien longtemps.

II

Zhang Dian avait été un bébé prématuré, pesant à peine plus d'un kilo à la naissance. Dans les années 1950, privé des incubateurs modernes, sa survie ne pouvait relever que du miracle. La famille avait déjà préparé un petit cercueil. Il ne faisait qu'un tiers de la taille d'un cercueil normal et il était peint d'un noir étrange. Zhang Dian l'a gardé. Longtemps après, son épouse avait mis une nappe à carreaux dessus et s'en était servi comme table basse. Il m'est arrivé d'aller chez eux manger et jouer aux cartes dessus. Ceux à qui on ne l'avait pas dit n'auraient jamais pu s'en douter, ils pensaient qu'il devait s'agir d'une sorte d'antiquité.

Il n'y avait pas de couveuse pour bébé, mais il y avait de petits cercueils (la crémation n'était pas encore à la mode). Voilà l'époque à laquelle Zhang Dian est né. Le survivant Zhang Dian fut nommé Zhang Point, son nom d'écolier, en référence à sa petitesse. Le choix d'un nom aussi pitoyable et mignon illustre les sentiments singuliers des parents à l'égard de leur enfant. Ce nom de Zhang Point, Zhang Dian l'a changé, à l'époque où nous avons lancé la revue « A & B ». Zhang Dian ayant estimé que Point n'était pas digne d'un rédacteur en chef. Zhang Dian c'était différent : avec ce « Dian », il en imposait. Finalement, tout le monde a fini par l'appeler Zhang Dian, même les membres de sa famille.

Zhang Dian était le petit dernier, il avait un frère aîné et une grande sœur. Et la différence d'âge entre eux et lui était relativement importante. La mère de Zhang Dian était une femme forte, elle portait la culotte. Son père était d'un rang supérieur à celui de sa mère, mais ce vieil homme était très calme. Avant que Zhang Dian ne devienne célibataire, je suis allé quelques fois chez ses parents, mais je n'ai rencontré son père qu'une ou deux fois et à chaque fois il disparaissait en un clin d'œil. Le père de Zhang Dian était un peu mystérieux, ainsi qu'il seyait à son statut de haut fonctionnaire.

La mère de Zhang Dian dirigeait le département culturel de la ville et a ensuite été rédactrice en chef du magazine *Arts et Lettres du grand fleuve*. Elle s'appelait Zhang Ning. Ce « Ning » n'était pas une abréviation pour Nanking, il faisait en fait référence au Nine de Lénine et c'est sous ce pseudonyme que sa mère rejoignit clandestinement le Parti. Zhang Dian prit pour nom de famille Zhang, comme sa mère et sa sœur. Deux des trois enfants prirent le nom de Zhang, ce qui suffit à prouver le statut qu'avait Zhang Ning dans la famille.

L'amour et les soins de Zhang Ning permirent à Zhang Dian de grandir. Une fois adulte, Zhang Dian n'eut plus aucun problème physique et il mesurait même plus d'un mètre soixante-dix. Il n'était pas très beau d'apparence, mais n'était pas repoussant non plus. S'il fallait lui trouver quelque chose de spécial, alors ce serait certainement son corps assez élancé et étroit, pareil à un poteau en bois. Il resta toujours mince et gardait l'air plus âgé que ses pairs. Ce qu'il n'était pas nécessairement. Il avait la vingtaine lorsque j'ai rencontré Zhang Dian. Il avait bien moins de trente ans. Aujourd'hui, il en a presque soixante et se ressemble toujours. Bien sûr, il avait récemment l'air hagard, ce qui signifiait qu'il était malade, qu'il était en phase terminale.

Bref, Zhang Dian avait été une personne très normale, s'il avait eu une particularité, c'était bien sa normalité, sa trop grande normalité.

Dans les années 1970, Zhang Dian était allé à la campagne avec l'un des derniers groupes de jeunes instruits à y avoir été envoyé, mais il n'a jamais effectué le moindre travail dans les champs, pas même une journée. Après être retourné chez lui pour s'occuper de quelques affaires, il avait travaillé comme professeur volontaire pendant six mois et s'était marié peu après. Sa femme est également une jeune instruite et sa famille était amie avec celle de Zhang Dian. Rien d'inattendu ne s'étant produit, ils eurent bientôt un enfant et le professeur volontaire Zhang Dian obtint bientôt le statut de professeur titulaire, qui est des fonctionnaires d'État.

À partir de la réforme et l'ouverture, en 1978, la société chinoise a connu d'énormes changements, et Zhang Dian ne passa pas au travers. Il dut également s'adapter : le parcours qu'il s'était tracé s'achevait. Il devint ouvrier, dans une usine, et divorça. Quand j'ai rencontré Zhang Dian, il était célibataire, du fait de son divorce et travaillait dans une usine d'appareil radio.

Je n'ai jamais demandé à Zhang Dian s'il avait réussi l'examen d'entrée à l'université. Qian Langlang, par exemple, qui l'avait tenté, avait échoué d'un point. Il était trop paresseux pour le repasser l'année suivante. Hu Xiaoke avait postulé auprès d'une école d'art et ayant échoué aux épreuves de spécialité, il avait repassé l'examen l'année suivante. Je soupçonne Zhang Dian de n'avoir jamais tenté l'examen d'entrée à l'université, car il ne lui était pas nécessaire. Compte tenu de son origine familiale, il n'avait pas de problème à saisir les occasions qui lui permettaient de changer son destin. À cette époque, Zhang Ning travaillait déjà comme rédacteur en chef pour *Arts et Lettres du grand fleuve*. La raison pour laquelle nous avons recruté Zhang Dian pour diriger « A & B » était que Zhang Ning était-elle même rédactrice en chef. Si la mère était rédactrice en chef, alors son fils devait être naturellement doué pour diriger des magazines. Certes nous dirigions une publication clandestine, mais Zhang Ning n'avait-elle pas été membre d'un Parti clandestin à l'époque ?

Ce n'est qu'à partir de cette époque que mes contacts avec Zhang Dian sont devenus fréquents, je ne peux donc donner qu'un aperçu de son histoire. Après avoir travaillé sur « A & B », nous avons vécu bien d'autres histoires mémorables que je ne peux pas toutes raconter ici. Ce fut un ensemble de choses, mais cet ensemble est unique : il est d'abord composé d'idées générales, mais c'est aussi un patchwork, spécifique et subtil, mais dont la couverture reste limitée.

Parmi tous ceux qui travaillaient à « A & B », Zhang Dian était le seul à ne pas écrire. Il était responsable de l'impression, de la dactylographie, de la lecture des épreuves ainsi que des finances. Tous les participants y avaient contribué financièrement, y compris Zhang Dian, à hauteur de cent yuans chacun, et cet argent fut confié à Zhang Dian pour qu'il en dispose. Comme le magazine tardait à sortir, certaines personnes soupçonnaient Zhang Dian de s'être rempli les poches. Un jour, lors d'un dîner chez moi, je lui ai dit : « s'il y a moyen de publier, publie : ne remets pas la publication à demain. »

« Si tu ne publies pas, rends l'argent », déclara Qian Langlang. « Est-il possible que tu souhaites partir avec la caisse ? » Il voulait probablement simplement le chambrer, mais la blague est tombée à plat. Zhang Dian s'est littéralement mis à pleurer à ce moment-là. Devant les plats qui étaient déjà sur la table, Zhang Dian pleurait comme une petite fille, ses épaules se haussaient, il était terriblement blessé.

– Mais enfin quel âge as-tu ? Quelles larmes pleures-tu ? lui dit Hu Xiaoke.

Zhang Dian se leva et se précipita vers la sortie. Je me suis empressé de le suivre. Heureusement, il ne descendait pas très vite et je l'ai rattrapé au bout d'à peine quelques marches. J'ai arrêté Zhang Dian dans un couloir plutôt exigu, essayant de le rappeler à la raison et de le faire revenir, tout en m'excusant. C'était comme une dispute de couple, alarmant les voisins. « Cela nous fera mauvaise presse : parlons-en une fois rentré. »

Il a fini par revenir avec moi, mais a continué à pleurer à table. C'était quelque chose auquel je ne m'attendais pas. C'est probablement à partir de ce moment-là que j'ai commencé à ressentir un sentiment indescriptible envers Zhang Dian : de la culpabilité ? Ou de la pitié ? Peut-être de la gratitude. Car si un type avec une si forte personnalité devait ne jamais revenir, alors le magazine ne pourrait plus fonctionner et notre carrière littéraire en souffrirait.

« A & B » sortit enfin. Puisque Zhang Dian n'y avait rien écrit, mais qu'on devait rendre justice à son travail dans le magazine (l'absence de gloire n'allège pas les fardeaux), il fut décidé d'un commun accord que Zhang Dian devait signer en tant que rédacteur en chef. Zhang Dian n'a pas refusé, il a simplement modifié son nom et de Zhang Point il est devenu Zhang Dian, comme s'il avait pris un nom d'auteur.

Zhang Dian écrivait-il des choses ? A-t-il jamais écrit quelque chose ? C'est difficile à dire. À cette époque, toute personne lettrée pouvait écrire et produire. Mais « A & B » avait des standards de qualité, des standards très élevés : les auteurs venaient de tout le pays, et tous étaient des « contemporains » qui partageaient les mêmes conceptions esthétiques. Je pense que Zhang Dian le savait. Nous n'avions pas commencé à écrire parce que nous nous connaissions, mais c'est grâce à l'écriture si nous nous étions connus. La publication de « A & B » était très différente de celle de magazines des autres sociétés littéraires. Zhang Dian a peut-être écrit quelque chose, mais il n'a jamais osé nous le montrer, sachant qu'après l'avoir lu, nous n'accepterions pas de le publier. C'était là intelligence et professionnalisme de sa part, je ne le remercierai jamais assez pour ça. Lui, fils d'une rédactrice en chef d'un magazine d'État de renommée nationale et rédacteur en chef de « A & B », ne parlait jamais de littérature ou d'écriture : c'est tout à fait admirable.

La publication de « A & B » a provoqué une réaction sans précédent dans le milieu. Toutes les sociétés littéraires découvrirent le nom de Zhang Dian. Lorsqu'elles parlaient de « A & B », elles savaient qu'il en était le rédacteur en chef. C'est à cette période que Zhang Dian s'est marié pour la deuxième fois. En d'autres termes, s'il était toujours occupé par « A

& B », il était désormais aussi occupé par sa vie personnelle. Nous savons très peu de chose sur cette deuxième partie de l'œuvre de Zhang Dian : nous n'avons jamais vu la mariée ni assisté à leur mariage. De manière surprenante, Zhang Dian et sa femme se sont éloignés pour se marier. Leur destination fut le Sichuan, véritable centre de la poésie chinoise contemporaine. Il existe un dicton selon lequel le Sichuan abrite la moitié de la poésie contemporaine, et Zhang Dian n'avait évidemment pas choisi cet endroit par hasard. En tant que rédacteur en chef de « A & B », il avait rendu nombre de visites à diverses sociétés littéraires du Sichuan, qui, à leur tour s'étaient montrées empressées et s'étaient fait un devoir de le recevoir. La bonne chère et la boisson faisaient inévitablement partie du voyage. Les échanges entre Zhang Dian et ses hôtes, leurs discussions sur la littérature, la poésie et l'écriture sont un mystère. Mais ces derniers ont pour le moins eu plus de chance que nous et purent rencontrer sa nouvelle épouse.

Zhang Dian revint à l'acclamation générale et nous fûmes à nouveau réunis. Il était toujours seul et la mariée toujours absente : il semblait ne pas être marié du tout. Étrangement, nous ne le lui avons pas demandé. On a posé des questions sur les sociétés littéraires et les personnes rencontrées dans le Sichuan, mais personne n'a posé de questions sur la vie privée de Zhang Dian. En effet, son voyage au Sichuan était avant tout un voyage d'affaires, dans le but d'entrer en contact avec d'autres forces littéraires, pour « A & B ». Mais même d'un point de vue professionnel, Zhang Dian restait vague sur la diplomatie qu'il avait menée. Toutefois Zhang Dian a dit une chose qui m'a laissé une profonde impression.

Alors qu'il séjournait chez Xi Ling, le premier poète de l'école « Haniste », et qu'il souffrait d'insomnie, il se leva pour fumer et trouva, debout derrière les rideaux, le squelette d'un enfant de huit ans.

Au beau milieu de la nuit, voilà qui avait réveillé Zhang Dian, il enfila ses vêtements et s'approcha de la fenêtre. Soulevant les rideaux, il regarda la chose. C'était pour le moins fantastique. Il fumait face à la fenêtre, l'enfant devait probablement faire face à la fenêtre aussi ? C'était trop effrayant pour que j'ose demander plus de détails, j'ai juste dit : « C'est peut-être une œuvre d'art, pas un vrai squelette ? »

– C'étaient de vrais os.

– Mais comment peux-tu juger de son âge ? Ça n'a pas de sens.

– Je t'assure, il avait huit ans ! Zhang Dian était quelque peu irrité. Pour détendre l'atmosphère, j'ai dit : « Haha, et dans ton petit cercueil ? Il tiendrait ? »

– Ça pourrait le faire, oui, a déclaré Zhang Dian.

Plus tard, j'ai eu l'occasion de rencontrer Xi Ling et de lui poser quelques questions. Xi Ling a nié catégoriquement : « Suis-je pervers au point de vouloir épouvanter votre rédacteur en chef ? » J'ai donc des raisons de penser que Zhang n'avait fait qu'un simple cauchemar. Mais il était bien sérieux et il ne m'a pas donné l'impression de mentir.

Nous n'avons jamais vu la nouvelle épouse de Zhang Dian, mais sur le moment ça ne paraissait pas urgent. Zhang Dian voulait passer avec elle le reste de sa vie. Comme nous étions aussi les amis de longue date de Zhang Dian, nous rencontrerions sa femme tôt ou tard. À notre grande surprise, Zhang Dian a rapidement divorcé. Nous ne savons pas pourquoi. Zhang Dian ne semblait pas beaucoup affecté, peut-être qu'il fumait davantage. Il fumait trois paquets de cigarettes par jour, mais plus tard, il a pu aller jusqu'à en fumer quatre et demi, et sa consommation de cigarettes n'a jamais diminué. Les doigts des mains de Zhang Dian étaient gonflés comme dix petits rouleaux, symptôme d'une vascularité. La vascularité a guéri d'elle-même, sans traitement, ou bien il a simplement vécu avec. Sa seconde épouse a-t-elle vraiment existé ? C'était comme si Zhang Dian l'avait embauchée le temps du voyage dans le Sichuan, et l'avait immédiatement licenciée à son retour. Quoi qu'il en soit, Zhang Dian était désormais un homme marié et divorcé deux fois. Quand il n'y avait parmi nous que de jeunes mariés ou des puceaux…

III

Afin de parler du portrait de Zhang Dian que voulait faire Bo, je me suis rendu chez lui. Bien sûr, Zhang Dian n'y était pas, il était à l'hôpital. Sa compagne était sur le point de s'y rendre aussi, mais elle s'est arrêtée quand je suis arrivé. J'ai dit : « Nous pouvons parler en marchant. Je t'accompagnerai à l'hôpital. Il faut d'abord prendre soin de Zhang Dian. »

La dame n'a pas répondu, elle a jeté son sac à main sur le canapé, avant de s'y asseoir et de dire : « Il est seul. Plus tôt il mourra, mieux ça sera ! »

Ce fut comme si j'étais chez moi et que la dame He était en visite. Elle avait quelque chose à dire. C'était une situation facile.

La porte de la chambre était fermée. La dame dit : « Huahua fait ses devoirs là-dedans. Mais pas de soucis. Elle ne nous entendra pas. » Puis elle a commencé à pleurer. Zhang Huahua était la fille qu'elle avait eue de Zhang Dian il y avait déjà plus de dix ans.

J'ai passé la boîte de mouchoirs à Mme He et je suis allé à la cuisine faire bouillir de l'eau. Je connaissais très bien la maison de Zhang Dian, même si je n'y étais pas venu depuis plusieurs années. Heureusement, le mobilier et les objets du quotidien n'avaient pas bougé. « Il prenait... des produits aphrodisiaques ! », a déclaré la dame.

Voyant mon air surpris sur mon visage, elle ajouta : « Ne vous méprenez pas. Ce n'est pas de ma faute. Il y a bien longtemps que nous avons arrêté tout cela... »

Je comprenais bien.

Elle s'est levée, s'est dirigée vers le petit cercueil qui servait maintenant d'étagère, a commencé à enlever les objets de bureau qui s'y trouvaient, entreprenant de l'ouvrir pour me montrer quelque chose.

— Attendez, attendez, je vais m'en occuper, dis-je.

— En cherchant pour récupérer des affaires, j'ai trouvé toutes ces choses cachées dans le cercueil !

J'ai ouvert le petit cercueil et il était vide. L'intérieur n'était pas peint et la couleur du bois était naturelle. Cela ne ressemblait pas à une vieille chose d'il y a soixante ans. On aurait dit qu'il était tout neuf. C'était la première fois que je voyais l'intérieur d'un petit cercueil.

— Vide, dis-je.

— J'ai jeté toutes ces choses dégoûtantes !

Je ne pouvais que l'imaginer rempli d'aphrodisiaques. Mais dans quelles circonstances ils s'étaient retrouvés là, c'était difficile à dire. Peut-être que ce n'était pas des aphrodisiaques ?

– Comment donc ? Mais je ne suis pas analphabète. C'était clairement écrit sur la notice.

– Peut-être qu'ils lui appartenaient, mais pas pour son propre usage. Zhang Dian vendait bien des disques piratés…

– Comment n'en a-t-il pas pris ? Mon vieux Pi, je n'ai pas attendu d'avoir découvert ces trucs-là pour apprendre qu'il y avait quelqu'un là-dessous. Ça fait trois ans que je le sais, qu'il sort se taper qui il peut ! continua la frangine.

Il y a trois ans, Mme He avait découvert que Zhang Dian avait une aventure. Et au cours de ces trois dernières années, ils avaient vécu séparés. Mme He n'avait pas fait de scandale à l'époque parce qu'elle avait commencé à peindre. Elle ne s'occupait que d'elle et de ses tableaux. Zhang Dian restait loin de chez elle la journée et prenait ses trois repas par jour à l'extérieur. Au bout d'un moment, Mme He s'est radoucie.

– Peut-on prendre des aphrodisiaques et ce genre de produits sans finir par nuire à sa santé ? Il a presque soixante ans… Ce n'est pas que je ne prends pas soin de lui, c'est qu'il ne veut pas de cette famille… Elle s'est remise à pleurer de manière incontrôlable. Il y avait des regrets dans ses pleurs.

Afin de convaincre Mme He, il fallait qu'elle admette que Zhang Dian ne guérirait pas. Elle et lui étaient ensemble depuis près de vingt ans. En dépit des torts éventuels de Zhang Dian, mari et femme ne pouvaient manquer de tendresse. J'ai sorti quelques mouchoirs et les ai tendus à Madame He : « Frangine, tu dois encore te préparer au pire, ce cancer de la tête du pancréas… »

– Je sais, je sais, il ne guérira pas, dit Mme He en se mouchant.

– C'est cela, enfin non, en fait, dis-je, je veux dire, nous devons faire tout notre possible, mais cette maladie est trop grave. Même si on l'avait détectée plus tôt, on n'aurait pas pu le sauver… Quel âge a Zhang Dian cette année, cinquante-huit ou cinquante-neuf ans ? C'est un peu jeune pour les gens d'aujourd'hui, mais chez les Banpo il y a six mille ans, l'espérance de vie moyenne n'était que de trente ou quarante ans. Dans le village où nous avons été envoyés jadis, on comptait plus de deux cents habitants, aucun d'entre eux ne vivait quatre-vingts ans, et les gens de soixante ou soixante-dix étaient déjà considérés comme vieux... Bien sûr, ce n'est pas juste pour vous et Huahua. Mais pour Zhang Dian, je pense que c'est suffisant...

Madame He hochait fréquemment la tête, elle semblait m'écouter.

– De plus, Zhang Dian était un bébé prématuré et il n'y avait pas de couveuse à son époque. Ceux qui survivaient devaient encore gagner leur vie. Zhang Dian n'est pas comme nous. Quoi qu'il ait pu faire, il a toujours gagné beaucoup d'argent, il est plus veinard qu'un ressuscité, il n'avait même pas commencé qu'il était déjà mort et à peine mort, il a recommencé à vivre... ai-je continué.

Je ne savais même plus ce que je racontais, mais je ne pouvais plus m'arrêter. La frangine s'est complètement calmée jusqu'à ce qu'on puisse entendre le grésillement d'un néon.

– Il est né avec toutes ses caractéristiques. Frangine, nous ne pouvons pas nous comparer à lui, hein ?

– Saviez-vous que Zhang Dian mentait sur son âge ? Lorsqu'il est entré à l'usine en tant qu'apprenti, il avait dépassé la limite d'âge, alors sa famille a modifié le livret de famille, de deux ans, au moins. En fait, cette année, il a eu soixante ans, a-t-elle dit en soupirant.

Divulguer des informations de ce genre n'est pas rien, cela voulait dire que Mme He était de mon côté et que je l'avais convaincue. Elle soutenait ma théorie. J'ai tapoté le petit cercueil et j'ai dit : « Oui, soixante ans, qu'est-ce que c'est pour une personne qui n'avait aucune chance de survie ? Il a eu assez, alors qu'il n'aurait rien dû avoir. Partir de rien et en arriver là, c'est absolument fantastique ! Ne soyez pas triste, il faut l'accepter. Vous devriez être heureuse pour Zhang Dian et le bénir... De toute sa vie de quelle douleur a-t-il souffert ? Il a été littéralement béni, il n'a jamais été ni riche ni puissant et pourtant il a quand même réussi à emménager avec une femme comme toi. Et a lui faire une si charmante fille... »

Après cela, tout s'est bien passé. J'ai rapidement évoqué la possibilité que Tan Bo peigne Zhang Dian, et Mme He a accepté sans hésitation. « Je m'en fiche », a-t-elle dit. Mais elle a dit qu'elle demanderait à Zhang Dian. D'un point de vue opérationnel, que Zhang Dian soit d'accord ou non, cela ne faisait aucune différence. Mais à ce moment-là, j'étais trop gêné pour reprendre mon argumentaire.

Zhang Dian avait fait la connaissance de Mme He lors de la création de « A & B », cette dernière y travaillait comme dactylographe. Le premier numéro de « A & B » était polycopié et devait être dactylographié. D'une manière ou d'une autre, Zhang Dian avait fait la connaissance de Mme He. Mais Zhang Dian n'avait pas choisi Mme He pour son deuxième mariage, il la considérait comme une « roue de secours ».

Alors que j'attendais que Mme He revienne vers moi, j'ai reçu un appel de Yuan Na, que nous avions également rencontrée à cette période. Peu de temps après la publication de « A & B », un jour que je prenais le bus, j'ai croisé une fille en train de lire sous un arrêt. « Ce magazine c'est le nôtre ! » J'ai foncé et je lui ai pris la main, l'entraînant dans notre cercle.

Cette gamine était encore en troisième année de lycée, elle était jeune et belle, et elle a immédiatement attiré l'attention dans notre groupe. L'attitude de Yuan Na n'était pas sans ambiguïté, ce qui a retardé la formation d'un couple. Certains signes laissent à penser que la deuxième épouse de Zhang Dian n'était qu'une solution de replis après qu'il se soit heurté à Yuan Na, et elle n'était donc pas non plus son premier choix. Mais l'écart d'âge entre lui et Yuan Na était trop grand et Zhang Dian ne souhaitait plus attendre.

Plus tard, ou devrais-je dire, encore plus tard (le temps passe si vite !), tout le monde a fini par se marier et à fonder une famille, mais Zhang Dian est resté en contact avec Yuan Na. À cette époque, Zhang Dian s'était remarié à Mme He, quant à Yuan Na, elle était mariée, divorcée et remariée avec un homme d'affaires taïwanais. Elle est devenue richissime et a lancé sa propre boîte. Lorsque nous jouions aux cartes chez Zhang Dian, ce dernier ramenait toujours Yuan Na sur le tapis. Tôt ou tard, tous les appels doivent être entendus. Zhang Dian affirmait : « C'est pour bibi que Yuan Na nous a rejoints. Elle a un faible pour moi, tout comme j'ai un faible pour elle. »

De mon côté je m'étais déjà marié et avais divorcé à l'époque, et j'avais une nouvelle petite amie. J'ai toujours gardé mes distances avec Yuan Na et je n'ai jamais pris l'initiative de sortir avec elle. Elle n'a jamais pris l'initiative de me contacter non plus, mais nous nous sommes croisés lors d'une partie de cartes chez Zhang Dian. Yuan Na plaisantait parfois en public : « Si seulement j'avais épousé Pi Jian, je n'aurais pas eu tant de problèmes. »

Je répondais : « Si tu m'avais épousé, on serait divorcés à l'heure qu'il est. »

« Exact. Il vaut mieux ne pas se marier, on finit par ne plus pouvoir voir la personne. »

Au bout d'un moment, Yuan Na a arrêté de venir et Zhang Dian nous a informés qu'elle était malade. Personne ne s'en souciait beaucoup. Elle devait être malade, simplement malade, et elle était encore jeune de toute façon, elle se remettrait de n'importe quelle maladie. Jusqu'au jour où Zhang Dian m'a pris à part dans sa cuisine et m'a solennellement fait une demande au nom de Yuan Na, qui voulait que « j'hérite de la responsabilité de poursuivre l'œuvre ». Les choses devenaient sérieuses.

Yuan Na souffrait d'une maladie cardiaque congénitale et il lui manquait une certaine valvule, ce que nous savions en fait déjà. Mais tant qu'elle était jeune, elle avait le sang frais et sa peau en était blanche et rose. À mesure que Yuan Na vieillissait, sa peau devenait plus foncée, ce qui s'expliquait par un apport sanguin insuffisant au niveau du cœur et par une ischémie. Nous avions d'abord cru que ce n'était qu'une excuse, qu'elle n'était plus une femme au visage jaune et que si elle devenait noire c'était avec l'âge. Mais bien sûr, personne n'avait osé le dire ouvertement. Les dernières fois qu'elle était venue chez Zhang Dian pour jouer aux cartes, Yuan Na était aussi sombre qu'une ombre et elle vieillissait effectivement trop vite. Elle décida de se rendre en Angleterre pour se faire opérer.

Ce n'était pas une mince affaire. Il fallait d'abord louer une maison et s'installer au Royaume-Uni, puis il fallait apprendre l'anglais. Lorsqu'on apprenait l'anglais, il fallait se présenter à un examen et attendre son tour. Yuan Na avait estimé que l'ensemble du processus prendrait de trois à cinq ans. Elle et son ex-mari avaient un fils qui était sur le point d'obtenir son diplôme universitaire et d'affronter le marché du travail.

Yuan Na avait demandé à Zhang Dian de me faire passer un message, dans l'espoir que je l'aiderais à trouver un emploi. Et Zhang Dian avait exagéré en affirmant qu'il s'agissait de « la poursuite de l'œuvre ».

« Elle n'y va pas pour se soigner, je suis sûr qu'elle veut se faire refaire, dis-je. À peine partie elle reviendra. »

Zhang Dian était très sérieux. « Le Royaume-Uni est certes le berceau de la chirurgie moderne, mais toutes les opérations ne réussissent pas pour autant... »

Je suis surpris. Même si Yuan Na voulait passer le flambeau, c'est son ex-mari qui aurait dû le reprendre. Nous n'avons aucun lien, comment puis-je aider son fils à trouver du travail ?

– Je vois que tu prends cela au sérieux, a déclaré Zhang Dian, Elle a tenu à te faire passer ce message, mais qui sait si elle te redonnera jamais de nouvelles.

– Même si elle voulait me dire au revoir, elle aurait dû m'appeler directement. Pourquoi passer par toi ?

– Yuan Na abdique, mais pourquoi le fait elle en ta faveur ? Et non en la mienne ? Zhang Dian se posait cette question aussi. Il semblait éprouvé ce jour-là et donnait l'impression d'être sur le point de fondre en larmes.

Récemment, Yuan Na m'a rappelé et m'a demandé de passer la voir. Elle était revenue du Royaume-Uni.

Il y avait une théière de thé au chrysanthème entre nous, sur la table. Yuan Na n'était plus noire, ce qui signifiait que l'opération avait plutôt réussi et elle m'a fait face avec un tout nouveau visage. Elle confirmait mes préjugés sur les femmes refaites et j'ai froncé les sourcils en la voyant. Elle aurait mieux fait de s'épargner cette chirurgie plastique – ou plus exactement, elle aurait dû refuser l'opération. Le sang et l'énergie étaient revenus sur son visage, et sa peau était plus claire, mais toutes ses fines rides étaient soudainement exposées. Surtout au niveau du cou, il y avait de la peau de poulet qui pendait, et qui était restée invisible tant que Yuan Na était resté sombre.

Je ne lui ai pas demandé pourquoi elle avait fait passer un message pour moi à Zhang Dian avant d'aller en Angleterre ni pourquoi elle ne l'avait pas prévenu de cette réunion. Cela ne servait à rien de poser ces questions et ce n'était pas comme ça que je lui remonterais le moral. Nous n'avons même pas mentionné Zhang Dian ni sa maladie. Peut-être que Yuan Na était au courant, peut-être qu'elle ne l'était pas, qui sait ?

Pourtant nous avons surtout parlé des parties cartes chez Zhang Dian. Yuan Na m'a dit avec enthousiasme : « Aujourd'hui, je peux de nouveau jouer aux cartes avec toi, comme avant, toute la nuit. Est-ce qu'on pourrait se revoir un de ces jours ? »

– Oui, c'est d'accord, dis-je. Ce serait bien que tu reviennes. Mais je savais en mon cœur qu'une telle chose n'était plus possible.

IV

La frangine m'a appelé et m'a dit : « Ce n'est plus qu'une question de jours. » J'ai compris tout de suite. En fait, Mme He ne m'appelait pas pour m'informer de l'évolution de l'état de Zhang Dian (ma relation avec Zhang Dian n'avait pas atteint ce niveau), mais elle préparait Tan Bo.

– Zhang Dian n'a pas fait d'objection ?

– Pas de problème, il est d'accord, a déclaré la dame.

Je n'ai pas pu m'empêcher d'en être profondément ému, j'ai raccroché le téléphone et suis allé trouver Tan Bo, lui demandant de préparer son appareil photo et de ne pas sortir ces jours-ci. Par ailleurs, il me semblait que certains détails devaient être discutés en personne : par exemple, si Zhang Dian venait à mourir, est-ce que Mme He me contacterait ou informerait-elle directement Tan Bo ? La photo allait-elle être prise dans le service ou à la morgue de l'hôpital ? Le salon funéraire n'imaginait pas ce que nous voulions faire, et avec le temps le corps connaîtrait quelques changements, or ce n'était pas ce que Tan Bo recherchait. Si cela se passait dans le service, de combien de temps disposerait Bo ? Les proches, le frère ou la sœur de Zhang Dian seraient-ils présents et ne s'y opposeraient-ils pas ? Faudrait-il se présenter aux médecins et infirmières de l'hôpital ? Ou encore, Tan Bo devait-il se rendre à l'hôpital avec son appareil photo attendre le moment fatal ? Mais agir ainsi était trop cruel et personne ne pouvait prédire ce moment secret...

À la suite de cette discussion, nous avons décidé de rendre à nouveau visite à Zhang Dian. D'ailleurs nous devions remercier la femme de Zhang Dian pour ce qu'elle avait fait. Il avait personnellement accepté, cela dépassait mes attentes. Quel genre de personne était ce Zhang Dian ? Il avait vraiment accepté ! Il fallait que je revoie cet ami redevenu étranger.

Un jour Qian Langlang s'était confié à nous. Lorsque son oncle était décédé, il avait laissé un dernier message indiquant qu'on ne devait plus le visiter. L'oncle y exigeait : « Que personne ne voit ma laideur. » Qian Langlang en avait été profondément impressionné. Les membres de la famille ne respectèrent d'ailleurs pas le souhait du défunt. Lorsque Qian Langlang s'en retourna dans sa ville natale pour les funérailles, il vit encore le « laid regard » de son oncle, « la bouche grande ouverte et sombre à l'intérieur ». Voilà ce qu'a déclaré Qian Langlang, et ça m'a marqué. À cette époque, nous affirmions tous que nous ne laisserions jamais personne contempler notre laideur post mortem. Nous avions joué aux cartes et mangé chez Zhang Dian, et ce dernier avait exprimé les mêmes souhaits que nous. Apparemment sa position avait désormais changé.

La deuxième visite à Zhang Dian fut presque la même que la première, et il n'était pas possible de voir beaucoup de changement dans son état. Il y avait toujours l'électrocardiogramme sur sa table de chevet, et Zhang Dian avait toujours un tube dans le nez et un flacon en écharpe. Il était toujours éveillé et nous salua des yeux. Je l'ai serré dans mes bras, je lui ai tenu la main et je l'ai caressé pendant un moment. À la différence que lorsque j'ai posé sa main, Tan Bo s'est avancé et l'a reprise. Tan Bo a tenu la main de Zhang Dian et a semblé la serrer, et il a dit : « Merci. »

Nous nous sommes dit au revoir et Mme He nous a accompagnés dans le couloir, où nous sommes restés tous trois debout, discutant un moment. Tan Bo et la femme échangèrent leurs numéros de téléphone et leur numéro WeChat, et elle promit d'appeler Tan Bo dès que le moment serait venu. Ensuite, nous avons pris l'ascenseur et sommes sortis. Tan Bo et moi sommes allés au même hôtel que la première fois. Cette fois, je n'ai pas bu de café, j'ai directement pris le vin rouge. Il était deux heures de l'après-midi, plus tôt que la fois précédente.

J'ai balancé le verre pour aérer le vin en disant : « C'est la deuxième fois que nous faisons ça. Lui rendre visite puis prendre un verre. »

– J'espère qu'il y aura une troisième voire quatrième fois, a dit Tan Bo.

– Tu ne veux plus dessiner Zhang Dian ?

– Si, j'y songe, je veux dessiner ce gars plus encore que je ne le voulais la dernière fois, mais je ne suis pas pressé, a déclaré Tan Bo.

– Pourquoi veux-tu le peindre encore davantage ? Est-ce parce que tu comprends mieux Zhang Dian et que tu penses qu'il mérite d'être peint ? ai-je demandé.

– Non, non… ; nia rapidement Tan Bo.

– Admets-le simplement, en peinture comme en écriture, c'est la même chose. Plus on en sait, mieux c'est, même si on ne fait pas directement usage de l'information. Cela n'est pas incompatible avec la « matérialité de la lumière ».

– Peut-être, a répondu Tan Bo.

V

Après son deuxième divorce, Zhang Dian est de nouveau passé à l'offensive avec Yuan Na, toujours en vain. Cela n'a pas eu l'air de particulièrement l'affecter. À cette époque, il avait déjà été mis en congé sans solde à l'usine, il avait donc beaucoup de temps libre. Mais il semblait très occupé. Lorsqu'on lui posait la question, il répondait qu'il gagnait sa vie, s'était associé avec quelqu'un pour créer une petite entreprise ou travaillait sur un projet, mais nous n'avons jamais su exactement ce qu'il fabriquait. Zhang Ning n'a pas insisté, Zhang Dian prenait ses trois repas par jour chez ses parents. Le reste du temps, il vivait dans une « nouvelle maison » qui lui restait de ses ménages précédents. La maison avait été attribuée à Zhang Ning par son employeur, elle l'avait rachetée pour 8 000 yuans au moment de la réforme du logement, puis l'avait mis au nom de Zhang Dian. La seule chose qui manquait à la nouvelle demeure, c'était sa maîtresse. Il s'est avéré qu'il y en avait eu une, mais un peu comme une nounou embauchée par la famille, elle avait fini par partir après avoir travaillé un certain temps. De nos jours, on est définitivement propriétaire de son logement, dommage qu'on ne le soit pas aussi de la ménagère.

C'est probablement à cette période que Zhang Dian s'est mis à penser à la frangine He. Nous ne savions pas ce qu'il avait en tête, mais nous avions remarqué que Zhang Dian avait commencé à accorder une attention particulière à son apparence.

Comme je l'ai dit, Zhang Dian n'était ni laid ni beau. L'une de ses caractéristiques était qu'il avait des dents noires. Ses dents de devant étaient longues et noires, et elles étaient un peu orientées vers l'extérieur. Les dents de Zhang Dian étaient le produit de la fumée de cigarette. Il consommait quatre paquets de cigarettes par jour et ne se brossait pas les dents correctement. Comment ses dents auraient-elles pu ne pas noircir ? Non seulement les cigarettes lui avaient noirci les dents, mais il était encore jeune quand ses dents ont commencé à se déchausser et à tomber. Zhang Dian avait moins de quarante ans, ce qui était un peu tôt pour perdre ses dents. Il racontait que c'était parce qu'il était né prématurément et qu'il souffrait de déficiences congénitales. Il avait déjà eu du mal à se laisser pousser des dents et à les garder jusque-là. Leur perte prématurée était donc inévitable. Bref, il existait deux écoles différentes concernant les dents de Zhang Dian : l'une affirmait qu'elles étaient noircies par la fumée, et l'autre qu'elles étaient dans cet état parce qu'il avait été un bébé prématuré. Je pense que ces deux suppositions n'étaient pas contradictoires. Un beau jour, Zhang Dian s'est doté de dents neuves.

Il est resté six mois enfermés pendant lesquels personne ne l'a vu. Pour son retour, il s'est présenté dans un café que nous fréquentions. Tu Haiyan, la patronne du Café Long, avait vu Zhang Dian, mais ne l'avait pas reconnu. Au bout d'un moment, elle l'a pointé du doigt s'écriant : « les dents, les dents, les dents… » sans pouvoir ne rien dire d'autre.

Après coup, Tu Haiyan nous a confié : « Sur le moment, je me suis dit que les dents de cet homme-là n'étaient pas comme ça. En fait c'est son dentier qui m'a rappelé ses vraies dents d'avant. Elles étaient si longues et noires. Comment est-ce possible… »

À la lueur des bougies vacillantes du café, Zhang Dian a montré ses grandes dents blanches, riant avec Tu Haiyan, et c'était assez bizarre. Mais ce n'était jamais qu'une partie de rigolade.

Je pense que le choix de Zhang Dian de se présenter à la serveuse du café après le changement de ses dents était savamment calculé, c'était un test. Il avait déjà jeté son dévolu sur Mme He, qui s'appelait encore He Xuemei à cette époque. He Xuemei, comme Tu Haiyan, connaissait Zhang Dian et échangeait parfois avec lui, mais elle ne lui prêtait pas une attention particulière, et ne s'inquiétait certainement pas de ses dents. C'était là une situation que Zhang Dian connaissait mieux que quiconque.

Pourtant, Zhang Dian était quand même allé se faire refaire les dents, ce qui montrait qu'il avait pris une décision et qu'il était déterminé à gagner la bataille.

Après ses « débuts » au Café Long, Zhang Dian était resté à la maison deux mois encore. Il est resté enfermé dans sa nouvelle maison à ne rien faire d'autre que fumer. Quand il avait faim, il buvait du porridge et se faisait livrer quelques légumes. Et ce jusqu'à ce que les prothèses soient noircies à leur tour. Naturellement, elles restaient plus belles que les dents d'origine, très soignées et ne dépassant plus. Avec ces prothèses qui ressemblaient à de vraies dents, Zhang Dian est réapparue. Cette fois, il revenait pour He Xuemei.

He Xuemei n'était pas aussi sensible que Tu Haiyan, et en plus, les dents n'étaient plus si blanches et ni accrocheuses. De leur premier moment jusqu'au mariage, Zhang Dian n'a jamais révélé le secret des dents à sa conquête. Les événements qui suivent nous ont été confiés par He Xuemei après qu'elle soit devenue sa femme.

Lors de leur nuit de noces, Zhang Dian, qui n'en pouvait plus, a alors extirpé son dentier et l'a jeté dans un verre d'eau sur la table de chevet. La frangine a eu la trouille de sa vie, mais... le riz était cuit. Elle nous a raconté qu'elle avait pleuré pendant la moitié de la nuit. Finalement, elle a emporté le verre d'eau dans la salle de bains et a commencé à aider Zhang Dian à nettoyer ses épouvantables dents. À partir de ce moment-là, brosser le dentier de Zhang Dian est devenu l'activité incontournable de ses matins, au réveil. J'ai dit que Zhang Dian avait « extirpé » son dentier au lieu de l'enlever, je précise que ce terme n'est pas de la bouche de sa dame, c'est juste ma manière de faire de la littérature. La frangine He a pu parler ouvertement de ce genre de chose avec nous, ce qui montre que leurs relations étaient bonnes au début, et qu'elle considérait les amis de Zhang Dian comme ses propres amis.

Depuis les années 1980, nous jouions à un jeu de cartes appelé « le faiseur d'amis ». Le jeu se jouait comme le « Président », sauf qu'il y avait deux jeux de cartes et un opposant. Mais l'adversaire changeait. Il était désigné par la personne qui tirait le 3 de cœur. La personne qui possédait une certaine carte devenait alors son adversaire, c'est-à-dire son « ami ». Parce que nous ne savions pas qui serait l'ami, on traitait les amis en ennemis et les ennemis en amis. Tel était l'essence même du jeu du faiseur d'amis. Tout le monde se lançait dans des intrigues et agissait sous couvert, dans le seul but de tromper tout le monde. Il y a d'autres règles et divers détails à propos de ce jeu que je n'expliquerai pas ici. En bref, ce type de jeu ne nécessite pas de matière grise ni de technique, ou pour être exact, le QI et la technique n'y sont pas fondamentaux. La clef du jeu est la chance et tout son intérêt réside dans l'excitation qu'il procure.

Mais nous n'étions pas portés sur le jeu. La partie de cartes n'était qu'un prétexte. Pendant qu'on mélangeait, piochait et pendant la partie même, on ne cessait de bavarder. Le jeu en lui-même nous intéressait bien peu. Il y avait parfois de petites sensations fortes. Dans les années 80 et 90, il en coûtait dix yuans pour entrer dans le cercle. Au début du nouveau siècle, les revenus ont augmenté et certains membres sont devenus de grands patrons, mais chaque fois qu'ils gagnaient ou perdaient, ils ne tablaient que sur quelques dizaines de yuans, jamais plus de deux cents, maximum. Au bout d'un an, les joueurs « aux jambes dures » c'est-à-dire qui participaient assidûment aux jeux n'avaient rien perdu ni gagné (nous tenions un livre de comptes à cette fin), l'année de jeu pouvait être considérée comme totalement blanche.

Le faiseur d'amis est vraiment une activité conviviale. Quatre personnes suffisent à y jouer, mais ce n'est pas très amusant. Généralement, cinq à six personnes jouent, pas plus de six, mais pas moins de cinq, cinq est le nombre idéal. C'est parce qu'il y a plus que six « bombes », il faut donc que le nombre de personnes des deux côtés soit divisé en deux groupes inégaux pour qu'il soit plus facile de passer incognito. Clairement, ce qu'il y a de plus sympa dans le faiseur d'amis, c'est de faire semblant et de démasquer les autres...

À force de jouer au « faiseur d'amis » depuis des décennies, nous avions formé une sorte de cercle. En dehors du cercle, la façon de jouer aux cartes évoluait avec le temps. Pendant ce temps il y a eu la « monté du niveau », la « bataille des cochons », et par la suite le « courir vite », le « labourage », la « bataille aux propriétaires », sans compter que tout le monde « bas des œufs » aujourd'hui. Le « faiseur d'ami » aurait dû devenir une antiquité. La raison pour laquelle une même lignée a pu survivre est liée au mariage de Zhang Dian avec He. Lorsque le faiseur d'amis est devenu populaire, nous n'avions pas d'endroit fixe pour jouer aux cartes. Alors que le faiseur d'amis était au sommet de sa popularité, ils se sont mariés, ce qui signifiait que Mme He emménageait dans la « nouvelle maison » de Zhang Dian et qu'elle en devenait la maîtresse... Alors nous sommes allés chez Zhang Dian pour jouer aux cartes, nous retrouver entre amis, mais aussi pour manger et boire. À chaque fois la frangine He nous préparait à manger, et nous apportions simplement les boissons. Parfois, lorsqu'on n'en avait pas apporté assez, Mme He se rendait au magasin en bas pour acheter de la bonne bière, du Coca, du Sprite et d'autres boissons. Puisque les joueurs de cartes étaient tous des « personnes d'âge mûr », la façon de jouer est restée naturellement la même. Peu importe à quel point la lutte entre les propriétaires était féroce à l'extérieur, peu importe le bruit des batteurs d'œufs, quand vous alliez chez Zhang Dian, vous n'y pouviez trouver que des amis.

Les habitués, dont on disait qu'ils avaient les « jambes dures », à savoir moi, Qian Langlang, Zhang Peng, plus Zhang Dian et sa femme, étaient au nombre de cinq. C'étaient les membres principaux, toujours à la recherche d'amis, toujours disponibles et toujours fiables. Autour de ce noyau, le groupe était stable et put se maintenir pendant de longues années. Au début, notre cercle tournait autour de « A & B », mais par la suite, il s'est progressivement changé en un cercle d'amis, les collègues écrivains devenant des proches. Ainsi, Zhang Peng, par exemple, mon camarade de classe à l'école primaire, qui n'a plus rien écrit depuis cette époque.

En plus des jambes dures, il y avait (des occasionnels, qui ne venaient pas à chaque fois) Yuan Na, Tu Haiyan et Tan Bo, qui tous ont un jour joué aux cartes chez Zhang Dian. S'il venait une personne en trop à table, c'est la frangine qui lui laissait sa place, car il était mieux de jouer à cinq. S'il venait deux personnes de plus, Zhang Dian ne se battait pas et prenait place derrière les novices pour les guider. L'objectif était de faire en sorte qu'il y ait toujours cinq personnes à la table de jeu. S'il y avait trois personnes de plus, nous jouions à six. Même si ce n'était pas aussi agréable qu'à cinq, on s'en accommodait, à contrecœur. Bref, les gens n'avaient pas peur d'être de trop, mais qu'on ne soit pas assez. Plus tard, Zhang Dian est allé dans le Sud rendre visite à Hu Xiaoke, et une des cinq paires de jambes dures s'est mise à manquer. Heureusement, Tu Haiyan est venu en renfort et le problème a été résolu. Tu Haiyan tenait un café et ses affaires connaissaient des hauts et des bas, c'est pourquoi, selon Qian Langlang, « la jambe dure de Tu Haiyan n'était pas très dure ».

— Comment ça dure ou pas dure ? Ce qu'il ne faut pas entendre ! dit Tu Haiyan.

— Ce vieux Lang veut simplement faire valoir qu'il a les plus dures, expliqua Zhang Peng.

Au début des années 1990, Hu Xiaoke avait arrêté d'écrire pour s'installer à Shenzhen. Très vite, il y lança sa propre entreprise. J'étais retourné à Nankin pour rendre visite à mes parents au moment Nouvel An et j'ai été appelé chez Zhang Dian pour jouer aux cartes. C'est probablement à ce moment-là que nous l'avons tous les deux recontacté afin de nous rendre à Shenzhen. Hu Xiaoke a considéré Zhang Dian. Il savait qu'il était fort humble (insistant sur l'opportunité qu'il avait de jouer avec nous), enthousiaste (il donnait à manger et à boire à tout le monde) et peu bavard (pas aussi éloquent que Qian Langlang). De plus, Zhang Dian était le rédacteur en chef attitré de « A & B » et lui et Hu Xiaoke avaient donc travaillé ensemble par le passé. Mais je pense encore que Hu Xiaoke a accepté de recevoir Zhang Dian principalement parce que j'étais là. Sa relation avec moi était bien meilleure que celle qu'il avait avec Zhang Dian, et c'était à cause de ma tête.

Zhang Dian est donc allé à Shenzhen, mais la recherche d'amis s'est poursuivie chez lui comme d'habitude. Environ une fois par semaine. Parfois, il n'y avait même pas cinq personnes, et nous ne savions pas comment jouer à quatre, alors nous nous contentions de discuter simplement. L'hospitalité de sa femme était encore plus grande, les repas étaient plus somptueux et chaque rassemblement était un festival. La conversation portait principalement sur Zhang Dian. Il n'était pas présent. Nous venions de découvrir son histoire et l'avions racontée à Mme He en récompense de son hospitalité. La frangine nous avait également confié des choses sur Zhang Dian que nous ne savions pas. Par exemple, que cet homme ne craignait pas la chaleur. Peu importe la chaleur qu'il faisait l'été, il n'allumait jamais le ventilateur. La nuit, il dormait bien enveloppé dans une couverture et ne transpirait pas. Elle nous a également raconté qu'il avait enlevé son dentier lors de leur nuit de noces. Mais quelle que privée que soit la conversation, tout le monde savait s'arrêter où il fallait. Nous n'avons jamais mentionné la tentative ratée de Zhang Dian auprès de Yuan Na, et la femme n'a pas posé de questions à ce sujet. Plusieurs fois il y eut une véritable pénurie de personnel, alors Qian Langlang est allé jusqu'à appeler Yuan Na. Pendant la partie, Qian Langlang a ouvertement ri de moi et Yuan Na. Mais c'était complètement vain. Bien que sa femme et Zhang Dian n'aient pas formé un vieux couple, ils avaient dépassé le stade où l'on fouille le passé. Même si elle venait à savoir que Zhang Dian avait jadis fait la cour à Yuan Na, la frangine s'en moquerait. C'était ce genre de personne, magnanime envers tous les amis de Zhang Dian, hommes ou femmes. C'était aussi la principale raison pour laquelle nous aimions tant courir chez eux. Zhang Dian n'était pas à la maison, mais c'était toujours la maison, et le sentiment d'être chez nous nous était apporté par Mme He.

Même l'absence de Zhang Dian nous faisait nous sentir bien. Dans cette maison, tout était comme d'habitude, si bien entretenu, alors les hommes du foyer devaient lutter, chez eux, pour vivre leur vie de famille. Cet endroit ne pouvait manquer de donner aux gens un sentiment d'espoir, et le temps et l'espace en étaient soudainement dédoublés. Nous jouions aux cartes, et Zhang Dian nous appelait et nous lui racontions : « Mon vieux Dian, nous jouons aux cartes chez toi ! » Zhang Dian répondait : « Je fais des heures supplémentaires ici. J'ai été occupé par un projet récemment. » C'était selon. Plus tard, Zhang Dian a arrêté de téléphoner, alors c'est la frangine qui l'appelait. Mais Zhang Dian était toujours autant débordé et travaillait sur le prochain projet.

La Fête du Printemps fut de retour et Zhang Dian rentra à Nankin pour célébrer le Nouvel An. Nous avions pris rendez-vous pour nous rendre chez lui jouer aux cartes, et en passant, nous avons rendu visite à nos copains qui étaient rentrés dans leur ville natale. Hu Xiaoke était également retourné à Nankin, je lui ai demandé de nous accompagner chez Zhang Dian, mais il a refusé à chaque fois. Pendant la Fête du Printemps, nous sommes allés chez Zhang Dian pour jouer aux cartes environ trois fois. J'ai pris rendez-vous avec Hu Xiaoke, mais il se dérobait toujours par quelques excuses. Alors je me suis demandé : Hu Xiaoke pensait-il que c'était inapproprié ? Par le passé, il était un ami de Zhang Dian et moi, cela n'aurait donc pas dû être une corvée d'aller chez Zhang Dian jouer aux cartes. Mais maintenant qu'il était le patron de Zhang Dian, il trouvait peut-être déplacé de se rendre chez un subordonné pour jouer. Je n'avais aucune expérience en gestion d'entreprise et je ne connaissais pas les usages en vigueur. La dernière fois, j'ai demandé à Hu Xiaoke si c'était la raison :

– Non, je n'ai simplement pas envie de le voir, m'a dit Hu Xiaoke.

– Mais pourquoi ?

– Je suis fatigué de le voir tous les jours à Shenzhen. Si on insistait davantage, Hu Xiaoke cessait de parler.

– Mais nous ne nous sommes pas encore revus depuis ton retour, il faut qu'on se croise.

– Oui bien sûr, mais pas chez Zhang Dian. Hu Xiaoke a raccroché.

VI

L'activité principale de l'entreprise de Hu Xiaoke était la production de modèles architecturaux. Il y avait un aspect technique à ce travail, mais il n'était pas difficile à apprendre. Généralement, au bout d'une semaine, vous pouviez travailler comme débutant pour aider un employé expérimenté, en broyant un morceau de plexiglas ou en collant un bout de plante en mousse sur petit tas de sable. Zhang Dian dédaignait tout cela et errait toute la journée dans l'usine avec une tasse de thé. En raison de son âge et de sa relation avec le patron, il était difficile pour qui que ce soit de lui faire un quelconque reproche. Hu Xiaoke était également gêné à l'idée de critiquer Zhang Dian. Peu importe pour Hu Xiaoke qu'il y ait une personne de plus à vivre sur l'entreprise, une personne de plus dans le dortoir et une personne de plus à recevoir un salaire. Plus tard, Zhang Dian a arrêté de venir au bureau et n'a plus fait que manger et dormir. Hu Xiaoke l'a également supporté. Ce qui était odieux, c'était que Zhang Dian s'était pris de passion pour les salons de coiffure. Après avoir reçu son salaire, il allait se faire coiffer. Une fois son salaire dépensé, il empruntait de l'argent aux garçons du même dortoir. Parfois ils sortaient s'amuser ensemble. C'était un problème sérieux, mais comme ce n'étaient après tout que des rumeurs, Hu Xiaoke ne pouvait toujours pas se mettre en colère.

Un jour, que Hu Xiaoke faisait des heures supplémentaires jusque tard, il quitta ses bureaux au petit matin. À l'aube, tournant au coin d'une rue il aperçut une silhouette. Ou plus exactement deux silhouettes. Zhang Dian tournait le dos à Hu Xiaoke et il enlaçait une fille du salon de coiffure dans une couverture. Cette dernière était également debout, bien visible. Zhang Dian et la fille du salon de coiffure s'embrassaient (ils avaient probablement passé la nuit ensemble). Sans parler du dégoût ressenti, le souci fut que Zhang Dian avait également reconnu Hu Xiaoke et il dit quelque chose :

– Voici le patron de notre entreprise, M. Hu, dit Zhang Dian tenant toujours la fille du salon.

Hu Xiaoke s'est approché sans dire un mot.

– Qu'est-ce que tu fabriques ! tu veux m'entraîner dans une histoire de prostitution ? s'écria Hu Xiaoke.

Revenu dans son studio, Hu Xiaoke semblait faire une attaque. Il était furieux et parcourait la pièce.

– Cette espèce de foutu clébard bouffeur de poules, mais qu'est-ce qu'il vient foutre dans cette entreprise et avec moi !

– Allons, comment peux-tu affirmer que cette fille travaillait dans un salon de coiffure, c'est peut-être une femme de bonne famille. Je disais ça pour rire.

– Oh je ne sais pas. Peut-être parce qu'il y a des dizaines de petits salons de coiffure à proximité de nos bureaux. Et que généralement les femmes de bonne famille n'y travaillent pas. Comment oserais-je regarder Mme He à nouveau ? a déclaré Hu Xiaoke.

Hu Xiaoke a fini par retrouver son calme et s'est assis sur la chaise.

– Et encore, ce ne serait pas grave si Zhang Dian avait considéré la fille de salon comme une fille de salon, mais tu n'as pas vu son visage et l'état dans lequel il était, ça dépassait vraiment les bornes !

– Tu n'as pas parlé à Zhang Dian ?

– Non.

– Tu n'en as jamais parlé, jusqu'à aujourd'hui ?

– Non…

Finalement, j'ai suggéré que Hu Xiaoke licencie Zhang Dian, c'était la seule façon de résoudre le problème. Pour la sécurité personnelle de Zhang Dian, pour la direction de l'entreprise (autrement, il entraînerait les jeunes hommes sur une mauvaise pente) et pour le bien de la famille de Mme He.

– Ne t'inquiète pas pour lui et oublie la période « A & B » : il faut avant tout que tu évites le chaos.

Hu Xiaoke acquiesça, mais il était évident que virer quelqu'un n'était pas pour lui tâche facile.

Après les fêtes, Hu Xiaoke et Zhang Dian sont respectivement retournés à Shenzhen (ils y sont d'ailleurs retournés séparément). J'ai appelé Hu Xiaoke à plusieurs reprises pour l'exhorter à virer Zhang Dian. Hu Xiaoke a répondu :

– Tout va bien en ce moment. Zhang Dian reste fidèle à une fille, celle que j'ai croisée la dernière fois, une certaine petite Juan…

– Ça ne va pas le faire, je ne suis pas patron, mais si je l'étais j'aurais vite coupé le nœud. Pas étonnant que tes affaires ne marchent pas, tu es trop mou. Cette attitude de poète doit changer, dis-je. Je voulais mettre un coup de fouet à Hu Xiaoke.

Finalement, un jour, Hu Xiaoke m'a appelé et m'a dit qu'il venait de régler l'affaire. Il pleurait à l'autre bout du fil. J'ai insisté, Hu Xiaoke a fini par admettre qu'il pleurait.

– Ça va aller, tu n'as jamais eu qu'à virer Zhang Dian ? ai-je dit.

– J'ai été obligé de le taper, soupira Hu Xiaoke.

Hu Xiaoke a raconté qu'il avait retiré une somme d'argent qui représentait six mois de salaire. Il a mis l'argent sur la table, puis a appelé Zhang Dian en lui disant : « Va-t'en, c'est ta compensation. » Hu Xiaoke n'a donné aucune explication.

Zhang Dian n'a pas demandé pourquoi, il savait probablement que Hu Xiaoke, en tant que patron, avait le droit de le remercier, avec ou sans raison. Il a ramassé une partie de la pile de billets que Hu Xiaoke avait poussée vers lui et l'a regardé bêtement. Il se trouvait qu'il tenait un briquet dans l'autre main. Zhang Dian était un gros fumeur et ne lâchait jamais sa cigarette. Pour être exact, il ne lâchait jamais son briquet. Il avait sa propre théorie : il affirmait que la fumée sans feu était la chose la plus mesquine au monde et qu'elle était bien plus effrayante que le feu sans fumée. Je ne sais pas si c'est très logique, mais c'était sa façon de voir les choses. Ce jour-là, Zhang Dian tenait, comme à son habitude, un briquet à la main et l'allumait. Il n'avait probablement pas de cigarette, il tenait juste un billet de banque dans l'autre main. Par un étrange accident, il a mis le feu au billet. L'ayant allumé, Zhang Dian a repris ses esprits et a réalisé ce qu'il venait de faire. Tout en regardant le billet brûler, il a dit : « mais n'est-il pas formidable d'être riche ! »

Ces mots attristèrent Hu Xiaoke, ils lui rappelaient qu'il n'était pas facile d'abandonner quelque chose d'aussi précieux que l'écriture pour partir s'installer à Shenzhen, loin de chez lui, afin d'y prendre la tête d'une entreprise et d'y faire de l'argent. On dit qu'il est plus facile de manger de la merde que de faire du fric et en voyant la gratitude et l'amabilité de l'autre, il a levé la main et a donné une gifle à Zhang Dian de manière complètement épidermique (sans réfléchir). La gifle les a tous deux stupéfaits et Zhang Dian a fondu en larmes. En voyant Zhang Dian pleurer, Hu Xiaoke n'a pas pu s'empêcher de se calmer et de verser des larmes à son tour. Deux hommes adultes, l'un dans la trentaine et l'autre dans la quarantaine, se faisaient face, pleurant à chaudes larmes. Je pense que cela faisait plus de dix ans que Zhang Dian n'avait pas pleuré amèrement comme ça...

Hu Xiaoke a expliqué que Zhang Dian venait de quitter son bureau et que la pile d'argent était toujours sur la table.

– Ce n'est pas grave, c'est fini, dis-je.

– Que faire de l'argent ?

– Si je demandais un numéro de compte à sa femme He, tu pourrais lui faire un virement ? Hu Xiaoke réfléchit un moment et dit :

– Oublie, j'ai toujours le numéro du compte de Zhang Dian, sur lequel il n'y a probablement même pas assez d'argent pour payer un billet d'avion pour Nankin.

Zhang Dian a quitté l'entreprise de Hu Xiaoke, mais n'est pas retourné à Nankin pour autant. Au lieu de cela, il a rejoint des amis qu'il avait à Shenzhen et a commencé à revendre des logiciels et des DVD. Ce travail n'était pas exemplaire, mais il ne nécessitait aucune compétence et il le faisait en dilettante. Le truc était que Zhang Dian était enthousiaste. Il avait finalement trouvé sa vocation, du moins c'était ce qu'il ressentait. Zhang Dian avait travaillé comme professeur volontaire, comme ouvrier d'usine et, en tant qu'associé, avait ouvert une entreprise de maroquinerie, avant d'aller travailler pour Hu Xiaoke. En plus, il avait participé à la fondation de notre revue littéraire. Mais cela n'a jamais été pour lui comme la vente de logiciels et de DVD, et on sentait que c'était quelque chose qu'il voulait faire, qu'il était capable de bien faire, et qu'il serait connu pour cela. Preuve en était : Zhang Dian a commencé à envoyer de l'argent chez lui.

La frangine savait que Zhang Dian avait quitté l'entreprise de Hu Xiaoke (la raison ne devait pas lui être très claire), et elle savait aussi que ce que faisait son mari était un peu illégal, mais l'argent qui lui était envoyé était réel, alors elle n'a posé aucune question.

À son retour pour la Fête du Printemps (un an avait passé), Zhang Dian a apporté deux grandes boîtes remplies de logiciels et de DVD. Il les a présentées à He comme un trésor et lui a demandé à plusieurs reprises de les tenir en sécurité et de n'en parler à personne. L'énorme quantité de logiciels ou de DVD n'était certainement pas destinée à la consommation privée de Zhang Dian ni à celle de son épouse. On ne sait pas si Zhang Dian avait déplacé des biens volés ou s'il se préparait à ouvrir boutique à Nankin. Peut-être envisageait-il de déplacer progressivement son activité à Nankin : vivre séparé toute l'année n'était en effet pas une solution à long terme.

La frangine avait de la gueule, mais Zhang Dian c'était différent. Un jour, que nous étions chez eux à jouer aux cartes, il dit :

— Vous êtes toujours avec vos cartes, vous ne pouvez pas jouer à autre chose ?

— Autre chose ? s'est écrié Qian Langlang.

— Qu'est-ce que vous fabriquiez à Shenzhen ? a demandé Zhang Peng.

Zhang Dian n'a pas répondu, il a plutôt demandé à Mme He d'apporter le magnétoscope qu'il avait ramené de Shenzhen, l'a déballé et l'a connecté avec doigté au téléviseur. Tout en réglant la télévision, il a dit à Mme He :

— Apporte les CD.

— Tout est dans la boîte. Tu sais la boîte…, dit-elle l'air embarrassé.

— Alors, ouvre la boîte.

C'est seulement à ce moment-là que nous avons découvert les deux grosses boîtes.

Ce soir-là, nous avons non seulement regardé les DVD que vendait Zhang Dian (et qui nous ont fait rougir), mais en plus toutes les personnes présentes en ont également reçu une copie. Et le temps restant, nous avons aidé Zhang Dian à emballer ses logiciels et ses DVD. Nous en avons emballé pour huit ou neuf sacs au total, y compris des sacs de voyage, des sacs en toile, des sacs en peau de serpent et des sacs à dos. Nous avons également attaché deux gros paquets avec des draps et les avons fourrés dans la chambre, sous le grand lit. Plusieurs autres colis étaient placés sur le meuble du salon. Lorsqu'on eut fini, Zhang Dian nous a fait promettre : « Ne le dites à personne. » La frangine fusillait Zhang Dian du regard.

Après les fêtes, Zhang Dian s'en est retourné à Shenzhen. Lorsque nous allions chez Zhang Dian pour jouer aux cartes, nos yeux se tournaient involontairement vers le haut de l'armoire combinée pour voir les paquets. Le jeu de cartes s'est poursuivi comme à son habitude et nous n'avons plus jamais regardé de vidéo chez Zhang Dian. Ce n'est pas que jouer aux cartes soit plus intéressant que regarder des DVD, c'est juste que c'était difficile de demander et franchement inapproprié. Lorsque le maître de maison n'était pas là, la maîtresse nous laissait jouer aux cartes ensemble, mais regarder des DVD n'était pas la chose à faire. Même si Mme He avait eu l'amabilité de nous proposer de regarder ce genre de chose, il aurait fallu refuser.

Un jour, deux policiers, un homme et une femme, se sont présentés. La policière tenait un dossier à la main et nous a demandé nos noms tout en prenant des notes. Le policier tenait une lampe de poche et se promenait dans la maison en la balançant. Il a éclairé partout, sous le lit et au-dessus du meuble de la chambre. La lampe de poche passant au-dessus de ces objets suffisait à nous effrayer. Puis ils ont redescendu les escaliers, s'éloignant. Qian Langlang avait une idée en tête (il me l'a confié ainsi qu'à Zhang Peng par la suite) et il a dit à Mme He : « Ils ont dû venir pour ces choses-là. »

« Oh non », a répondu He. « Le comité de quartier m'avait prévu que cet après-midi qu'ils recenseraient les foyers. »

À ce moment-là, Qian Langlang et moi avons échangé des regards, nous avions compris.

— Les cartes ont été rebattues ces dernières années. Quand avez-vous passé le dernier recensement ? ai-je dit.

— Au moment du recensement général.

— On ne craint pas la foule, mais la tête qui en dépasse. Le vent a tourné ces derniers temps, nous ferions bien de rester prudents, a déclaré Zhang Peng, qui souhaitait agir.

— Alors on fait quoi ? a demandé la frangine. J'appellerai bien Zhang Dian pour qu'il revienne...

– Non, pas besoin, marmonnai-je. Même si on l'appelle tout de suite, Zhang Dian ne pourra pas prendre un vol avant demain, et il sera trop tard.

– Si on s'organise bien, Zhang Dian n'aura même pas besoin de revenir, a dit Peng.

– Ton mari est occupé à Shenzhen. Laissons-le gagner de l'argent pour subvenir aux besoins de sa famille…, a déclaré Qian Langlang.

Maintenant que nous étions d'accord, j'avais trouvé une solution : chacun prendrait deux sacs et les cacherait séparément, tandis que Mme He se débarrasserait du reste. Mais elle n'était pas d'accord : « ça va vous retomber dessus… »

– Et alors ? Personne ne nous a forcés à devenir les copains de Zhang Dian.

Nous n'avons même pas joué aux cartes et chacun de nous est descendu séparément avec deux gros sacs de trucs. Zhang Peng est sorti le premier, suivi dix minutes après par Qian Langlang, et dix minutes après son départ, je suis également parti. La Lune était sombre, le vent était fort et l'ambiance était lourde. J'habitais à proximité, mais j'ai quand même pris un taxi. Je savais que rien ne se passerait, mais je me sentais quand même un peu nerveux face à une telle situation. Toutefois la tension avait de bon qu'elle était rafraîchissante et saine pour le système nerveux. Zhang Peng avait raison, on ne doit pas craindre la foule, seulement la tête qui dépasse. Il faut dire que nous avons quand même pris un risque réel et ce n'était pas pour voler Mme He.

Je ne sais pas ce que Zhang Peng et Qian Langlang ont fait de ces CD, mais les deux paquets que j'ai pris m'ont vraiment beaucoup aidé. À Nankin, j'ai été la première personne à écrire sur un ordinateur, à l'époque c'était sur une machine compatible 286, et le système d'exploitation c'était un tas « d'os ». Ce n'était vraiment pas un cadeau, ma bécane tombait souvent en panne, ce qui retardait mon travail d'écriture, je perdais aussi beaucoup de fichiers et je ne savais pas comment les récupérer. Et ça m'embêtait vraiment.

Sheng Jun faisait partie de la jeune génération d'écrivains, avec une formation en sciences et en ingénierie, et il savait jouer avec le tas « d'os ».

Chaque fois que j'avais un problème avec mon ordinateur, j'appelais ce gars-là. Depuis que j'avais récupéré ces deux gros paquets de DVD, chaque fois que Sheng Jun m'aidait à réparer mon ordinateur, je lui en offrais un. Ce dernier était naturellement ravi et ça me faisait plaisir, je ne culpabilisais plus de lui faire faire le voyage. Sheng Jun avait réparé mon ordinateur au point qu'il était meilleur qu'au sortir de la boîte et ne tombait plus que rarement en panne, alors il a pris l'initiative de m'appeler et m'a demandé comment allait mon ordinateur et si j'avais besoin qu'il vienne passer donner un coup de main. Bien sûr, j'avais compris ce qu'il voulait dire. Plus tard, il en a appris davantage sur l'origine des DVD et a commencé à jouer aux cartes avec moi chez Zhang Dian. J'avais trouvé une nouvelle paire de jambes solides en quête d'amis, tout cela grâce aux vidéos de Zhang Dian.

La frangine n'a plus jamais mentionné les DVD. Une autre année, Zhang Dian est retourné à Nankin pour la Fête du Printemps, mais il n'en a plus parlé. C'était comme si rien ne s'était passé. Zhang Dian avait mauvaise mine et il ne se présentait plus comme issue de la région administrative spéciale. Il semblait que son activité vidéo touchait à sa fin.

VII

Au début du XXIe siècle, Zhang Dian est retourné à Nankin. Après une période d'oisiveté chez lui, il a acheté une petite librairie dans la rue Wen Hua et a démarré une entreprise sérieuse.

La librairie était minuscule, d'une surface commerciale de moins de dix mètres carrés. Il y avait une petite pièce à l'arrière, qui n'était assez grande que pour y mettre un lit pliant. Zhang Dian y prenait une pause déjeuner et la petite pièce servait également d'entrepôt. Lorsque nous nous arrêtions pour rendre visite à Zhang Dian, il nous faisait entrer et nous nous asseyions sur le lit pliant pour fumer. La petite pièce était aussi enfumée qu'une cheminée, des volutes de fumée s'élevaient de la fenêtre, orientée plein nord. En raison de l'exiguïté de l'espace, Zhang Dian préférait généralement ne pas rester dans le magasin. Il se tenait la plupart du temps dans la rue, devant la librairie, fumant toujours, tenant une grande tasse de thé et regardant autour de lui. Il semblait attendre quelqu'un. Peut-être nous, ses amis, ou peut-être pas.

Il n'y avait pas de toilettes dans la librairie. Lorsqu'il voulait faire ses besoins, Zhang Dian se rendait aux toilettes publiques à une centaine de mètres. Il y marchait nonchalamment, comme s'il n'avait aucun but particulier. Lorsqu'il entrait dans les toilettes, il y restait accroupi une demi-heure, voire une heure. Lorsque Mme He lui apportait à manger, neuf fois sur dix il n'était pas dans le magasin. La porte du magasin restait grande ouverte, mais heureusement, les affaires n'allaient pas fort et il n'y avait généralement pas de clients. La frangine aidait ensuite Zhang Dian à la librairie pendant un moment. Après que Zhang Dian avait bien mangé et bien bu, elle remballait la vaisselle et la ramenait à la maison pour la laver. Il n'y avait pas non plus l'eau courante à la librairie.

Plus tard, Zhang Dian a embauché une fille aux cheveux blonds pour s'occuper du magasin. On sait qu'il était négligent et quittait fréquemment le magasin, il en avait donc bien besoin. Mme He avait pris l'initiative d'évoquer l'idée :

– Tu devrais acheter les produits et t'occuper d'autre chose. Laisse quelqu'un d'autre dans la librairie.

Ce à quoi elle ne s'attendait pas, c'était que Zhang Dian recruterait une telle femme, séduisante et étrangère à la région. En conséquence, la nourriture et le logement devinrent un problème, qui coûtait bien plus cher qu'un salaire de base.

– Elle est facile à vivre, alors je vais la laisser vivre dans le magasin.

– Pour les repas, apporte simplement une part supplémentaire. C'est pas plus dur que d'embaucher quelqu'un de Nankin, dit Zhang Dian

– Dans ce cas, quelle idée d'embaucher des étrangers ?

– Songe un peu à Xiao Juan. En fait, peu importe qui j'embauche dans ce magasin…

J'ai été surpris quand j'ai entendu ce nom : n'était-ce pas celui de la fille du salon de coiffure dont avait parlé Hu Xiaoke ? Trois ou quatre ans après, Zhang Dian était toujours en contact, ce qui prouvait qu'il ne plaisantait pas à l'époque et qu'il était bel et bien amoureux. Zhang Dian était obsédé par cette fille depuis longtemps, et l'affaire avait connu de sacrés rebondissements (Zhang Dian avait rouvert une librairie et monté une combine) rien que pour provoquer une nouvelle rencontre avec sa bien-aimée. Ce vieux Dian était vraiment adorable et une personne aimante. Je n'ai pas pu m'empêcher d'en être un peu touché.

Qian Langlang avait un point de vue différent du mien.

– Être affectueux envers Xiao Juan, c'est être cruel envers la frangine. Zhang Dian est resté une personne impitoyable et injuste. Pour un homme de son âge, car il a plus de 40 ans, il agit sans jamais songer aux conséquences… a-t-il dit.

– Pourquoi t'énerves-tu comme ça ? Zhang Peng Tu es plus royaliste que le roi, a déclaré Zhang Peng.

– Je ne suis pas royaliste. Combien de repas avons-nous pris chez elle et combien de parties de cartes avons-nous jouées chez la frangine ?

– C'est avant tout la famille de Zhang Dian. Nous ne sommes pas Zhang Ning. Et même Zhang Ning ne peut pas contrôler la vie de son fils.

Les discussions entre Zhang Peng et Qian Langlang n'aboutirent à rien et ils se contentèrent de bavarder.

Xiao Juan s'est installée dans la librairie de Zhang Dian, la petite pièce au fond était désormais sa chambre. Zhang Dian ne passait plus beaucoup de temps dans la rue : il était soit à la librairie, soit dans la chambre de Xiao Juan.

Le problème des repas de Xiao Juan avait été résolu ainsi que Zhang Dian l'avait dit. La frangine préparait trois repas pour deux personnes chaque jour, deux portions pour Zhang Dian et Xiao Juan au déjeuner, et une portion en plus, réservée au dîner de Xiao Juan. Elle se débrouillait seule pour le petit-déjeuner. Il y avait une échoppe où le prendre, à côté de la librairie.

La chose à laquelle ils n'avaient pas pensé, c'était que le climat se réchauffait. On pouvait certes aller aux toilettes publiques pour boire (il y avait un robinet public là-bas, dont l'eau était si chaude qu'elle brûlait presque), mais pour le reste ça devenait un gros problème, car les sudistes avaient l'habitude de prendre une douche tous les jours. Xiao Juan mouillait une serviette et s'essuyait avec au robinet des toilettes publiques. C'était insupportable et elle a demandé à Zhang Dian de l'emmener se laver. Ce dernier l'a probablement emmenée aux bains publics et au spa, mais ce n'était pas une solution à long terme. Je ne sais pas exactement quand Zhang Dian a ramené Xiao Juan chez lui pour qu'elle puisse s'y laver.

Il prenait son vélo pour l'amener, l'asseyant sur le porte-bagages et il empruntait un raccourci pour éviter les flics qui faisaient la circulation. Après avoir pris un bain et dîné chez Zhang Dian (le dîner de Xiao Juan avait désormais également eu lieu chez Zhang Dian), Zhang Dian ramenait Xiao Juan à la librairie pour la nuit, sur son vélo. En arrivant chez lui, ils sentaient mauvais et étaient en sueur et il n'y avait plus de place pour le romantisme, le voyage de retour à la librairie était différent. Il faisait alors nuit et l'heure de pointe était passée. Zhang Dian et Xiao Juan avaient tous deux pris une douche et enfilé des vêtements propres. Zhang Dian ramenait Xiao Juan à travers les petites rues et chemins de Nankin. Une brise soufflait, soulevant les cheveux mouillés de Xiao Juan. Zhang Dian pouvait sentir l'odeur du gel douche et du shampoing et contempler les lumières de la ville. Dans quel état était-il ? Disait-il à Xiao Juan : « J'ai tenu ma parole, te voilà à Nankin et nous voilà à nouveau réunis. »

Xiao Juan serrait la taille de Zhang Dian par-derrière, pressait sa tête mouillée contre son dos et disait : « Je te suivrai toute la vie. »

Pendant ce temps-là, Mme He faisait la vaisselle à la maison et s'occupait de leurs vêtements laissés dans la machine à laver — maintenant que j'y pense, cela semble effectivement assez injuste. Car à cette époque, la frangine He devait non seulement cuisiner et livrer les repas, mais également aider Xiao Juan à laver ses vêtements. Après les avoir lavés, elle devait encore les sécher et les plier. Elle devait encore attendre Zhang Dian dans la nuit. Car il lui fallait au moins trois heures pour faire l'aller-retour. Pourtant, lorsque Mme He se rendait à la librairie à pied, l'aller-retour ne lui prenait que quarante minutes.

Elle a fini par venir nous chercher et nous parler du cas de Zhang Dian et Xiao Juan. Nous ne savions pas exactement ce qu'elle savait et dans quelle mesure, alors nous avons fait semblant d'être sourds et muets.

– Zhang Dian est avec cette fille, hein ?

– Frangine, tu réfléchis trop. Comment Zhang Dian, un grand patron, pourrait-il accorder une telle importance à une sous-fifre...

– Une fois, je suis allé déposer de la bouffe, mais j'ai eu beau taper, la porte ne s'est jamais ouverte, a-t-elle raconté.

– Une autre fois que la librairie était ouverte, Xiao Juan était assise dans le magasin et c'était Zhang Dian qui faisait le lit, a-t-elle ajouté.

– Il devait y avoir un souci avec la couette, a affirmé Qian Langlang. Il faut être prévenant avec ses subordonnés.

– Mais il n'a jamais fait le lit à la maison, Zhang Dian n'aidait même pas s'il renversait une bouteille de sauce soja ! Mme He était vraiment peinée.

– Il abuse. Nous devons parler à ce vieux Dian, ai-je dit.

– Mais non, ce n'est rien, a déclaré Zhang Peng. Le vieux Dian a l'habitude de faire la sieste. Il était probablement en train de plier la couette sur laquelle il avait dormi, pas celle de Xiao Juan. La frangine était abasourdie.

J'ai rapidement compris où Zhang Peng voulait en venir et j'ai dit : « Il n'est pas bon que deux personnes utilisent les mêmes draps. Une distance doit séparer un homme d'une femme. À partir de maintenant, tu devrais préparer une couette différente pour Zhang Dian, qu'il puisse la garder pour lui. »

On s'est si bien accroché à la couette qu'on s'en est sorti.

Au retour, nous sommes allés voir Zhang Dian, l'avons mis en garde et avons demandé qu'il renvoie Xiao Juan. Il avait certes l'air d'accord, mais n'arrivait pas à formuler quoi que ce soit.

– Comment Hu Xiaoke t'a-t-il viré ? ai-je demandé à Zhang Dian. Ce que votre relation a permis, pourquoi celle que tu as avec Xiao Juan ne le permettrait-elle pas ?

– Tu ne peux pas être patron et ne pas assumer. Virer des gens est inévitable et c'est une nécessaire leçon, a déclaré Qian Langlang.

– Si vous, tu n'as pas ce courage, comment peux-tu être patron ? Comment comptes-tu mener ta barque à l'avenir ? a déclaré Zhang Peng.

Zhang Dian n'était pas aussi facile à manipuler que Mme He, et il acquiesça à tout ce que nous disions, mais restait sur sa ligne.

À la suite de ça, nous ne sommes plus retournés très souvent chez Zhang Dian jouer aux cartes, parce que nous étions gênés et nous sentions coupables envers la frangine. Même lorsqu'il jouait aux cartes, Zhang Dian était absent et il ne venait jamais qu'après avoir raccompagné Xiao Juan à la librairie. Si on arrivait tôt, on était obligé de s'asseoir à la même table que Xiao Juan. Sachant que Zhang Dian était toujours fourré avec elle, tout en faignant l'innocence : c'était un lourd fardeau psychologique pour He. Zhang Dian participait occasionnellement aux parties de cartes, mais il était distrait et les parties foiraient. Le jeu lui-même avait perdu de son charme. Cela a duré comme ça jusqu'à l'hiver.

VIII

Xiao Juan est finalement repartie. On ne sait pas comment ça se fait. Est-elle rentrée chez pour la Fête du Printemps pour ne jamais revenir, ou bien est-ce que quelque chose de terrible a eu lieu, par exemple la frangine surprenant Zhang Dian et Xiao Juan au lit ? Nous ne le savons tout simplement pas. Une chose est sûre, c'est que la librairie de Zhang Dian a fermé ses portes. Le magasin de la rue Wen Hua a changé de propriétaire et ne vend plus de livres. Devant la vitrine et à l'intérieur du magasin, les fleurs s'épanouissent désormais et la librairie s'est transformée en magasin de fleurs.

Mme He nous a rappelés et nous a invités à venir jouer. Tout en me faisant des amis, je scrutais les visages et écoutais les discussions, et tout semblait normal. Zhang Dian et la frangine étaient calmes et concentrés sur la partie. Un jour, Zhang Dian a gagné gros et Qian Langlang a lancé de manière complètement inappropriée : « Je vois qu'on a de la chance au jeu, on doit être malheureux en amour ! »

Mais à peine avait-il dit cela qu'il l'a regretté et s'est rapidement repris : « enfin, ce n'est pas nécessairement vrai : moi par exemple, comme moi, je suis nul au jeu et en amour à la fois… » Cela ne sonnait pas juste non plus. Qian Langlang a fini par la fermer tout simplement.

Il fut convenu que le jeu de cartes chez Zhang Dian reprendrait et, une fois par semaine, nous sommes retournés chez Zhang Dian jouer. À la différence que Zhang Dian était souvent absent ou revenait très tard. Il avait arrêté de travailler à la librairie et avait dû trouver un autre moyen de gagner sa vie. Il avait donc commencé à envisager de « faire des affaires » ou de « travailler sur un projet ». C'était comme si c'était à nouveau le passé, à cela près que nous ne savions pas si nous étions de retour dans les années 1980 ou dans les années 1990. Dans les années 1990, Zhang Dian était allé travailler pour Hu Xiaoke. Nous jouions aux cartes avec la frangine chez Zhang Dian, tandis que le frangin bossait pour sa famille en terre étrangère, à des milliers de kilomètres de là. À cette époque, il y avait un parfum d'espoir dans l'air, comme si nous pouvions pressentir un avenir passionnant. Mais désormais, Mme He avait un air triste sur le visage, et elle ne pouvait s'empêcher de soupirer entre deux recherches d'amis.

La façon dont elle soupirait était le produit d'un développement récent. Elle inspirait profondément, puis expirait avec force, en faisant un son guttural extrêmement profond, qui semblait tout droit sorti d'un vieux puits. Ce son, une fois sorti, le corps retombait. Lorsqu'on lui a demandé pourquoi elle faisait ça, Mme He a répondu qu'elle ne savait pas, que ça lui était simplement agréable. Nos jambes dures ont fini par s'apercevoir que cette manière de soupirer était effectivement très agréable. On le faisait consciemment au début, et puis c'est devenu un automatisme : les lourds soupirs s'enchaînèrent pendant la recherche d'amis. Parfois, une nouvelle personne venait et était gênée de nous entendre soupirer ainsi, mais nous avions depuis longtemps cessé d'y faire attention.

Tout comme dans les années 1990, Mme He contactait Zhang Dian et l'appelait sur son bipeur lorsqu'elle jouait aux cartes. Mais Zhang Dian ne revenait généralement pas pour autant. Parfois, lorsqu'il rappelait, il disait : « Tout de suite, tout de suite, je partirai après avoir négocié un accord » ou « Je suis en route ». Mais personne n'arrivait avant la fin de la partie. La frangine n'arrêtait pas d'appeler Zhang Dian, téléphonant dès qu'elle avait fini de poser ses cartes. Le combiné du téléphone était placé sur le petit cercueil devant elle, à côté des billets qu'elle avait gagnés ou s'apprêtait à perdre. Dès qu'elle avait fini d'abattre ses cartes, elle attrapait le téléphone et ça a fini par devenir automatique. Elle ne s'attendait pas à ce que Zhang Dian rappelle, elle voulait juste le harceler et le mettre « mal à l'aise ». Puis il y avait un soupir. Pour ces raisons, même si nous continuions d'aller chez Zhang Dian jouer, nous y allions beaucoup moins.

Un jour après dîner, je m'étais assis près du téléphone, me sentant un peu anxieux. Je venais d'avoir 40 ans à l'époque, j'avais divorcé et ma copine n'était pas en ville. Ce moment de la journée était difficile. J'attendais toujours impatiemment que quelqu'un me demande de sortir, pour voir des amis, aller dans un bar ou n'importe où. Si personne ne me demandait de sortir, je prenais l'initiative d'appeler. D'autre fois, je ne me battais pas. Car après le dîner, cet état humeur désagréable disparaissait au bout d'environ deux heures.

Ce jour-là donc, j'étais assis et regardais le téléphone. Avant d'avoir eu le temps de finir ma cigarette, le téléphone a sonné. Il n'a sonné qu'une seule fois parce que j'ai immédiatement décroché : c'était Qian Langlang. Mais il n'avait pas prévu de collations de fin de soirée, il m'appelait pour discuter de quelque chose.

Il y avait une demi-heure environ, Mme He l'avait appelé et lui avait dit qu'elle s'en allait, loin, et qu'avant cela elle nous disait au revoir (à Qian Langlang, Zhang Peng et moi). Pendant qu'il me disait ça, Qian Langlang avait mis des nouilles sur le feu, dans leur casserole, et comme il n'avait plus rien à dire, il a posé le téléphone. Qian Langlang, rassasié, a réfléchi et constaté que quelque chose n'allait pas.

— Mais qu'est-ce que fabrique la frangine ? a-t-il demandé.

— Mais c'est ce qu'on se demande ! Et tu t'en fous ? Mais où est-ce que tu as vu ça ? ai-je crié.

Après avoir raccroché avec Qian Langlang, j'ai immédiatement appelé Zhang Peng et lui ai demandé de partir immédiatement pour nous retrouver en bas de chez Zhang Dian. Ensuite, j'ai appelé Zhang Dian et laissé sonner un moment sans réponse, j'ai enfilé un T-shirt, mis mes chaussures et je suis allé directement chez lui.

Qian Langlang était déjà là quand je suis arrivé. Je lui ai demandé :

– Pourquoi tu n'es pas monté ?

– Je vous attends, toi et Zhang Peng.

Dans la cour sombre, la lumière venant de l'extérieur de la clôture, j'ai vu que Qian Langlang avait apporté deux bouteilles de vin. Il n'avait pas réalisé la gravité de la situation, il pensait que tout était comme d'habitude, que nous étions juste là pour manger et jouer aux cartes. À cela près que nous avions déjà mangé, mais il s'attendait à ce que Mme He prépare un encas et boive un coup, ce qui était effectivement arrivé souvent par le passé.

Lorsque nous arrivions chez Zhang Dian pour jouer aux cartes, nous nous retrouvions toujours dans la cour, puis nous montions ensemble. Bien que Mme He ait été notre frangine, nous n'étions pas à l'aise à l'idée de rester seul avec elle. Nous nous devions d'arriver et de repartir ensemble. Qian Langlang était dans sa routine. Le voir ainsi a eu un effet sur moi et j'ai eu le sentiment que l'affaire n'était vraiment pas aussi grave ou urgente que je l'avais imaginé.

Il pleuvait légèrement. Qian Langlang et moi tenions nos parapluies. Nous avons fini par les fermer. Nous sommes entrés dans le bâtiment de Zhang Dian et avons attendu Zhang Peng à l'abri de la pluie. L'appartement de Zhang Dian était au deuxième étage, à moins de deux mètres de la porte où nous nous abritions de la pluie. Au bout d'un moment, nous nous sommes mis à sentir une légère odeur de gaz. L'odeur de gaz se mélangeait à la bruine irrégulière dans la cour, et ça sentait très étrange dans le noir, ça ressemblait un peu à l'odeur du durian, avec une pointe de fraîcheur en plus. Lorsqu'on a compris qu'il s'agissait bien d'une odeur de gaz et non de durian, il était clair que nous ne pouvions plus attendre. Qian Langlang a posé ses bouteilles de vin et nous avons couru au deuxième étage frapper à la porte, sans réussir à l'ouvrir. Une lumière jaune et chaude brillait dans l'encadrement de la porte et l'odeur de gaz s'intensifiait. Plus de doutes.

Pendant que Qian Langlang appelait le 110, je réfléchissais à la façon d'ouvrir la porte. Une fermeture de sécurité avait été installée à l'extérieur de la porte, qui faisait un bruit monstre et en ralentissait l'ouverture. Les voisins de l'autre côté de la rue, à l'étage et en dessous, ont entendu le bruit, et Qian Langlang s'est affairé à expliquer la situation à tout le monde. J'ai tourné dans le couloir, où le mur donnant sur l'extérieur ne s'élevait qu'à hauteur de poitrine. La fenêtre de la cuisine de Zhang Dian s'y ouvrait, non loin du demi-mur. J'ai escaladé la moitié du mur et essayé de grimper dans la cuisine, mais la fenêtre était verrouillée de l'intérieur. Anxieux, Zhang Peng est arrivé. Il a toujours été le plus habile d'entre nous trois, et il a escaladé la moitié du mur aussi pour me demander de lui passer un parapluie. Zhang Peng a pris le parapluie en main et tapa sur la vitre. Dans un grand fracas, le verre a fini par se rompre, tombant de l'étage, dans un bruit plus grand encore. L'odeur de gaz a augmenté. Les voisins se sont couvert le nez et se sont éloignés. L'odeur du gaz mêlée à la pluie était si fraîche qu'elle donnait le vertige.

La police est montée sur le balcon de la maison de Zhang Dian en passant par la cour du rez-de-chaussée et a utilisé une hache pour défoncer la porte de la chambre. Ils ont transporté Mme He enveloppée dans une couverture et sont sortis par la porte sécurisée. Les spectateurs se sont écartés et, appuyés contre le mur, ont regardé Mme He descendre les escaliers et monter dans la voiture de police garée dans la cour. Un policier a demandé aux membres de la famille de venir signer quelque chose, mais Zhang Dian n'était pas là. Puisque Qian Langlang avait essayé de l'appeler, il a signé pour lui. Zhang Peng a tenu le parapluie pour Qian Langlang, et le policier l'a éclairé de sa lampe de poche. Les gyrophares sur le toit de la voiture de police à proximité clignotaient silencieusement et la bruine tombait dans la lumière... Après avoir signé, le flic a demandé à Qian Langlang de monter en voiture et de l'accompagner à l'hôpital. Langlang s'est défendu : « Je ne suis pas son mari. » Le flic n'a pas répondu et l'a presque embarqué de force. Qian Langlang nous a suppliés Zhang Peng et moi : « Allez, venez avec moi les gars ! » Puis la voiture de police a démarré et a quitté la cour sombre. Les voisins se sont dispersés.

Zhang Peng et moi sommes retournés chez Zhang Dian et avons rappelé Zhang Dian depuis son téléphone fixe. Dix minutes après, Zhang Dian n'avait toujours pas rappelé. À la faible lumière passant par la porte et la fenêtre, on pouvait voir le désordre à l'intérieur. Pendant que je faisais le tour, j'entendais constamment des bruits de verre brisé sous mes pieds et il y avait de grandes flaques d'eau, aussi sombres que du sang. Bien sûr, ce n'était pas du sang : la porte et la fenêtre étaient cassées, c'était dû à la pluie qui s'était répandue. L'odeur de gaz a pratiquement disparu et nous aurions pu allumer la lumière, mais ce n'était plus nécessaire. Nous avons foncé à l'hôpital retrouver Qian Langlang.

Avant de descendre, Zhang Peng a méticuleusement fermé la porte de sécurité. Qian Langlang attendait depuis un bon moment à la porte de l'hôpital. Quand il nous a vus sortir de la voiture, il semblait très énervé et nous a demandé pourquoi nous avions mis si longtemps. Sans attendre notre réponse, il a dit que Mme He avait été secourue, et que la situation ne devrait pas être grave. Il nous a raconté qu'il avait souffert en cours de route, la police insistant pour faire de lui un membre de la famille. Au bout d'un moment ils ont finalement compris qu'il n'en faisait pas partie, ce qui était encore pire : ils ont trouvé sa relation avec Mme He bizarre.

– Il est probable, qu'ils aient cru que j'étais ici pour adultère. Le mari n'était pas à la maison, alors je suis arrivé en hurlant pour me suicider avec ma maîtresse et j'ai donc allumé le gaz, a déclaré Qian Langlang.

– C'est une blague ? a demandé Zhang Peng.

– Une blague ? Ils m'ont obligé à la déshabiller pour pouvoir lui peloter les seins, mais j'ai eu du mal à retirer les habits. J'ai dit que ce n'était pas pratique, et le flic a dit : allons, ce n'est pas comme si vous n'aviez pas l'habitude, a déclaré Qian Langlang.

– Tu as obéi ?

– Tu crois que j'avais le choix ? Ma vie était en jeu. Ils m'auraient certainement tabassé si je n'avais pas obéi… Pourquoi c'est tombé sur moi, ça aurait dû être l'un de vous ! Vous étiez là aussi… soupira Qian Langlang qui se sentait floué.

– La frangine était inconsciente, elle ne l'apprendra pas, et il n'est pas nécessaire de le dire à Zhang Dian non plus, a-t-il déclaré.

– Puisque tu ne veux pas que ça se sache, pourquoi nous le dis-tu ? a déclaré Zhang Peng.

– Tu...

J'ai repris l'initiative : « Quand notre vieux Lang fait une bonne action, il ne veut pas que ça se sache. »

Nous avions déjà recommencé à rigoler. Les deux dernières heures avaient été très stressantes et maintenant j'étais à nouveau détendu. Nous avons maudit Zhang Dian, l'avons insulté pour avoir causé cette tragédie, pour ne pas avoir répondu à nos appels et pour avoir mis ses amis dans la panade. « Quelle heure est-il ? Sa femme est à moitié morte. Qu'est-ce que fabrique cet oiseau rare ? »

Un autre taxi s'est arrêté devant la porte de l'hôpital, un couple de personnes âgées en est descendu et les parents de Mme He sont arrivés. Nous leur avons tenu des parapluies en les accueillant et les avons escortés dans le vieux bâtiment des urgences. On serait plus détendus en ressortant. On a expliqué la situation, leur avons confié les procédures, dit qu'on allait voir Zhang Dian et puis on s'est enfui. Nous avions remis la frangine He entre les mains de véritables membres de sa famille. Ce n'était pas Zhang Dian, c'était mieux que Zhang Dian. Le sang est plus épais que l'eau...

Depuis un petit magasin au bord de la route, nous avons rappelé Zhang Dian avec un téléphone public, après quoi nous avons tourné le dos au comptoir, regardant la rue et la pluie qui brillait dans la nuit, fumant dans l'attente d'un appel. Pendant ce temps, Zhang Peng a fait quelques allers-retours à l'hôpital pour prendre des nouvelles. Apparemment Mme He avait été envoyée dans une chambre à oxygène hyperbare et avait repris conscience. À ce stade, nous ne pouvions plus nous empêcher d'être à nouveau de bonne humeur et ne pouvions plus rester planter là. Un taxi est arrivé et nous sommes immédiatement montés après que les gens en soient descendus.

Pendant que la voiture roulait, j'ai senti quelque chose au niveau des reins, j'ai pensé que c'était Zhang Dian qui m'appelait et qu'il allait finalement répondre. Mais en regardant le numéro qui s'affichait, j'ai compris que ça n'était pas le numéro de Zhang Dian, ce qui signifiait qu'il n'était pas encore rentré chez lui.

Le taxi s'est arrêté devant une cabine téléphonique au bord de la route. Je suis allé rappeler et j'ai dit à Zhang Dian que sa femme avait tenté de se suicider et qu'elle était maintenant hospitalisée. Sans attendre sa réponse, j'ai raccroché après avoir répété trois fois l'adresse de l'hôpital.

– Où allons-nous maintenant ? a demandé Zhang Peng.

– Où veux-tu aller au milieu de la nuit ? Rentrons dormir ai-je dit.

– On va n'importe où, ça me va, a dit Zhang Peng.

– Où alors ? demanda le chauffeur.

Soudain, Qian Langlang s'est écrié : « Chez Zhang Dian ! Mes deux bouteilles de vin sont restées dans l'embrasure de la porte en bas de chez lui. »

Qian Langlang s'est dirigé vers la porte et a ressorti ses deux bouteilles de vin. Nous nous sommes trouvé une place dans le local à vélos au premier niveau. On n'avait pas de tire-bouchon, alors Qian Langlang a ouvert avec ses dents et en un clin d'œil, le bouchon de la bouteille a disparu dans l'obscurité à ses pieds. Nous étions initialement censés aller boire un verre chez Zhang Dian, mais Zhang Peng avait fermé la porte de sécurité, alors Qian Langlang a râlé. »

– On serait mieux assis sur le canapé pour boire un verre, avec de quoi grignoter, c'est dommage… a-t-il déclaré.

– Tu rêves ? a répondu Zhang Peng, t'imagine si on n'avait pas fermé la porte ? Et qu'un voleur était entré ?

– Il n'y a aucun voleur…

– La maison de Zhang Dian est dans un tel état, vous n'avez pas vu ? Est-ce un endroit pour boire ? En plus, la maîtresse de maison est toujours à l'hôpital !

– Enfin ça aurait été quand même mieux que dans un parking. J'ai des fourmis dans les jambes, là.

– Alors pourquoi tu ne t'assieds pas sur une voiture ?

– On va s'asseoir dans ton cul, qui n'est pas celui d'une gonzesse.

Ces deux-là plaisantaient, mais ils se donnaient la réplique sans céder, probablement à cause de la boisson de mauvaise qualité. Ils ont fini par faire tant de bruit, qu'une fenêtre voisine s'est soudainement allumée et je les ai fait taire. Nous ne parlions plus. Nous passant silencieusement la bouteille, on changeait de position de temps en temps, d'accroupi à califourchon, puis on se levait... Après que les lumières des résidents du premier étage se sont à nouveau éteintes, il n'est plus resté que l'obscurité devant nous. Mes yeux s'y sont habitués, le décor ne manquait pas de pittoresque. Il faisait sombre au fond du parking, mais à l'extérieur, il y avait une lumière qui clignotait, au sol, sur lequel il venait de pleuvoir. Je ne sais pas d'où elle venait. Nous n'avons plus mentionné Mme He ni Zhang Dian.

Puis, nous sommes partis. Mes pas étaient irréguliers et j'avais le cœur apaisé et joyeux. Pas étonnant, après tout, on avait sauvé une vie et Mme He était saine et sauve. Nous ne sommes pas restés boire très longtemps. Au départ, nous avions prévu d'aller au Café Long pour continuer à boire. En plus de Tu Haiyan, nous aurions pu aussi faire venir un serveur, et peut-être que nous aurions pu nous faire des amis. Ça aurait été parfait. Mais en chemin, Qian Langlang a changé d'avis et a dit qu'il ne tenait plus le coup et qu'il voulait rentrer chez lui dormir. Nous nous sommes séparés à contrecœur.

IX

Les parties de cartes chez Zhang Dian étaient pratiquement terminées. Nous continuions d'aller chez lui, mais personne ne mentionnait plus le jeu, comme si c'était devenu une sorte de tabou, et comme si la tentative de suicide de la frangine He était liée à la recherche d'amis. Quand nous allions chez Zhang Dian, c'était simplement pour prendre un verre et discuter. La fréquence des visites a également commencé à diminuer, il n'y avait plus de régularité.

La frangine s'est rétablie et n'a gardé aucune séquelle. Personne n'a jamais mentionné ce qu'il s'était passé cette nuit-là, et pourtant cela s'était bien produit. Preuve en est, c'est que Zhang Dian était désormais chez lui avec une infinie assiduité et qu'il était toujours à la maison à chaque fois qu'on y allait. Le petit cercueil n'était plus utilisé comme table à jouer ni table à manger, mais il avait été remplacé par une table basse ordinaire. Le petit cercueil se trouvait toujours dans le salon où, officiellement, il était une antiquité sur laquelle étaient placés des équipements de bureau modernes tels que imprimante, télécopieur et photocopieur. Qian Langlang disait que Zhang Dian était tombé amoureux de la société consumériste. Zhang Peng renchérissait :

— Il vient de faire domicilier son entreprise chez lui. Alors ça n'est pas un coup d'un soir.

— À quoi servent ces trucs ? À décorer ?

— C'est une autre question.

Quand je dis qu'il « était chez lui avec une infinie assiduité », je fais référence à l'émergence de ces équipements de bureau. Mais le plus important était que Zhang Dian a commencé à jouer aux jeux vidéo. Il était équipé de deux ordinateurs, un dans le salon et un dans la chambre. Zhang Dian était assis devant l'ordinateur jour et nuit, et il semblait distrait à chaque fois que nous y allions. Nous avons arrêté de jouer aux cartes, probablement parce qu'il était en ligne. Zhang Dian jouait non seulement à des jeux, mais il bricolait également divers logiciels, ce qui était inévitable compte tenu de son expérience dans la revente de logiciels et de DVD. Bref, Zhang Dian était devenu un geek ou un maniaque de l'informatique. Il restait assis à la maison, tandis que ses amis et contacts étaient disséminés dans les allées numériques voire dans tout le pays. On peut dire que s'il avait été dans la steppe, son cœur aurait été dans l'empire Han. L'infinie assiduité désignait en fait un état de dissociation du corps et de l'esprit.

En tant que vieil ami, Zhang Dian nous a recommandé avec enthousiasme divers logiciels et nous a secrètement fait passer quelques URL. Notre groupe, dont Mme He, tournait autour des jeux de cartes et était fort lent à s'adapter aux divertissements à la mode. Mais ils ont à leur tour acheté un ordinateur et utilisé des téléphones commutés pour accéder à Internet, simplement pour lire les informations et envoyer et recevoir des méls. Leur compréhension de l'informatique et du monde en ligne était complètement différente de celle de Zhang Dian.

Qian Langlang affirmait :

– À quoi cela sert-il de jouer aux cartes ou aux échecs en ligne si on ne peut pas y voir une personne en chair et en os ?

– Mais on peut discuter tout en jouant, a déclaré Zhang Peng. Et c'est la même chose sur Internet.

– Mais on ne connaît pas la personne…

– C'est vrai, mais au moins tu ne tricheras pas.

À cette époque Zhang Peng n'était pas familier des jeux en ligne. Puisque nous avions des centres d'intérêt différents et étions doués dans des domaines divers, nous allions moins souvent chez Zhang Dian.

Nous nous rendions toujours chez lui, mais moins fréquemment. Si Zhang Dian n'y était pas, nous n'avions aucun problème à y aller quand même, nous pouvions boire et discuter même si nous ne jouions pas aux cartes. Mais si Zhang Dian était chez lui, il était l'hôte et pendant que nous buvions il surfait sur Internet, ce qui était plus embarrassant, et en ce cas il valait mieux ne pas y aller.

Un jour, après avoir perdu l'habitude d'aller chez Zhang Dian, notre groupe a dîné dans un restaurant et après le repas, nous sommes allés au Café Long. À cette époque, le café avait changé de propriétaire : Tu Haiyan était parti aux États-Unis un an auparavant et le café était devenu un bar. Zhang Peng et moi avions pris un taxi et étions arrivés les premiers. Pendant que Zhang Peng attendait que le chauffeur nous rende la monnaie, je suis entré dans le bar, sans l'attendre, ce qui n'était pas mon habitude. Immédiatement, j'ai vu Zhang Dian, assis à côté d'une femme au gros cul sur un tabouret du bar. Les fesses de cette femme étaient si grosses et le tabouret de bar si petit en comparaison, que cela m'a laissé une profonde impression. On pourrait dire que j'ai d'abord vu cette forme, et qu'ensuite seulement j'ai vu Zhang Dian à côté d'elle. Toujours collé à elle, il se pencha et chuchota quelque chose à l'oreille de la femme. En me voyant, Zhang Dian ne put s'empêcher de paniquer, peut-être embarrassé.

– Une internaute, non ? ai-je demandé à voix basse.

Zhang Dian sourit en montrant les dents, mais avant qu'il ait pu répondre, j'ai dit : « Dépêche-toi, les renforts seront bientôt là. »

Zhang Dian a compris, il a embarqué la femme et a disparu immédiatement. Ils ne sont pas passés par la porte et je ne savais pas où ils étaient passés, mais ils n'ont pas croisé Zhang Peng qui entrait (par l'entrée comme je le craignais). Puis un grand groupe de personnes est arrivé et, me suivant, Qian Langlang, Sheng Jun et d'autres se sont installés à l'étage les uns après les autres. À un moment, où je me tenais seul devant le bar, j'ai commandé une bouteille de bière et pendant que je buvais, j'ai entendu la porte grincer. Je me suis retourné et j'ai vu Zhang Dian et la femme sortir.

En repensant à cet incident par la suite, je n'ai pas pu m'empêcher de me demander pourquoi je n'avais pas attendu Zhang Peng et étais entré dans le bar le premier ? Avais-je eu le pressentiment que j'y rencontrerais Zhang Dian et son internaute ? Même si Zhang Peng les avait croisés, cela n'aurait pas eu grande importance : il n'était pas sa femme et cette dernière n'était pas en notre compagnie. Zhang Dian l'avait toujours couvert si tacitement, sans mot dire, que la frangine avait toujours marché sans problème. Et puis il y avait cette femme, était-elle vraiment une internaute ? Je n'ai même pas vu son visage. C'était peut-être Xiao Juan ? Probablement pas, Xiao Juan n'avait pas ce genre de formes...

X

Le temps passait désormais très vite.

Mais quand j'ai appris que Mme He avait donné naissance à une fille, mes inquiétudes se sont estompées. Apparemment le cas de l'internaute au gros cul n'avait pas été divulgué. Peut-être que ma rencontre avec Zhang Dian au Café Long avait eu un impact profond. À partir de ce moment-là, Zhang Dian, effrayé, devait avoir changé d'avis et s'était entièrement dévoué à sa famille.

Cette année-là, Zhang Dian avait une cinquantaine d'années et il a eu une fille. Je l'ai appelé pour le féliciter et la frangine m'a dit : « Ce vieux Dian l'aime beaucoup. » Mon cerveau s'est enflammé et j'ai immédiatement exprimé ma volonté d'être le parrain de leur enfant. Ce soi-disant parrain était un terme à la mode à l'époque, qui désignait un parent adoptif. La frangine a accepté de tout cœur, mais m'a dit qu'elle devait demander à Zhang Dian.

– Qu'est-ce que tu dis de ça ? Ce vieux Pi a dit qu'il voulait être le parrain de Huahua.

« Demande-lui combien il peut mettre. » ai-je entendu Zhang Dian dire à Mme He à l'autre bout du fil. Je voyais les choses ainsi : à cette époque, j'étais dans la moyenne, m'étant contenté jusque-là d'écrire de la poésie. À partir du siècle nouveau, je m'étais tourné vers le roman, j'avais écrit quatre ou cinq ans pour en publier deux. Dans cinq ou six ans, quand Zhang Huahua aurait grandi, je serais à tout le moins un écrivain célèbre, voire de renommée mondiale. Payer une école de peinture ou du soutien scolaire, ne me serait pas difficile. Sans compter que Zhang Dian n'aurait plus de revenus et aurait vieilli. La famille de trois personnes devrait désormais compter sur Mme He. Or, son travail ne lui rapportait déjà pas grand-chose. Ses premières années, elle avait été dactylo dans un bureau. Plus tard, elle a continué à taper, mais la machine à écrire a été remplacée par un ordinateur, et elle traitait parfois quelques documents administratifs à côté.

– Combien est-ce que ça coûte d'élever un enfant ? a demandé tristement Mme He.

Un jour, Zhang Huahua devait avoir quatre ou cinq ans, je l'ai croisée par hasard avec sa mère dans la rue. Ma frangine a demandé à l'enfant de m'appeler « parrain », et j'ai vaguement répondu, mais je n'en ai plus jamais parlé. Ce n'est pas que Zhang Huahua n'ait pas été adorable, c'était même tout le contraire : l'enfant était vraiment mignonne, surtout ses deux yeux, aussi ronds que ceux d'un chat. À cette époque, il ne restait que deux ans avant sa scolarisation, que j'ai secrètement réfléchi à financer, jusqu'à ce que je comprenne que cela m'était complètement impossible. J'avais beau avoir publié quatre livres, j'étais aussi pauvre qu'avant. Et c'est pourquoi je n'avais pas revu ma filleule jusqu'à cette date. Après cette rencontre, j'ai déménagé et je suis resté loin de chez Zhang Dian. Aucune rencontre fortuite ne s'est plus jamais reproduite.

Qian Langlang et Zhang Peng n'avaient pas eu la même idée, ils n'ont pas réagi et n'ont pas voulu de Zhang Huahua comme filleule, ils n'eurent jamais peur de la croiser à l'improviste. Qian Langlang rendait toujours visite à Zhang Dian, mais ils ne m'appelaient plus ni moi ni Zhang Peng. Moi parce que j'habitais loin, Zhang Peng parce que Qian Langlang s'était brouillé avec lui. Qian Langlang trouvait que Zhang Peng lui manquait de respect et le critiquait en permanence (lui reprochant par exemple « de raconter des histoires à dormir debout ») : « Ne m'appelle pas si Zhang Peng est là ». Et bien sûr si lui était là, on appelait plus Zhang Peng.

J'ai essayé de raisonner Qian Langlang à plusieurs reprises, mais en vain.

– Nous sommes des amis de vingt ans. Depuis quand Zhang Peng te harcèle-t-il ?

– Ça fait vingt ans que je le supporte…

– Je suis vieux, pourquoi m'infliger ça ? J'ai passé l'âge, je n'ai plus besoin de supporter ça.

Qian Langlang n'allait plus chez Zhang Dian chercher des amis. Il n'allait plus voir ceux qu'il aurait aimé y trouver. Il se contentait de prendre un verre et de jouer au Go avec Zhang Dian. Il n'y allait pas souvent, peut-être deux ou trois fois par an.

Qian Langlang m'a raconté le goût de Zhang Dian pour le patin à roulettes. Il avait commencé par me dire que Zhang Dian était désormais un père aimant, que c'était lui qui récupérait et déposait sa fille aux cours de patins. Qu'il l'emmenait sur une grosse moto, puis l'y attendait. Après le cours, il ramenait Zhang Huahua chez eux.

Six mois plus tard, Qian Langlang m'a appelé pour la deuxième fois et m'a raconté que Zhang Huahua n'apprenait plus à patiner et qu'elle était passée au taekwondo. Zhang Dian l'y envoyait tous les jours, et pendant que sa fille était dans le dojo c'était lui qui allait au cours de patin. Autrement dit Zhang Dian apprenait le patin. J'ai trouvé ça fort intrigant.

– Est-ce que ce vieux Dian a un bon niveau ?

– Je ne sais pas, mais on peut dire qu'il est mordu. Chaque fois que je vais chez lui, nous parlons patinage. Je n'arrive vraiment pas à le suivre et je n'ai plus le courage d'aller chez lui, a déclaré Qian Langlang.

Plus d'un an plus tard, j'ai vu dans un journal gratuit du métro, un article sur un hommage âgé de la ville qui rivalisait avec les jeunes. Sur les grandes routes, on croisait parfois cet homme vigoureux qui faisait du patin. Le personnage, roulant à pleine gomme et portant une veste, avançait face au vent, sa barbe blanche flottante... La personne sur la photo n'était autre que Zhang Dian. Il n'avait pas de barbe blanche, le menton de Zhang Dian était toujours rasé de près, mais il portait bien une veste. Mais comme l'article ne l'avait pas nommé, je n'arrivais toujours pas à y croire.

Un jour, j'ai vraiment vu Zhang Dian. J'ai vraiment vu Zhang Dian, mais je n'ai pas vu de patins à roulettes, pas le moindre patin. J'étais dans un taxi à ce moment-là, me dirigeant dans la même direction que lui, séparé par une ceinture verte, une haie soigneusement taillée me cachait le bas de son corps. Le haut de son corps glissait le long de cette ligne horizontale du sommet de la haie, ça n'a duré qu'un instant, mais c'était incroyable. Il était si léger, si fluide et si rapide, comment cela aurait-il pu être possible sans roues aux pieds ?

Ainsi que l'article l'avait rapporté, Zhang Dian portait une veste et un sac à dos. Il ne portait pas de casque et ses bras ballants étaient recouverts d'une protection spéciale. Le taxi a laissé Zhang Dian derrière. Mais au feu rouge la voiture a ralenti, il l'a rattrapée et l'a de nouveau dépassée. Après avoir traversé le carrefour, le taxi a de nouveau dépassé Zhang Dian. Cela s'est produit plusieurs fois jusqu'à ce que Zhang Dian soit complètement largué et hors de vue.

Zhang Dian était devenu un expert en patins. Cela avait été un sujet de conversation dans notre cercle d'amis pendant un certain temps, mais plus personne n'en parlait. Environ six mois avant que j'apprenne sa maladie, je me suis rendu dans mon ancienne maison. Le nouveau propriétaire m'avait contacté parce qu'il avait reçu du courrier pour moi et m'avait demandé de le récupérer. Dans la petite rue où j'avais croisé Mme He et sa fille, je suis tombé sur Zhang Dian.

Il est arrivé en patins à roulettes, m'a donné une tape dans le dos en riant. C'était la première chose bizarre.

– Où vas-tu ? lui ai-je demandé.

– Acheter des cigarettes.

Puis, il est entré dans un petit magasin du bord de la route. Cette boutique faisait face à la rue et ne consistait qu'en un comptoir. Pendant que Zhang Dian s'y agrippait pour payer ses cigarettes, il m'a regardé en me faisant plusieurs clins d'œil, mais je ne savais pas ce qu'il voulait dire. Après cela, il a pris une cigarette et a poursuivi son chemin sans se retourner. Nous ne nous étions pas vus depuis plusieurs années, mais c'était toujours comme si nous nous étions vus la veille, comme si j'habitais toujours dans la rue.

Rien n'avait jamais vraiment changé de ce point de vue. Le petit magasin avait subsisté, il n'avait pas été démoli ni remplacé par un supermarché. La gamine derrière le comptoir était toujours la même et ne semblait pas avoir grandi. La seule chose qui avait changé c'était probablement Zhang Dian. Il était arrivé en patins à roulettes et avait l'air extrêmement grand, mince et rajeuni. Comme je l'ai dit, il était le genre de personne à avoir l'air vieux jeune, mais qui n'avait pas l'air vieux le moment venu. Son apparence avait cessé de changer à l'âge mûr. Voire, à en voir son teint, sa forme et son état d'esprit, il avait fait marche arrière (par une sorte de croissance inversée). Cela avait probablement quelque chose à voir avec sa passion pour la glisse. En comparaison, Qian Langlang, Zhang Peng et moi avions bien vieilli. Je n'ai pas arrêté Zhang Dian et je ne suis pas allé chez lui pour l'y attendre, peut-être par manque d'estime de moi.

J'ai quitté la petite rue, laissant cet endroit étrange qui était à la fois un souvenir et une fiction, ce qui n'aidait pas à s'y retrouver. Mais lorsque je suis arrivé sur la route principale, dans la ville nouvelle, mon sens de la réalité est progressivement revenu.

XI

De mes amis, j'ai été le premier à apprendre la mort de Zhang Dian.

La frangine a contacté Tan Bo comme promis, mais il dormait probablement et n'a pas répondu, alors elle m'a appelé. Réconforter Mme He n'était pas la priorité du moment, il fallait informer Tan Bo. Avant que le frère et la sœur de Zhang Dian n'apprennent la nouvelle, Tan Bo devait y aller et accomplir sa séance photo, et la marge de temps était aussi courte qu'un clignement d'yeux.

Mais puisque Tan Bo n'était pas joignable, je me suis résigné (je me suis même remis au lit à ce moment-là).

— Il faut s'occuper de ce qui doit suivre, ai-je dit.

Mais Mme He a insisté. Au début, j'avais cru que Mme He voulait se montrer fiable et tenir sa parole, mais cela, j'ai réalisé que ce n'était pas que ça. Dans son entêtement, j'ai senti une certaine volonté de réaliser le dernier souhait du défunt. Ce qui n'était pas étonnant parce que le portrait par Tan Bo avait été approuvé par Zhang Dian personnellement. Grâce à son approbation, elle n'avait plus aucun doute. Alors, comme je ne pouvais pas le contacter via WeChat ou par téléphone, je me suis rendu directement chez Tan Bo pour le réveiller.

Tan Bo a d'abord eu la même réaction que moi :

— Oublions ça, laissons Mme He s'occuper des funérailles, ne lui faisons pas perdre de temps. Après m'avoir dit cela, il a voulu aller se recoucher.

— Impossible, ai-je dit. Désormais, prendre des photos de Zhang Dian n'est plus ton caprice, ni même celui de sa femme. Il s'agit désormais de le faire pour Zhang Dian, et tu dois assumer cette responsabilité auprès du défunt.

Quand je suis allé au garage pour reprendre la voiture, dans le noir complet, Tan Bo m'a demandé de l'accompagner et je lui ai dit que je voulais me recoucher.

— Ne veux-tu pas voir Zhang Dian une dernière fois ?

— Je le reverrais aux pompes funèbres.

— Il sera affreusement maquillé par les pompes funèbres, il est plus présentable maintenant.

— Alors je regarderai les photos que tu auras prises.

— Regarder les photos ? L'art, le vrai, mérite que l'on considère l'œuvre originale. Tan Bo considérait Zhang Dian comme une œuvre d'art.

Mais conscient que ce qu'il disait sonnait faux, la conversation retourna à la normale. « ... Bien sûr, je comprends. Même si je prends la photo, je ne sais pas si je ferai ce portrait ou pas. »

— Bien sûr que tu vas faire ce portrait.

Plus tard, Tan Bo m'a raconté qu'en raison du temps qu'on avait mis à le contacter, les choses ne s'étaient pas passées comme prévu. Au moment où il est arrivé à l'hôpital, Zhang Dian avait déjà été déplacé de la chambre à la morgue et il avait dû prendre la photo là-bas. La frangine serrait les dents, mais elle était en état de stupéfaction et n'avait pas immédiatement prévenu les proches. Malgré cela, Tan Bo a tout de même manqué une belle opportunité : quand il est arrivé, Zhang Dian était au congélateur depuis une heure.

— Ça fait une grande différence ? demandai-je.

— Comment dire ? Tan Bo ne pouvait s'empêcher d'être gêné. Par exemple, quand vous allez manger occidental, vous aimer que le steak soit cuit correctement. Il y a à point, saignant ou bleu. La couleur que je veux, ou, disons, celle qui sied le mieux à ma peinture, je le sais, est celle qu'on obtient dans la demi-heure qui suit la mort. J'ai eu beau me précipiter, j'ai découvert que Zhang Dian était mort depuis deux heures et avait été congelé. Quand je l'ai sorti et que je l'ai vu, j'ai compris que ce n'était pas ce que je voulais. Non. Mais ayant dérangé tout le monde, ça n'aurait pas été correct de ne pas prendre de photos. Pendant qu'on m'attendait derrière la porte, j'ai pris quelques photos au hasard.

— Pas évident.

— Il y avait aussi le problème de l'environnement lui-même. En plus du manque de lumière, tu as refusé de m'accompagner. C'était vraiment effrayant d'être seul dans cet endroit. Il faisait très froid à la morgue, et je ne m'étais pas habillé...

– Tu ne pourras vraiment pas faire ce portrait ? Tu auras fait tout ça en vain ?

– On verra, j'ai pris la photo. Je vais la garder.

XII

Tout le monde était présent pour les funérailles de Zhang Dian. Qian Langlang et Zhang Peng se sont inévitablement croisés. Mais avant cela, je les ai appelés séparément et je leur ai dit : « on a littéralement un mort, de quoi vos chamailleries ont-elles l'air à côté ? Combien de temps allons-nous vous attendre ? Quelle que soit l'ampleur de votre problème, il est bien petit, bien mesquin et insignifiant en comparaison. » Ces funérailles sont devenues une occasion. Et c'est sur les marches qui montaient à la salle des adieux, que les deux anciens amis se sont rapprochés. Zhang Peng a pris l'initiative :

– Salut Qian Langlang.

Qian Langlang a vaguement répondu, mais sans plus.

Zhang Peng s'est tourné vers moi, me signifiant qu'il avait fait sa part.

Tout le monde était maladroitement planté là. Qian Langlang a levé la tête et a regardé le ciel. Il a dit sans qu'on sache à qui : « La pollution aux particules fines atteint le seuil critique des trois cents. »

Zhang Peng a hésité à répondre et c'est Sheng Jun qui a répondu : « Non pas trois cents, juste deux cent cinquante. » Il n'était pas au courant de la brouille entre Zhang Peng et Qian Langlang et voulait probablement détendre l'atmosphère. Mais personne n'a ri et l'occasion de se reparler en a été gâchée.

Qian Langlang parlait à Sheng Jun qui se tenait à côté de lui, et Zhang Peng parlait à Tan Bo, qui ne le connaissait pas. Heureusement, le groupe de personnes se tenait toujours ensemble, debout de haut en bas des marches. Il restait encore un certain temps avant le début de la cérémonie d'adieu. Qian Langlang a sorti une cigarette pour fumer. La première cigarette il devait l'offrir à Zhang Peng, et la tendit dans sa direction. Qian Langlang offrit sa cigarette avec désinvolture sans le regarder, mais Zhang Peng l'a quand même acceptée. Ensuite, Qian Langlang a distribué les cigarettes aux autres. Clope au bec, il a fait quelque pas, faignant le calme. Après quelques allers-retours, les deux gars ont fait ce qu'ils avaient à faire et qu'ils m'avaient promis. Après cela, et jusqu'à la fin de la cérémonie, il n'y eut aucune communication entre Qian Langlang et Zhang Peng. Il m'a semblé que la mort n'était pas si grave : tant qu'un visage n'était pas effacé, on pouvait dire qu'il vivait...

Sur la place devant les marches, de nombreux jeunes faisaient du patin, glissant sous nos yeux. De temps en temps, ils exécutaient une figure difficile et recevaient des acclamations sans fin. Au début, je n'ai pas réagi. C'était étrange une telle scène de rue devant des pompes funèbres. Peut-être que c'était un de leur coin habituel. Plus tard, j'ai fini par comprendre qu'il s'agissait d'amis patineurs de Zhang Dian. Ils étaient venus aux funérailles, pour rendre hommage à leur « oncle Zhang » à leur manière.

Au bout d'un moment ils ont changé de chaussures, ont accroché leurs patins autour du cou, d'autres les ont pris à la main et ont fait la queue devant la salle des adieux. Nous ne connaissions personne de ce groupe et il aurait été impossible de nous rencontrer, mais telle était la bande dans lequel Zhang Dian avait atterri, le cercle qu'il avait rejoint après avoir quitté le nôtre. Par le passé, j'avais seulement entendu parler de Zhang Dian le patineur, maintenant c'était comme si je le voyais : les jeunes patineurs évoquaient les scènes et l'atmosphère dans laquelle il avait baigné. Je me suis senti vraiment bizarre. Comment dire ? C'était comme si, au-delà du fait qu'il soit mort ou vivant, Zhang Dian ne nous appartenait plus.

La cérémonie a commencé. Les proches de Zhang Dian se tenaient au premier plan, derrière eux se trouvaient vingt ou trente jeunes qui avaient l'âge d'être ses enfants. Et puis il y avait nous, il n'y avait qu'une douzaine d'amis, accumulés au fil des ans. Heureusement, ses amis patineurs ont bien participé, et la cérémonie n'a pas été trop mal. Zhang Dian n'était pas un grand homme. Après tout, il n'avait que soixante ans, pourquoi n'avait-on vu aucun camarade de classe ni collègue ? Il avait été marié trois fois, restait donc deux ex en plus de l'épouse actuelle. Ses ex-femmes ne sont pas venues. Et Xiao Juan, on s'en doute, était excusée. Quant à la femme pour laquelle Mme He nous avait raconté que Zhang Dian prenait des aphrodisiaques, elle faisait peut-être partie des patineurs, c'était avec elle que Zhang Dian faisait du patin...

En saluant le corps, Mme He a fondu en larmes. Deux des cinq ou six membres de la famille étaient les parents de Mme He. Un vieil homme s'est essuyé les yeux avec un mouchoir. Zhang Ning ne figurait pas parmi les trois ou quatre parents restants. J'ai entendu dire par Mme He qu'elle souffrait de la maladie d'Alzheimer, une sorte de démence sénile, et qu'elle ne savait probablement même pas que son fils était mort.

Y a-t-il les frères et sœurs de Zhang Dian parmi ces trois ou quatre personnes ? Je ne les avais pas vus depuis trente ans. À en juger par leur degré d'affliction, cela n'en avait pas l'air, et ils ne semblaient pas être inséparables du défunt. Ou peut-être que ces proches étaient des gens très rationnels.

Mais ce qui m'a le plus marqué c'est la fille de Zhang Dian, Zhang Huahua. Je ne l'avais pas revue depuis notre rencontre fortuite avec sa mère. Elle avait quatre ou cinq ans à l'époque, et elle devait en avoir dix maintenant. Je me souviens qu'elle avait une paire d'yeux de chat, ils n'avaient pas changé, mais ils étaient maintenant plus larges. Du début à la fin, Huahua a tout scruté de ses grands yeux, avec une surprise et une concentration inhabituelle. C'était de la surprise et de la concentration, sans rien d'autre. Ses yeux tombèrent sur le visage maquillé de Zhang Dian, sans verser une seule larme. Je me suis dit que cette gamine avait peur.

Je n'avais pas l'intention de pleurer, ou je ne m'attendais pas à pleurer, alors quand je suis entré dans la salle des adieux, je n'ai pris que les fleurs blanches et je n'ai pas demandé de mouchoir (il est de coutume qu'on en distribue à l'entrée). Même après avoir vu la dépouille de Zhang Dian, je n'avais pas envie de pleurer. Les restes étaient vraiment laids, le dentier avait été remis en place de telle manière que le petit visage de Zhang Dian en était devenu irrégulier, comme s'il avait eu une deuxième rangée de dents. C'est vrai qu'on n'avait pas exposé l'intérieur et qu'on ne lui avait pas vu la bouche sombre comme l'oncle de Qian Langlang, mais c'était peut-être pire que ça encore : la forme du dentier se dessinait sous la peau extrêmement fine. Ils lui avaient également mis du brillant à lèvres rouge vif... Mais tout cela était quelque chose à quoi je m'attendais et à quoi je m'étais préparé.

Mais quand j'ai levé les yeux et vu le portrait de Zhang Dian dans les bras de Zhang Huahua, je me suis soudainement arrêté. Le visage sur le portrait était exactement le même que celui que j'avais vu la dernière fois que j'avais croisé Zhang Dian (pour être exact, la dernière fois que j'ai vu Zhang Dian avant qu'il ne tombe malade), son expression, son état et même l'angle étaient exactement les mêmes. À ce moment-là, Zhang Dian s'est retourné et m'a fait un clin d'œil en achetant ses cigarettes. Personne n'avait pris de photos, mais ce moment était resté gravé. Ce genre d'expérience surnaturelle ne peut pas être communiqué, et elle m'a vraiment fait peur. Et plutôt que de pleurer de tristesse, on peut dire que j'ai pleuré de trouille. J'ai tellement pleuré que j'ai perdu le contrôle, c'était fort embarrassant. Derrière se tenait le groupe d'amis, Tan Bo, Qian Langlang, Zhang Peng, Hu Xiaoke... attendant leur tour d'aller dire au revoir. J'ai rapidement serré la main de Mme He, j'ai baissé la tête et j'ai foncé hors de la salle.

Je pleurais toujours quand j'ai atteint la sortie et j'ai été ébloui par le soleil. À ce moment-là, je me suis aperçu qu'il y avait une personne à côté de moi qui sanglotait également, qui s'est avérée être Yuan Na.

– Tu es venue, dis-je.

– Comment aurais-je pu ne pas venir... Zhang Dian faisait tant de peine, a-t-elle répondu.

Après ça nous ne savions plus quoi dire, nous nous sommes regardés, assez gênés. Nous nous sommes regardé les larmes aux yeux, à travers les larmes qui nous rendaient flous, et nous ne pouvions nous empêcher de paraître profondément affectés. C'est comme s'il y avait entre nous des émotions indescriptibles ou longtemps réprimées, et que nous ne parvenions finalement pas à contrôler. Zhang Peng et sa bande sont sortis et ont assisté à cette scène, mais ils n'ont pas approché. Ils fumaient et regardaient de loin. Est-ce que ça valait le coup ? Je me suis dit, ce n'est pas comme si tu ne connaissais pas Yuan Na, et que tu ignorais que sa relation avec toi était inexistante. Et ce n'est pas comme si tu ne savais pas que Zhang Dian était obsédé par Yuan Na…

Yuan Na m'a tendu un mouchoir, le même mouchoir qu'elle venait d'utiliser pour essuyer ses larmes. C'était trop. Si j'acceptais ce mouchoir et m'essuyais les yeux, nos larmes se mélangeraient et alors qui savait ce qui se passerait. Je l'ai repoussé presque brutalement et j'ai dit : « Je n'en ai pas besoin. » Puis je me suis tourné et je suis parti, me dirigeant vers Zhang Peng et son groupe. Yuan Na ne m'a pas suivi.

Tu Haiyan fut le dernier à arriver, après la fin des funérailles. Les patineurs ont remis leurs patins à roulettes et ont glissé par la porte des pompes funèbres comme des hirondelles, suivis d'une partie d'entre nous. Le minibus dans lequel se trouvaient Mme He et sa famille est arrivé et nous nous sommes dirigés vers le bord de la route. Dès que le minibus est parti, un taxi est arrivé et a retrouvé le véhicule de Mme He à la porte. La vitre de la voiture s'est baissée et Tu Haiyan a passé la tête en disant : « Hé, hé, vous repartez déjà ? » Ses paupières étaient enflées, non pas à cause des pleurs, mais à cause d'un excès de sommeil.

– C'est terminé ! avons-nous dit.

– Regardez-moi, je suis complètement décalé… la voiture de Tu Haiyan est entrée et a cherché un endroit où faire demi-tour.

Bien sûr, il n'était pas revenu de San Francisco pour assister aux funérailles, mais était venu à Nankin discuter affaires et s'était aperçu de la situation de Zhang Dian.

Le lendemain, je suis retourné à l'endroit où j'habitais jadis. Cette fois-ci, au lieu de récupérer le courrier, je faisais des courses à proximité et j'avais jusqu'ici avancé sans hésiter. Bien sûr, je ne rencontrerai plus Zhang Dian glissant vers moi en patins, mais après tout c'était l'endroit où il vivait depuis plus de trente ans. Même si son corps était parti, son âme hantait peut-être le lieu. À tout le moins, la maison de Zhang Dian était toujours là, et Mme He et Zhang Huahua y vivaient toujours. Contrairement à moi, il était parti au sens littéral, parti proprement.

Au départ, j'avais pris un raccourci et étais ensuite passé consciencieusement dans toutes les petites rues et ruelles de ce quartier. Je suis également allé au marché fermier, me renseigner sur les prix des légumes et du porc et j'ai même acheté une poignée d'oignons verts. À la tombée de la nuit, je suis sorti au niveau du carrefour d'une route principale.

Cette route principale se divisait à cet endroit en deux branches, menant respectivement à la route principale et au boulevard périphérique. La jonction formait un angle droit. Juste au moment où je tournais, une moto m'est arrivée dans le dos. Arrivée à mon niveau, elle a ralenti et le motard s'est retourné pour me dire bonjour. J'ai été surpris de reconnaître la frangine He dans l'obscurité. Je n'avais jamais vu Mme He conduire de moto, c'était une moto très large surtout conduite par des hommes, pas un simple vélo électrique. J'ai immédiatement compris qu'il s'agissait de la moto de Zhang Dian et que Mme He la conduisait aisément, vraiment naturellement. Ce n'était pas l'essentiel. À ma grande surprise, Zhang Huahua était assise à l'arrière de la moto. La mère et la fille avaient changé de tenue : elles portaient un jean et un T-shirt et Huahua portait une minijupe. La frangine a crié : « Hé, mon vieux Pi, on fonce ! » Avant que je puisse répondre, la moto s'était précipitée vers l'avant.

Huahua m'a regardé, de ses yeux toujours aussi clairs. Les phares de la moto éclairaient une rangée d'arbres verts le long de la route et j'ai soudain compris que le printemps était déjà là.

Cela faisait de nombreuses années que j'étais parti d'ici et je n'y revenais généralement pas. J'y suis repassé deux fois en tout, la première fois j'avais rencontré Zhang Dian et la seconde fois j'ai rencontré Mme He et Zhang Huahua. Que cela voulait-il dire ? En pensant à la photo de Zhang Dian lors des obsèques, j'avais vu comme une capture d'écran de la dernière fois que je l'avais croisé. Et cette fois-ci, alors ? On aurait dit que quelque chose m'attendait ici. Que signifiait leur vivacité ? Qu'il fallait vivre ou recommencer à vivre désormais. Quelque chose s'était libéré de l'ombre de la mort et du temps. C'est peut-être ce message qu'on m'a demandé de transmettre, d'attester, afin que Zhang Dian puisse être en paix… Le fil de mes pensées était bien emmêlé.

Finalement, sur cette route très fréquentée, à l'heure de pointe, après le travail, sous l'éclairage des lampadaires et l'ombre des platanes, dans la brume profonde où passait le souffle du début du printemps, je me suis remis à pleurer. J'ai versé ces larmes qui ne sont pas des pleurs : je n'étais pas triste du tout. Et ce n'était pas moi qui les versais, c'étaient les larmes qui auraient dû couler des yeux de Zhang Huahua.

LES GRANDES ANNÉES

I

Leur première rencontre aurait initialement dû avoir lieu à Dongdu. Mais quand Ma Dong avait passé un coup de fil sur la ligne personnelle de Li Chang, ce dernier faisait ses valises et se préparait à partir pour l'aéroport.

– Désolé, je prends un avion pour Nandu dans deux heures.

– Très bien, alors j'irai à Nandu. J'irai où tu iras, a déclaré Ma Dong.

C'est ainsi que le lendemain de l'arrivée de Li Chang à Nandu, Ma Dong sonnait à la porte du vieux Yue.

Li Chang se rendait à Nandu au moins une fois par an et il posait alors ses valises chez monsieur Yue. Ce dernier était un célibataire qui travaillait dans son entreprise le jour, ils ne se retrouvaient le soir qu'après le travail, pour manger, boire, discuter et se raconter des souvenirs. Le vieux Yue n'avait un peu de temps devant lui, que le dimanche, et c'est dans ces moments qu'il emmenait Li Chang au bord de la mer, dans une sorte de complexe hôtelier, pour y continuer à manger, à boire et discuter. La brise marine qui soufflait sur son visage charriait une forte odeur de poisson. D'après Li Chang, il aimait simplement respirer cette odeur. Il y avait là une sorte de jeu de mots qui faisait référence à autre chose. Mais le vieux Yue ne faisait pas de manières et semblait accompagner un jeune prince plongé dans quelque lecture.

Je ne dirai pas grand-chose du vénérable Yue, tout ce que vous devez savoir, c'est qu'il était l'ami d'enfance de Li Chang et que son foyer constituait le point d'ancrage de Li Chang à Nandu. À un moment, Ma Dong a débarqué chez le vieux Yue et frappé à la porte. Li Chang n'en était pas surpris, plutôt un peu gêné. Il ne s'attendait pas à ce qu'il vienne vraiment.

Ayant ouvert la porte, un homme costaud qui ne s'était pas rasé depuis la veille et dont la barbe commençait à réapparaître, entra dans le couloir. Cette personne était habillée de façon formelle, avec un costume à épaulettes et une cravate jaune vif. Le climat à Nandu était tropical, le visage de Ma Dong ruisselait de sueur et une valise qui faisait la moitié de sa taille était posée à ses pieds.

« Quelle fraîcheur », dit Ma Dong au moment où une vague d'air froid se précipitait vers lui, pénétrant jusqu'à l'os. Li Chang le fit entrer dans le salon mais, sans fermer immédiatement la porte, car la valise était restée à l'extérieur. Ma Dong comprit.

– Je vais passer à l'hôtel rapidement, car je sors tout juste de l'avion, a-t-il expliqué.

Li Chang a alors fermé les deux portes.

Il portait une paire de tongs en plastique et un pantalon de plage qu'il avait acheté à l'époque où il allait à la mer avec Lao Yue. Il était torse nu et si maigre qu'on pouvait compter ses côtes. « Désolé, je ne m'attendais pas à ce que vous arriviez si vite », dit Li Chang et il est entré dans la deuxième chambre (la pièce où il dormait), pour prendre un T-shirt et l'enfiler. Il sortit.

Juste comme ça, costume contre T-shirt, chaussures pointues en cuir contre tongs en plastique, grand et costaud contre mince et pâlot, ils s'assirent tous deux. Avant que Ma Dong n'entre, Li Chang regardait un film porno piraté, c'est alors qu'il avait appuyé sur le bouton pause et que l'écran s'était arrêté sur un gros plan. Pendant que Li Chang regardait la vidéo, il manipulait le service à thé de la table basse, préparait du thé Gongfu et le sirotait. Ça, il pouvait naturellement continuer de le faire. Il remplit un petit bol de thé et le tendit à Ma Dong, qui le but d'un trait. Li Chang remplit un autre petit bol que Ma Dong but aussi. Il en but sept ou huit d'affilée.

– J'avais soif ! a déclaré Ma Dong.

– Ce thé Gongfu désaltère bien, mais à condition tout de même d'en boire une certaine quantité, a déclaré Li Chang. Ses paroles étaient enveloppées de mystère. Ma Dong ne put s'empêcher de hocher la tête à ces mots, se disant qu'il ne s'était pas trompé de personne.

La veille, sur le chemin qui séparait son domicile de Dongdu de l'aéroport, Li Chang et Ma Dong avaient échangé par téléphone pendant un moment, Li Chang connaissait donc le but de la visite de Ma Dong. Il demanda alors en connaissance de cause :

– Frère Ma, que veux-tu de moi ?

– Comme je te l'ai dit au téléphone. J'ai signé chez *Lettres de Xidu* et j'en suis désormais rédacteur en chef. Je voudrais que vous sortiez de votre retraite ! déclara Ma Dong

– Mais justement, maintenant que vous êtes rédacteur en chef, quel besoin ai-je de sortir de ma retraite, dit Li Chang en riant.

– Oui, c'est vrai, enfin non, non, justement non, Ma Dong était un peu confus. Nous allons publier les *Lettres de Xidu* ensemble. C'est entre vous et moi. Je... je pourrais toutefois vous trouver un rédacteur adjoint.

– C'est une blague, vous voulez rire, dit Li Chang avant d'ajouter : Combien ?

Combien ? Ma Dong était abasourdi. Mais il se ressaisit : Oh, vous voulez parler des frais de manuscrit, on est à quatre-vingts pour mille mots. On est dans le haut du panier des magazines du moment, c'est rarement comme ça. Soit on ne fait rien, soit on fait les choses du mieux qu'on peut !

– C'est tout ? a demandé Li Chang.

– Tout ? Ma Dong était à nouveau abasourdi.

À ce moment-là, Li Chang s'est désintéressé de Ma Dong, a cherché la télécommande et a appuyé sur le bouton de lecture. L'écran du téléviseur a pris vie et un son horrible est sorti des haut-parleurs. Une lumière blanche s'est alors allumée dans la tête de Ma Dong. « Oh ! » Ma Dong a crié : « comment ai-je pu oublier une chose aussi importante ? Vous parlez des honoraires, vos frais, pas des frais de manuscrit ! »

Le son et l'image se sont arrêtés. « Oui, oui, il y aura du budget. »
Ma Dong a déclaré : « Certaines choses sont parfois si grosses, qu'on
arrive plus à les voir. J'avais perdu le fil... »

« Combien ? »

En fait, Li Chang avait déjà secrètement pris sa décision, et il ne ferait
rien à moins de trente les mille mots. Trente, c'était le minimum. Il serait
vraiment bien d'atteindre les quarante, autrement à quoi bon s'embêter ?
Négliger un tel point ruinait une réputation. Li Chang avait toujours été
célèbre pour son manque de coopération avec l'autorité. C'est ainsi que
lorsque Ma Dong dit « mille mots, cent », Li Chang a d'abord cru qu'il
avait mal entendu. « Combien ? », a-t-il encore demandé. Ce « combien »
avait une signification complètement différente des deux précédents
« combien ».

« Cent », marmonna doucement Ma Dong, « Si vous pensez que cette
offre n'est pas appropriée, nous pouvons en reparler. »

Li Chang a passé une cigarette à Ma Dong qui l'a allumée lui-même,
essayant de calmer son excitation. « Vous voulez dire que la rétribution
est de quatre-vingts pour mille mots ? » Il avait besoin de mettre les
choses au clair.

– Oui, nous avons la grille tarifaire la plus élevée du moment...

– Mais mes honoraires seront de cent pour mille mots ?

– C'est tout à fait ça.

– Autrement dit, si je vous aide à mettre au point un manuscrit, de
disons dix mille mots, l'auteur touchera huit cents yuans, et vous me
donnerez mille yuans, soit deux cents yuans de plus que l'auteur ?

– Oui, c'est cela.

– Est-ce bien sage ? Si je gagne plus que l'auteur. Que risque-t-il d'en
penser ?

– L'auteur ne le saura pas, c'est un secret commercial...

– Je vois, je comprends, dit Li Chang, se levant et faisant quelques pas
vers la porte de la pièce. Il s'est arrêté, s'est tourné vers Ma Dong pour
lui dire :

– Éditeur Ma, dites-moi, et si je touchais 80, exactement comme l'auteur ? — comme s'il avait fallu qu'il se mette à une certaine distance pour pouvoir parler clairement.

– Cela serait plus juste et raisonnable.

– Ce n'est pas une bonne idée...

Les deux hommes négocièrent ces vingt yuans, jusqu'à ce que Ma Dong cède à contrecœur.

II

Li Chang aida Ma Dong à traîner sa valise, et ils prirent tous deux l'ascenseur pour se rendre dans un hôtel cinq étoiles voisin, où Ma Dong avait une réservation. Ma Dong s'était changé et portrait un beau T-shirt en soie, un jean, mais avait gardé la même paire de chaussures pointues en cuir. Il portait une mallette noire et sa tenue faisait assez « sudiste », à l'image de ces petits patrons locaux ou de ces cols blancs haut de gamme. Le vieux Yue était habillé comme ça.

Ils dînèrent dans le restaurant attenant à l'hôtel. Ma Dong a réglé la facture n'ayant avalé qu'un dixième de la nourriture et du vin qu'on lui avait présenté. Après le repas, Ma Dong a invité Li Chang au karaoké, demandant une salle privée. Ce que ce vieux Yue n'avait pas réussi à faire en tant d'années (faire chanter Li Chang), Ma Dong l'avait accompli. Li Chang ne s'expliquait pas pourquoi il avait accepté. Peut-être parce que Ma Dong avait insisté : « Pourquoi ne pas aller en boîte, maintenant qu'on est à Nandu ? Qu'on ne soit pas venu pour rien. » Il avait également affirmé : « accompagne-moi seulement, on a quelque chose à célébrer ! »

« À la réussite de notre coopération ! », Li Chang n'avait pu qu'accompagner le prince dans sa lecture ainsi que ce vieux Yue l'avait fait pour lui, et c'était la première fois de sa vie qu'il entrait dans un tel endroit.

Ma Dong connaissait la boîte et a fait un signe de tête au serveur en arrivant. Il n'a pas pu s'empêcher d'appeler deux hôtesses : la petite

Rouge et la petite Fleur. Heureusement, Ma Dong n'a pas forcé Li Chang à pousser la chansonnette. Pendant que les petites Rouge et Fleur choisissaient et chantaient quelques chansons, Ma Dong a pris Li Chang à part pour converser avec animation. Li Chang se sentait un peu mal à l'aise et demanda à Ma Dong de pousser la chansonnette à son tour, afin qu'il ne se prive pas pour lui. Ma Dong a répondu à Li Chang de laisser son cœur dans son estomac et dit quelques paroles sensées :

– N'avez-vous jamais entendu dire que les antiques familles fortunées invitaient des troupes de chanteurs à domicile ?

Il a déclaré :

– C'est ce que je veux faire, ça crée une ambiance.

Et dans cette atmosphère unique de leur salle de karaoké, Li Chang, sans qu'il puisse dire si c'était à cause de la pression ou parce qu'il était trop détendu, a alors avoué ses secrètes pensées à Ma Dong.

– À la base je voulais trente, et j'ai pensé que monter à quarante serait vraiment bien…

– Trente, quarante ?

– Oui, je veux dire pour mes honoraires…

– Oh.

Probablement afin que Li Chang ne se sente pas trop mal à l'aise, Ma Dong avoua à son tour à Li Chang :

– Pour le manuscrit je ne voulais pas monter à cent pour mille mots, mais seulement aller jusqu'à quatre-vingts. Cela afin d'éviter de vous entendre refuser. Vous n'avez qu'à demandé et on passe à cent.

– Vous me faites culpabiliser…

– Je ne peux pas vous laisser dire ça, a répondu Ma Dong. N'avez-vous pas immédiatement souhaité descendre à quatre-vingts ? Or c'était justement ce que j'avais prévu. Comment pourrait-on ne pas y voir la volonté du Ciel ! Allons, allons, frangin, nous l'avons fait !

Chacun tenant sa bouteille de bière, les goulots des bouteilles se rencontrèrent, se cognèrent, et ils levèrent tous deux les yeux au ciel en prenant une longue gorgée. Après cela, les petites ont arrêté de chanter. Elles sont venues boire avec eux. Les chansons originales sortaient de la chaîne stéréo et la musique sonnait mieux.

Petite Rouge et petite Fleur avaient trop bu et trop vite. Leurs premiers mots furent :

— Patron, avec tout mon respect, demandez-moi ce que vous voulez, je m'exécuterai.

Elle inclina son cou rose. Après petite Rouge, ce fut le tour de la petite Fleur :

— Patron, peu importe que vous ayez un peu bu. Je vais vous faire ce que vous méritez. Elle descendit en pliant le cou.

Mais avant qu'elle n'ait posé son verre, Ma appela la serveuse : « Serveuse ! Serveuse ! » La serveuse est entrée par une porte dissimulée dans le coin sombre de la salle, s'est approchée d'un bon pas et a remis la carte des boissons. Ma Dong et Li Chang la consultèrent. Avant qu'ils aient le temps de réagir, les petites dirent le nom de leur boisson sans même y jeter un œil. À la suite de quoi, elles sourirent avec charme : « Vous vous sentez bien, patron ? » Avant qu'ils n'aient répondu, suivant le principe selon lequel l'absence de dénégation avait valeur de consentement, les petites se tournèrent vers la serveuse : « Dépêche-toi sœurette, qu'on n'ait pas besoin de se fâcher ! » Elle disparut en un éclair.

Les boissons arrivèrent très rapidement et en un flux continu. La bière, le vin rouge, le whisky, les cocktails, diverses bouteilles et verres couvrirent la table, qui en un instant se changèrent en verres vides. Les boissons arrivèrent dans les ventres de petit Rouge et de petite Fleur. Dans la lumière colorée, Li Chang riait bêtement, comme un obsédé. Ensuite, petite Rouge est allée chanter à nouveau et boire. Petite Fleur a pris son téléphone portable et a quitté la salle pour répondre à un appel. Profitant d'un moment de répit, Ma Dong a demandé à Li Chang :

— Vous savez ce qu'elle est allée faire ?

— Répondre au téléphone.

— Au téléphone, mon cul, oui. Elle est allée aux toilettes pour creuser !

— Creuser ?

— Ouais, Ma Dong a mis son majeur et son index de sa main droite dans sa bouche et a fait un geste comme pour se curer la gorge.

— Ça fait partie de leurs compétences professionnelles de se faire vomir. Parfois, elles n'ont même pas besoin de se forcer. Elles n'ont qu'à mettre la tête dans les toilettes pour vomir immédiatement à la simple vue de la céramique blanche. C'est devenu un réflexe conditionné.

– Comment savez-vous tout ça ?

– Ce n'est pas dur. Quand vous fréquentez souvent ce genre d'endroits, vous finissez par comprendre. Le respect de Li Chang se manifesta spontanément, quoiqu'il ne fût pas sûr s'il s'agissait de respect ou non.

Ma Dong était bien informé et admirait le professionnalisme des petites Rouge et Fleur. En somme il était devenu un véritable connaisseur.

– Au fait, cette salle privée est-elle suffisamment haut de gamme ? a demandé Ma Dong.

– C'est plutôt luxueux…

– Mais pourquoi n'y a-t-il pas de toilettes ?

Avant que Li Chang puisse répondre, Ma Dong ajouta :

– Mais savez-vous pourquoi Rouge et Fleur vont si souvent faire pipi ? Quand ce n'est pas pour répondre au téléphone ?

…

– Elles reçoivent une commission sur les boissons qu'elles consomment. Plus les clients consomment, plus elles gagnent, donc il faut continuer à boire et à faire pipi. À défaut d'uriner, il faut vomir et se faire vomir !

Li Chang regarda petite Rouge et petite Fleur avec un œil nouveau, tandis qu'elles revenaient dans la salle privée, les trouvant différentes et il ne put s'empêcher de les trouver rafraîchissantes. Les petites, désormais vides, ont attaqué une nouvelle tournée de boisson.

Plus tard, Li Chang se rendit aux toilettes et, par une erreur volontaire, entra dans les toilettes des femmes. Il entendit effectivement quelqu'un vomir derrière la cloison. Il s'arrêta immédiatement et recula. L'odeur singulière persista autour de lui jusqu'à ce qu'il entre dans les toilettes des hommes.

À un moment, Ma Dong quitta également la salle privée, pendant si longtemps que Li Chang se mit à le soupçonner de s'être échappé avant de payer l'addition. Finalement, Ma Dong revint, frais, presque comme neuf.

– Vous aussi, vous allez aux toilettes vous faire vomir ? a demandé Li Chang. Ma Dong a ri, mais n'a pas fait de commentaire.

– Pourquoi ne les arrêtez-vous pas ? lui demanda Li Chang.

– C'est vraiment du gâchis, elles se mettent en danger, c'est vraiment pitoyable.

Ce n'est qu'une fois le karaoké achevé, Li Chang ayant raccompagné Ma Dong jusqu'à la chambre d'hôtel où il séjournait, que ce dernier lui a répondu. Ma Dong lui a confié qu'il n'était pas étranger à un tel endroit, parce que d'autres l'avaient invité et que c'était pour la première fois son tour. Désormais il était devenu rédacteur en chef du magazine, il avait le pouvoir financier et était le maître. Il n'avait pas arrêté les petites, les laissant consommer autant qu'elles le voulaient, à dessein.

– Je voulais faire l'expérience de la flambe ! dit Ma Dong.

Tout en parlant, il ôtait ses vêtements, gardant sur lui un amas considérable de chair blanche, éblouissante à la lumière des vingt lampes de la pièce (le plafonnier, la lampe de chevet, la lampe du miroir, la lampe de lecture, la lampe du couloir et l'halogène). Ensuite, il est allé prendre une douche dans la salle de bains. Après avoir pris une douche, Ma Dong s'est effondré sur un petit lit, laissant le lit double de la chambre à Li Chang. Ce dernier ne retourna pas chez son vieux Yue, mais est resté vivre et dormir chez Ma Dong.

III

Leur rencontre suivante eut lieu à Dongdu. La revue *Lettres de Xidu* avait été rebaptisée *Lettres urbaines* et le premier numéro était sorti. Ce premier numéro de *Lettres urbaines* avait fait beaucoup de bruit dans le milieu littéraire, en particulier chez la jeune génération d'écrivains. Il avait été largement diffusé et tout le monde leur avait soumis des articles. Aidé par son charisme personnel, Li Chang s'était entouré d'un groupe de contributeurs pour *Lettres urbaines* à Dongdu. Le fait que Ma Dong choisisse de lui rendre visite à Dongdu n'était pas le fait du hasard. Il ne contrôlait plus son ambition et voulait surveiller et diriger.

Comme à son habitude, Li Chang se rendit à l'hôtel de Ma Dong pour dîner au restaurant de l'hôtel. Pendant le dîner, Li Chang lui rappela leur accord — bien sûr, il ne parla pas d'argent. Les frais avaient en effet été payés, autrement il n'y aurait pas eu le moindre exemplaire des *Lettres urbaines*. Li Chang remit plutôt sur le tapis la méthode de travail : fallait-il travailler en respectant le principe d'une personne un vote dans le choix des manuscrits ? Un manuscrit devait-il être approuvé par deux voix ? ou devait-il être refusé si une seule personne s'y opposait ? Li Chang était en charge de la qualité du texte et Ma Dong était en charge du format... La conversation devenait progressivement sérieuse, pourtant Ma Dong s'est soudainement mis à parler de la nuit du karaoké à Nandu.

— Savez-vous pourquoi je me suis absenté si longtemps ? a-t-il demandé.

— Ce n'était pas pour aller aux toilettes ni pour vomir.

— Alors qu'étiez-vous parti faire ?

— Je suis sorti chercher un distributeur automatique pour retirer de l'argent.

— Pourquoi donc ?

— Une fois les filles complètement ivres, j'ai regardé l'argent qu'il me restait dans mon sac et je me suis rendu compte qu'il n'y avait pas assez. De quoi aurais-je eu l'air, si je n'avais pas pu payer la facture ! ajouta Ma Dong.

— Ils ne prenaient pas la carte ?

— Voyez-vous, ce genre d'endroit n'accepte que les espèces parce que...

La voix de Ma Dong baissa et il avait un air étrange sur son visage, comme s'ils étaient de retour dans la salle privée du karaoké, et l'atmosphère redevint ambiguë et confidentielle. Pendant un long moment, Ma Dong parla sur un mystérieux ton de confidence. Li Chang ne comprenait pas pourquoi, mais il savait que l'autre « révélait un secret », exactement comme lorsqu'il avait révélé le truc des vomissements des filles, Rouge et Fleur.

Pendant ce temps-là, Li Chang imaginait Ma Dong en train d'errer à la recherche d'un distributeur automatique, au milieu de la nuit. Il ne connaissait pas l'endroit, il avait donc dû marcher un peu. Li Chang en était comme ému.

Le point culminant de la visite de Ma Dong a été la fête d'après dîner. Li Chang avait fait venir la plupart de ses contacts de Dongdu afin de faire honneur à la venue de Ma Dong. Il y avait des universitaires, des professeurs, des artistes et bien sûr des auteurs et des écrivains. Li Chang avait pris la parole le premier, rappelant à tout le monde que Ma Dong et lui étaient maintenant des proches, surtout en matière de nourriture et de vêtements, ce qui signifiait qu'on devait le traiter avec égards, lui faire passer un bon moment et lui faire bonne réputation. Le groupe d'invités était naturellement d'accord.

Le lieu faisait partie d'un bar qu'ils fréquentaient habituellement et qui était plein, raison pour laquelle ils partageaient une table en extérieur, devant la porte. Au total, cinq ou six petites tables étaient disposées en une longue rangée, vingt ou trente personnes assises autour d'elles.

Au tournant du printemps et de l'été, c'était le moment idéal pour s'asseoir dehors, respirer la brise du soir à la lumière des néons. De temps en temps, des gens faisant leur promenade du soir passaient dans les rues avec leurs animaux de compagnie. La vue valait le coup d'œil aussi. Le siège de Ma Dong était installé en bout de table, Li Chang était assis à sa gauche et en face de Li Chang se trouvait l'artiste Lao Pan. Puis venaient Zhang Xu, Xiao Er et les autres, classés par ordre d'âge, de statut et de proximité avec Li Chang.

Plus tard, la fille de Ma Dong est arrivée et Xiao Er lui a apporté une nouvelle une chaise. Ma Yuanyuan a été placée à côté de son père, prise en sandwich entre Ma Dong et Li Chang. Plus tard, le professeur et érudit Hua est arrivé (en retard), et il y eut à nouveau de l'agitation. L'oncle Hua amenait avec lui deux étudiantes fraîchement diplômées. Oncle Hua était grand et il n'était pas facile de l'installer sur les sièges. Les deux étudiantes s'assirent avec oncle Hua, se faufilant, l'une à sa gauche l'autre à sa droite.

Tous furent finalement installés confortablement. Selon le plan de table, Ma Dong était assis sur le siège principal. Plus on était proche de lui, plus on était serré. La plupart des boissons, assiettes de fruits et collations servies étaient empilées de ce côté-là aussi. Les sièges à l'autre bout de la longue table étaient plus espacés, et il y avait en fait deux chaises vides à l'extrémité opposée de Ma Dong. Tout le monde se penchait vers Ma Dong lorsqu'il parlait. Lui donnant l'illusion que ceux que Li Chang avaient convoqués ce soir-là écrivaient tous pour *Lettres urbaines*, ou du moins qu'ils s'efforçaient d'y publier, faisaient partie de ce que Li Chang appelait l'équipe des contributeurs. Persuadé de cette idée, Ma Dong, fort à son aise et trônant sur le siège principal, se lança dans une envolée lyrique, ainsi qu'il seyait à son rôle de rédacteur en chef du magazine. Li Chang voulait rappeler à Ma Dong qu'il était déjà tard. Il essaya de changer de sujet à plusieurs reprises, mais Ma Dong n'écoutait pas ce que Li Chang disait, et c'était embarrassant.

Au début, les invités s'en accommodaient, écoutant et hochant la tête. Mais hocher la tête ne signifie pas être d'accord, cela signifie simplement qu'on a entendu et qu'on écoute. Au bout d'un moment, ils ont laissé Ma Dong continuer pour échanger entre eux sur d'autres sujets. Ma Dong n'entendait pas ce qu'ils disaient et à un moment il s'est écrié : « Hé, écoutez-moi ! Ce que je vous dis est très important… » Tout le monde s'est soudain arrêté, et a levé les yeux et a regardé Ma Dong.

Voyant que quelque chose clochait, Li Chang s'est empressé de pointer du doigt Lao Pan en face de lui : « Hé Lao Pan, est-ce que tu peins toujours Pierre ? » *Pierre* était une série de toiles que Lao Pan avait réalisée au cours des dix dernières années. C'était le nom d'un ami français qu'il avait pris pour modèle.

– Si je ne peignais pas Pierre, alors qui d'autre prendrais-je pour modèle ? Vous peut-être, Monsieur le rédacteur Ma ? répondit Lao Pan.

Il ironisait évidemment.

Ma Dong n'a pas relevé ce qu'il venait de dire, mais s'est tourné vers Lao Pan pour lui demander :

– Alors vous êtes peintre, plasticien, excusez-moi, je l'ignorais ! Dans ma jeunesse je peignais également, mais j'ai fini par m'en désintéresser. Mon artiste préféré, vous devez le connaître, c'est un tel génie, et pas n'importe quel génie !

Il avait dit « génie » deux fois de suite, ce qui devait être pour lui le signe qu'il allait dans le sens de Lao Pan. Peut-être Ma Dong pensait-il que ce qui séparait les peintres des écrivains était que les premiers adoraient ce mot.

– Dites-moi tout, dit Lao Pan sur un ton calme, trop calme. Pour Li Chang, cela sonnait comme le bruit d'une bête qui se dissimule pour mieux passer à l'attaque, et dont il pouvait même entendre le bruissement dans les hautes herbes.

– Xie Deqing. Ne me dites pas qu'il n'est pas aussi génial que vous ? dit joyeusement Ma Dong.

Ma Dong voulait s'illustrer par son esprit, mais Lao Pan l'ignora.

– Savez-vous qui je suis ? dit-il.

– Je le sais, tu es Lao... Lao Pan.

– Ne dites pas que vous savez si vous ne savez pas. Et tout comme vous ne me connaissez pas, moi je ne connais ce Xie Machin Qing, dit Lao Pan.

Ma Dong resta comme assommé. Et c'est probablement à partir de ce moment-là qu'il tomba complètement dans le piège.

Ce groupe de personnes ne vous contredirait généralement pas directement, ni ne vous confronterait brutalement, mais adopterait une sorte de tactique consistant à retirer la braise de sous le chaudron. Cela ressemblait à une humiliation, mais en fait, c'était comme l'annonce d'une mort certaine, qui vous faisait douter de votre existence, vous faisait sentir honteux et vous sentir le dernier des imbéciles. Ce mouvement était d'autant plus familier à Li Chang, qu'il l'avait lui-même inventé. Un critique qui n'aimait pas Li Chang lui avait un jour, en interview, demandé quels livres il lisait récemment. Li Chang avait répondu :

– Des livres de petites gens.

– Des livres de petites gens ? L'autre personne en resta aussi stupéfaite que Ma Dong l'était désormais.

– Également appelées bandes dessinées, avait fini par ajouter Li Chang.

Mais il était déjà trop tard pour arrêter Lao Pan. Il a souri et demandé à Ma Dong :

– Comment avez-vous dit, Qing quoi ?

– Xie Deqing.

– Qui est Xie Deqing ? On n'a jamais entendu parler de lui.

– Ça, mais comment est-ce possible ? Il est si célèbre... et dans ton cercle artistique...

– Parce qu'il est célèbre, je devrais le connaître ? D'ailleurs, je ne fais pas partie du cercle artistique que tu crois.

Pour Ma Dong, c'était comme parler de l'industrie cinématographique chinoise contemporaine à quelqu'un qui aurait prétendu ne pas connaître Jia Zhangke. C'était non seulement absurde, mais aussi impossible à croire. Il rougit et chercha machinalement une bouteille de bière, réfléchissant à la situation. Lao Pan attrapa la bouteille avant Ma Dong, lui remplit le verre consciencieusement, avant de se servir lui-même, et d'ajouter :

– Je n'en ai vraiment aucune idée, je ne vous mentirai pas. Son visage était plein de sincérité.

– Oncle Hua ici est le plus instruit et le plus érudit. , Il n'y a rien en ce monde qu'il ne sache. Nous pouvons lui demander, déclara Lao Pan.

En disant cela, Lao Pan se tourna vers Oncle Hua, et s'approcha de la jeune femme à ses côtés. Ce fut l'étudiante qui répéta à l'oncle Hua : « Connaissez-vous Xie Deqing ? »

Oncle Hua s'est mis à rire :

– Comment en aurais-je entendu parler ? Je connais Mao Yan, Zhang Xiaogang, He Duoling, Chen Danqing, Fang Lijun, Zeng Fanzhi, Zhou Chunya, Xu Bing, Huang Yongping, et bien sûr vous, mon vieux Pan, Pan Xichen. Mais qui est Xie Deqing ?

– C'est un artiste à performance, dit doucement Ma Dong. Il travaille principalement aux États-Unis et est originaire de Taïwan...

– Il vient de Taïwan, annonça Oncle Hua. Depuis quand y a-t-il des artistes ou des œuvres d'art à Taïwan ?

« Taïwan... », répéta Lao Pan, « est-ce qu'il faut vraiment ajouter quelque chose ? »

Les deux chantaient en canon, tout fier. Li Chang leur jeta un regard noir, il avait une furieuse envie de ramasser la bouteille de bière et de l'écraser sur le crâne chauve d'oncle Hua, mais la présence de Ma Dong l'en empêchait. D'un autre côté les monstruosités qu'ils sortaient devant Ma Dong lui étaient intolérables. Il regarda Ma Dong, épuisé et muet. Ça faisait vraiment mal au cœur de voir cet homme boire seul en chuchotant occasionnellement quelques mots à sa fille (Ma Yuanyuan).

Ce soir-là, c'était également la première de Zhang Xu dans ce cercle. Qui avait donc bien pu l'inviter ? Li Chang savait seulement qu'il jouait de la musique, qu'il avait un groupe et qu'il animait désormais une émission musicale sur une station de radio de la ville. Zhang Xu ne comprenait pas cette bande et n'en connaissait pas les enjeux. Alors, quand ils avaient tous annoncé qu'ils ne connaissaient pas Xie Deqing, il a levé la main et a dit :

— Je le connais. J'en ai entendu parler. Xie Deqing m'a l'air fameux, ses performances durent toujours un an, c'est un an de boulot.

Mais tout le monde l'a ignoré et Zhang Xu avait dû contourner quatre ou cinq personnes pour approcher Ma Dong. D'ailleurs ce dernier avait visiblement perdu tout intérêt pour Xie Deqing, il était plongé dans un désespoir tel qu'il s'est contenté de bredouiller face à l'enthousiasme de Zhang Xu.

Xiao Er discutait aux côtés de Ma Dong, quoique son intérêt fût tout porté vers Ma Yuanyuan. Ou peut-être, se sentant insignifiant et nullement à la hauteur de monsieur le rédacteur Ma, préférait-il opérer une retraite stratégique. Il faisait partie des écrivains de la jeune génération, pleinement conscient de l'importance du rôle que jouait Ma Dong au sein de *Lettres urbaines*, sans parler de l'importance qu'avait Ma Yuanyuan pour Ma Dong. Le garçon invita Ma Yuanyuan à se resservir.

— Tu veux une canette de coca bien fraîche ? demanda-t-il.

— Boire glacé n'est pas recommandé aux filles. Je ne bois que de la bière tiède, répondit Ma Yuanyuan.

— Oui, oui, je bois tiède moi aussi.

Grâce aux efforts conjoints de ces deux personnes (Zhang Xu et Xiao Er), ainsi qu'aux conseils de Li Chang et à la répartie de Ma Yuanyuan, le reste de la soirée de Ma Dong n'a pas été complètement nulle et elle fut même animée. Mais, Ma Dong n'était plus au centre de l'attention. Lao Pan et Oncle Hua s'étaient déplacés. Lao Pan s'était éloigné emportant avec lui une bouteille. Si bien que Li Chang put même se féliciter intérieurement : « on aura finalement survécu à la journée ».

IV

La maison d'édition de *Lettres urbaines* était située à Xidu, et Li Chang n'y avait jamais mis les pieds. Ma Dong répétait ses invitations, affirmant que cette ville de l'Ouest était beaucoup plus attractive que les villes de l'Est, et qu'on faisait mieux que dans le Sud. Li Chang répondit qu'il aurait de nombreuses occasions de s'y rendre à l'avenir, et rien ne pressait, l'important étant la bonne tenue du magazine. Pour diriger sa revue, Li Chang n'avait absolument pas besoin de se rendre à Xidu. Une fois par mois, Ma Dong emballait les manuscrits de *Lettres urbaines* et les lui envoyait à Dongdu. Il ne fallait à Li Chang qu'une demi-journée pour les réviser. Il lui suffisait de jeter un coup d'œil, tout au plus en lisait-il le début pour savoir de quoi il s'agissait. Il n'y avait là rien de téméraire ni d'irresponsable. Li Chang était convaincu que son jugement était dans ce domaine de premier ordre et qu'il avait un regard aiguisé. Autrement, pourquoi Ma Dong aurait-il dépensé autant d'argent pour l'embaucher comme éditeur et composer la maquette ?

(Plus tard, Li Chang ne se contenta plus de compiler les manuscrits, tous les manuscrits de la maison lui furent soumis d'office).

À mesure que l'influence de *Lettres urbaines* augmentait, le nombre de manuscrits reçus augmentait également, et on lui envoya bientôt deux cartons de manuscrits. Il ne fallait pas plus de deux ou trois jours à Li Chang pour les examiner. Il ouvrait simplement le carton et jetait quelques coups d'œil à l'intérieur, avant d'appeler la déchèterie et d'envoyer quelqu'un peser les cartons pour les y emporter. Il ne fallait qu'un instant pour qu'une œuvre écrite avec les tripes se change en une pile de déchets. Refuser un manuscrit, en un sens, c'est un peu comme tuer quelqu'un. Le faire trop souvent laissera immanquablement des traces psychologiques. À force, Li Chang fut saisi par la vacuité de l'écriture et son propre travail d'écriture en pâtit un moment. Heureusement, il avait reçu à temps les honoraires que Ma Dong lui versait et qui lui permettaient de joindre les deux bouts.

Li Chang ne se rendit pas à l'ouest, et Ma Dong se tint inévitablement à l'écart de Dongdu, dans laquelle il ne mit plus les pieds. Ils restèrent ainsi plus d'un an sans se voir. Pendant cette période, *Lettres urbaines* se développa à grande vitesse et atteignit progressivement son apogée. Ils n'avaient pas besoin de se voir pour collaborer, mais il était impératif de garder le contact et Ma Dong appelait donc Li Chang régulièrement. Li Chang ne prenait généralement pas l'initiative d'appeler Ma Dong, ainsi qu'il était convenu entre eux.

— Je passe ma facture téléphonique en note de frais, ne dépensez donc pas vos deniers personnels pour m'appeler. Vos honoraires n'incluent pas la note de téléphone, ajouta Ma Dong. Li Chang se sentit respecté d'une telle prévenance.

Pourtant, Li Chang finit par sentir que quelque chose n'allait pas. Ne prenant pas l'initiative d'appeler, il laissait à Ma Dong le soin de téléphoner quand il le souhaitait et aussi longtemps qu'il le souhaitait. De plus, Ma Dong n'était pas régulier dans ses appels, il pouvait ne pas appeler pas pendant trois ou quatre jours, ou bien l'appeler quatre ou cinq fois par jour.

Ma Dong pouvait appeler n'importe quand et de n'importe où. Il passait certains appels de chez lui, d'autres de son bureau, et plus tard c'était au restaurant, au bar, au karaoké, pendant un massage des pieds ou au salon de coiffure. Ma Dong aimait particulièrement appeler Li Chang lorsqu'il passait une nuit blanche. On entendait derrière lui du bruit, des chants et des danses, d'autre parfois il était dans le silence et on entendait que les grognements que lui arrachaient les pressions d'un masseur. Un jour, Ma Donghui avait appelé Li Chang pendant un massage. Pendant l'appel, il dit à la dame qui lui massait les pieds :

— Plus fort, plus fort. T'as sauté le repas ou quoi ?

— Non j'ai mangé, j'avais amené mon repas.

— Bah alors ? La prochaine fois avant que je passe pour un massage, je t'inviterai à manger de l'agneau.

Ou bien il lançait : « Mais sur quelle zone appuyez-vous et pourquoi est-ce si douloureux ? »

Chef, vos reins sont en vrac. Donc c'est pas très étonnant, chef.

– Vous êtes en train de dire que j'utilise trop mes reins ?

– Que vous ne les utilisez pas assez, chef. Il faut les solliciter plus. Les reins d'hommes sont faits pour servir. Plus on s'en sert, mieux c'est !

– Haha Ha, mais tu me montres la route vers une mort certaine ma parole ?

Après quelques blagues, Ma Dong changeait de ton et se remettait à parler à Li Chang de *Lettres urbaines*.

– Ce n'est pas que je n'ai pas besoin de ces gamins, mais ce sont des bras cassés. On les a pourtant nourris au grain, cependant, ils ne valent rien... quel gâchis ! Et maintenant que le magazine est en vogue, à en avoir les putains d'yeux rouges, ces connards sont sur mon dos...

Parfois, alors que Ma Dong dînait avec quelqu'un, il lui prenait soudain le besoin d'appeler Li Chang.

– Voyez-vous, Li Chang n'est pas seulement mon partenaire, nous nous sommes lancés ensemble dans une entreprise et collaborons étroitement, certes, mais il est aussi mon meilleur frère. Nous nous étions déjà rencontrés dans une vie antérieure, je le lui ai dit ! Les gars, dites-lui à quel point on est fait l'un pour l'autre !

Cette fois-ci, Ma Dong était manifestement ivre et avait fait passer le téléphone à un inconnu à des milliers de kilomètres, auquel Li Chang avait été forcé de dire quelques mots. Tous deux en étaient fort embarrassés. Après quelques mots polis, Li Chang avait rapidement raccroché. Mais cinq minutes après, Ma Dong a rappelé.

– Les frères, hé frangin, Li Chang, Professeur Li, Monsieur le rédacteur adjoint Li, je n'ai pas fini de parler. J'ai des milliers de choses à vous confier...

Mais l'appel le plus effrayant était arrivé tard dans la nuit, tandis que Ma Dong était seul. Il avait dégrisé et était seul sur le grand lit d'une chambre d'hôtel, ou chez lui (Li Chang n'en était pas sûr), l'arrière-fond était clair et on n'entendait aucun bruit du tout. Plein de regrets,

Ma Dong avait commencé à déballer ce qu'il avait sur le cœur. En raison du caractère exceptionnel de la situation, Li Chang ne pouvait pas le traiter en alcoolique et dû se résigner à écouter attentivement. Ma Dong se confia sur des éléments de sa vie privée totalement personnels. Li Chang en fût quelque peu ému au début, mais par la suite, il réalisa que quelque chose n'allait pas. La vie privée dont Ma Dong parlait était extrêmement solitaire. Elle ne comportait pas de relations conjugales, il n'y était pas question de niveau de vie, ni de ce qu'il faisait, ni de son passé. Il ne parlait que de « petite amie », et même en ce cas il n'évoquait qu'un aspect précis de leur relation. Il n'était pas même question « d'eux » (de Ma Dong et d'une femme), mais plutôt « d'elles ».

Dans ses récits, Ma Dong semblait absent, ou bien substituable à n'importe quel homme, tandis qu' « elles » étaient des sujets d'observation, d'expérimentation ou de réflexion. Cette objectivité donnait à Ma Dong un calme supplémentaire à l'autre bout du fil. « Elles ont toutes une saveur différente, certaines sont laiteuses, d'autres chocolatées », racontait Ma Dong. « Je les goûte toutes moi-même. Bien sûr, il y en a aussi de mauvaises, et j'en ai aussi rencontré des désagréables, qui sentaient le poisson… »

– Tu veux dire, au niveau de leur parfum ?

– On voit que vous n'êtes pas un connaisseur. Sentir bon n'est certainement pas une question de parfum. Quelqu'un qui sent mauvais, c'est encore pire s'il se parfume. Ça devient définitivement insupportable… Ce n'est pas non plus une odeur de bain. C'est un truc qu'on ne peut pas laver, ni diluer, ni mélanger, c'est intrinsèque. La meilleure saveur que j'ai jamais goûtée était celle du citron vert, un peu acide, mais en fait très sucré…

Li Chang en resta sans voix, il ne savait plus où se mettre et il prit le parti de répondre un truc du genre : « Mais de quoi parlez-vous du goût ou de l'odeur ? Ce sont deux choses bien différentes. » Ma Dong reprit : « Il est scientifiquement prouvé que la langue ne possède qu'un pouvoir gustatif approximatif. Il y a les quatre goûts de base, qui sont autant d'informations, le salé, le sucré, l'amer et l'aigre. Mais même le piquant n'est pas un goût, c'est en fait une sensation. La plupart des informations gustatives que nous ressentons proviennent en fait de l'odorat. Le goût et l'odorat sont donc ici impossibles à dissocier. »

Ma Dong était manifestement un expert dans le domaine.

Comme la conversation était complètement déséquilibrée, Li Chang ne faisait qu'acquiescer : « Oui, oui, c'est vrai... » ou se contentait d'exprimer son admiration et sa surprise : « ça existe, vraiment ? Ce n'est pas évident... Quelle aventure exceptionnelle... » Mais à peine prononcé, il regrettait beaucoup d'avoir dit ces mots qu'il ne pensait pas du tout. Comme cela l'ennuyait fort de s'être laissé aller à des flatteries, Li Chang décida de garder le silence un long moment.

– Hé, mon vieux Li, Li Chang ! Vous m'écoutez toujours ? Vous m'entendez ? s'écria Ma Dong. Après avoir vérifié que le signal téléphonique était normal et ne s'était pas interrompu, Ma Dong a repris le fil et a continué à développer.

Un beau jour, Li Chang a craqué et il s'est mis à parler franchement à Ma Dong :

– Il va falloir que vous haussier le niveau avec vos petites amies. Êtes-vous un barman ou un laveur de pieds ? Ma Dong, vous êtes le rédacteur en chef de *Lettres urbaines*, un homme de culture, vous pouvez avoir une haute estime de vous-même !

Il n'avait pas prévu qu'il réveillerait ainsi le rêveur qui sommeillait en Ma Dong : ce dernier resta silencieux une demi-minute, avant de demander :

– Mais, à votre avis, quel genre de petite amie devrais-je me trouver ?

– Frangin, dans tous les cas le goût qu'elle a n'est pas fondamental. Ce qui est important, c'est son tempérament. Qu'elle ait au moins des qualités littéraires et un peu de culture, d'accord ? déclara Li Chang.

– Où puis-je en trouver une comme ça ?

– Où ? N'y a-t-il pas quelques auteures qui collaborent aux *Lettres urbaines...*

– Oh.

Li Chang ne savait pas s'il guidait Ma Dong sur une mauvaise voie, si un tel conseil était une bonne ou une mauvaise chose. Mais à partir de ce moment-là, Ma Dong a cessé de parler de goût ou d'odeur, et n'a plus parlé que de personnalité, ce qui semblait plus acceptable. Une telle avait un tempérament extraordinaire, qui était une haute fonctionnaire, une autre était une femme de bonne famille, une autre encore avait étudié au Royaume-Uni, maîtrisait trois ou quatre langues étrangères, était issue d'un métissage sino-occidental. Après qu'il se fut encore trop confié, Li Chang a recommencé à s'ennuyer, il n'en pouvait vraiment plus. Il comprit que Ma Dong pouvait parler indifféremment d'odeur ou de personnalité, puisqu'il ne serait jamais qu'un abominable bavard.

Ces femmes à forte personnalité étaient naturellement difficiles à trouver à Xidu, et Ma Dong a commencé à se rendre plus fréquemment en voyage d'affaires dans d'autres endroits, prétextant des travaux d'écriture. Outre Dongdu, où il n'était pas revenu, il s'est rendu à Nandu, Beidu et Zhongdu. Les appels de Ma Dong à Li Chang ne provenaient plus seulement de Xidu, mais de diverses villes. Mais à chaque fois il appelait depuis des bars, des karaokés et des salles de pédicure. Li Chang se dit qu'un chien ne pouvait se défaire de son habitude de manger de la merde.

Il y eut toutefois quelques changements. Même si Ma Dong appelait Li Chang depuis ces endroits, il ne lui parlait plus du personnel qui s'occupait de lui. Il n'évoquait plus que des femmes à tempérament et leur personnalité. Plus tard, Li Chang s'est aperçu que les relations de Ma Dong avec les femmes pouvaient être rangées en deux catégories : il y avait les petites amies, qui étaient toujours issues de la classe laborieuse et les soi-disant « amies » qui étaient des femmes de tempérament, qu'elles soient écrivaines, journalistes, professeures, cheffes d'entreprise, rapatriées, artistes ou fonctionnaires d'État. Elles constituaient son moyen de subsistance spirituel et étaient des objets de culte métaphysiques. Les inquiétudes initiales de Li Chang finirent par se calmer : après tout Ma Dong n'en avait jamais soudoyé aucune dans le but d'obtenir des faveurs sexuelles.

V

Un jour, fort tard dans la nuit, Ma Dong a rappelé et cela a duré longtemps. Li Chang avait tellement sommeil qu'il a piqué du nez sur le canapé et s'est endormi, le téléphone posé à côté de lui. Il a fini par être réveillé aux cris de Ma Dong sortant du haut-parleur.

– Hé ! Hé ! Hé ! Li Chang, mon vieux Li !.. Vous avez fait un malaise cardiaque ou quoi... Si vous ne répondez pas, j'appelle le 120 !

– Je vais bien. Li Chang avait rapidement repris le récepteur et entendu : « Qu'est-ce que tu fabriques ? Je n'entendais plus rien depuis un moment ? »

– J'étais simplement en train d'enregistrer.

– Enregistrer ? s'est alarmé Ma Dong. Mais attends, c'est une conversation privée. Li Chang ne savait pas pourquoi il avait fait ce mensonge. Il s'était réveillé soudainement et, pressé, n'avait pas bien réfléchi. Ce qu'il avait voulu dire, c'était que même s'il n'écoutait pas, il avait l'enregistrement et pourrait donc l'écouter plus tard.

– Mais mon vieux Ma, ce que tu me racontes est si merveilleux ! a enchaîné Li Chang. Il suffit d'enregistrer et alors, sans changer le moindre mot, on tient un grand roman, qui trouvera parfaitement sa place au milieu de nos *Lettres urbaines*.

Cette fois, Li Chang avait vraiment orienté Ma Dong dans une mauvaise direction. Il l'avait convaincu, décidé à se lancer dans une carrière d'écrivain.

Mais Ma Dong, loin de demander à Li Chang de poursuivre l'enregistrement, lui a demandé de le supprimer.

– Je vais écrire tout ça moi-même, a déclaré Ma Dong. J'ai plein d'histoires encore plus dingues que celle-ci.

Li Chang était entièrement d'accord : « Il vaudrait mieux que vous l'écriviez effectivement. Après tout, la littérature, c'est d'abord l'écriture... »

Il s'est passé un long moment après cet appel, avant que Ma Dong ne rappelle Li Chang. Soit parce qu'il craignait qu'il enregistre, soit parce qu'il écrivait vraiment un roman. Li Chang avait visé juste et les appels téléphoniques nocturnes qui le harcelaient depuis deux ans prirent finalement fin.

Puis est arrivé le roman de Ma Dong, intitulé *Les jours après les jours*, qui racontait effectivement la vie de Ma Dong. L'œuvre était si mauvaise, qu'elle ne pouvait donner suite à rien de pire. En plus, Li Chang avait pris l'initiative de la défendre dès le début et de voter en faveur de Ma Dong. Et comme Ma Dong lui-même avait un vote, ils réunirent les deux voix nécessaires pour que *Les jours après les jours* soit publié en tête des *Lettres urbaines*.

À partir de là, pendant la pause qui séparait l'écriture de deux romans, Ma Dong rappelait Li Chang, mais le contenu des conversations avait changé. Ma Dong ne parlait plus de ses petites amies ou de ses amies, mais seulement de ce qu'il écrivait. Li Chang se sentait donc beaucoup plus à l'aise et avait de quoi dire. Après tout, il était une autorité en matière d'écriture, surtout aux yeux de Ma Dong. La vie secrète de Ma Dong s'était évanouie, voire mieux : elle s'était déguisée en intrigue d'un roman débattue avec Li Chang.

– Il n'y a rien d'obscène chez Wang. Il a beaucoup de petites amies, certes, mais il les apprécie toutes. Il a des critères très élevés en la matière. Car en fin de compte ça reste un artiste accompli, a-t-il déclaré.

– Non, non, vous ne pouvez pas écrire ça comme ça. Mieux vaut en faire un personnage écrasé par la pression, ça sera plus dramatique. Un accro au sexe, totalement paumé et qui à la première occasion sombrera totalement, continua Li Chang.

Li Chang faisait non seulement part de ses suggestions, mais aidait personnellement Ma Dong à revoir le roman et polir ses phrases. Après la publication de *Les jours après les jours* et de *Un jour suivant l'autre* (le deuxième roman de Ma Dong), Li Chang avait monté une équipe d'auteurs de *Lettres urbaines* dans le but de rédiger des articles de synthèse et des commentaires. Ces commentaires furent également publiés dans *Lettres urbaines*. Et c'est ainsi qu'une nouvelle étoile de la littérature se leva sur le monde des lettres, en particulier sur celui des *Lettres urbaines*. L'écriture était devenue l'occupation principale de Ma Dong et il n'éditait plus le magazine (dont il était rédacteur en chef) que pendant son temps libre. Il avait aussi déménagé, sa résidence permanente était désormais à Beidu.

VI

Environ six mois après son installation à Beidu, Ma Dong a soudainement annoncé qu'il voulait devenir artiste. Cela était probablement lié à l'atmosphère générale à Beidu, après tout, Beidu était une véritable capitale culturelle et les gens rêvant d'art et de littérature y accouraient de tout le pays. « Faites les choses en grand, ou abstenez-vous », tel était leur credo. Comparé à l'écriture, l'art ouvrait naturellement la voie à un public plus grand large, et Ma Dong en était visiblement épris. Sa vision avait changé.

— Vous n'écrivez plus de romans ? avait doucement demandé Li Chang lors du dernier appel de Ma Dong.

— Écrire..., écrire n'est plus pour moi qu'un loisir à temps partiel, et l'art constitue désormais mon occupation principale, ma carrière, a expliqué Ma Dong.

— Et l'édition de *Lettres urbaines* ?

— Oh, je le fais en dilettante, c'est un boulot alimentaire.

Qu'avait dit Ma Dong jusque-là ? Que sa carrière consistait à écrire des romans et que pendant son temps libre, il éditait des magazines.

— Je vous laisse le soin d'éditer le magazine. Je dois faire le vide et m'évader. Non, non, non, je veux dire, je dois voyager léger ! a déclaré Ma Dong.

Apparemment, il était toujours animé par l'excitation que lui procurait son entrée dans le monde de l'art.

À l'origine, Li Chang avait eu l'envie de le manipuler à nouveau. Il avait eu envie de lui dire : « Tu as fait la queue longtemps et quand ton tour est arrivé, tu as changé de file d'attente. » Tout bien réfléchi, il avait abandonné.

Ainsi commença la carrière d'artiste de Ma Dong et il planifia sa première œuvre. Il loua une maison d'habitation (Ma Dong avait eu, jusque-là, l'habitude de séjourner dans des hôtels cinq étoiles de Beidu) pendant six mois, et intitula son œuvre : *Un semestre*. L'œuvre avait pour sous-titre *Hommage à Xie* et, comme son nom l'indiquait, il ne s'agissait de rien d'autre que d'un pastiche d'une œuvre de Xie. Ma Dong avait fait appel à son talent littéraire (le mettant, finalement, à profit) et fait preuve d'astuce pour clarifier les choses, s'évitant ainsi les accusations de plagiat.

Ensuite, il ne faut pas oublier Xie Deqing, dont Ma Dong gardait l'envie de parler lors de ses voyages à Dongdu, sans toutefois avoir eu l'occasion de le faire.

Xie Deqing était originaire de la province chinoise de Taïwan, clandestinement entré aux États-Unis dans ses premières années il y avait travaillé illégalement pendant 14 ans jusqu'à ce qu'il obtienne l'amnistie en 1988. Cinq de ses œuvres les plus célèbres furent achevées entre 1978 et 1986, période à laquelle il n'était pas encore devenu américain, ce qui n'empêche pas qu'il fût généralement considéré comme un artiste sino-américain. Chacune des cinq œuvres de Xie lui avait pris un an.

La première de ses œuvres consista à s'enfermer dans une cage pendant un an, sans y parler, ni lire, ni écrire, ni regarder la télévision, ni écouter la radio.

La deuxième œuvre avait consisté à poinçonner une carte, il l'avait poinçonné chaque heure de chaque jour, chaque jour pendant un an.

Sa troisième œuvre fut de ne pénétrer dans aucun bâtiment, pas même une station de métro, une grotte, une tente ni même le moindre véhicule. En somme, il ne devait rien avoir au-dessus de la tête. Ça a duré une autre année.

La quatrième œuvre avait été réalisée en collaboration avec une autre artiste. Ils s'étaient attachés à une corde de huit pieds pendant un an, les empêchant de se séparer, mais ils n'étaient pas autorisés à avoir le moindre contact physique pour autant. Lors d'une soirée à Beidu, Ma Dong eut l'occasion de rencontrer l'artiste vieillissant en personne et il s'était montré particulièrement intéressé par cette œuvre.

– Et vous n'avez vraiment pas eu de rapports pendant tout ce temps ? a demandé un Ma Dong alcoolisé.

– Non, a immédiatement nié Xie Deqing, qui a semblé rougir. Peut-être avait-il trop bu aussi.

– Mais vous l'avez fait plus tard ?

– Non plus.

– Que s'est-il passé entre vous après ça ?

– Nous ne nous sommes revus que longtemps après la fin de la performance, mais rien de cet ordre ne s'est produit, a expliqué Xie très sérieusement.

Xie était encore assez vif, mais il ne réalisait plus de performance et il s'était mis à faire des allers-retours entre la Chine continentale et les États-Unis, profitant de sa gloire et du culte que lui vouaient des fans comme Ma Dong.

La cinquième œuvre de Xie avait également duré un an, et s'était intitulée *Pas d'Art*, ce qui signifiait passer une année sans parler, regarder, ni lire quoi que ce soit de relatif à l'art, ni se rendre dans des galeries et des musées. Ma Dong désapprouvait plutôt ce travail, le trouvant trop puéril. En plus c'était une performance qu'il avait lui-même réalisée depuis toujours. (Au moins jusqu'à ce qu'il devienne artiste).

À la suite de ces cinq performances, Xie Deqing s'était lancé dans une nouvelle œuvre intitulée *Plan sur treize ans*, et qui était totalement dénué de contenu. Treize ans plus tard, au premier jour du nouveau millénaire, il put déclarer publiquement, au Johnson Memorial Hall de New York : « J'ai survécu ! » Pour Ma Dong, il ne s'agissait pas là d'une performance à proprement parler, mais plutôt d'un concept, et d'un concept assez opportuniste.

– Cette œuvre se fonde sur la base des cinq œuvres précédentes, analysa Li Chang.

– Oui, en effet.

L'intérêt de Ma Dong pour Xie se concentrait principalement sur ses quatre premières œuvres, et en particulier sur la première et la quatrième. Il envisagea alors de fusionner ces deux œuvres en une, la cage de la première œuvre devenait une pièce dans laquelle devaient se trouver l'homme et la femme de la quatrième performance. Une auteure de *Lettres urbaines* résidant à Beidu fut à deux doigts d'accepter l'invitation de Ma Dong qui prévoyait de passer six mois enfermé avec elle, mais, au dernier moment, elle changea d'avis. Ce n'était pas le seul souci : Xie Deqing avait initialement promis de venir inaugurer la performance en personne, mais il dut y renoncer en raison d'un pépin de santé.

À ces deux détails près, il n'y avait rien à regretter. La performance *Un semestre* de Ma Dong débuta comme prévu. Des journalistes issus de divers médias s'y présentèrent et un notaire l'homologua. Ma Dong entra dans la pièce entourée d'écrivains, d'artistes et amis du monde entier. Le groupe en ressortit, fermant la porte de l'appartement de Ma Dong de l'extérieur en y déposant un scellé. La cérémonie d'ouverture était terminée.

Exactement comme pour la première œuvre de Xie, Ma Dong n'était pas autorisé à parler, lire, écrire, regarder la télévision ni même à écouter la radio. Mais après tout, trente ans avaient passé depuis et il fallait vivre avec son temps. Ma Dong s'était donc réservé le droit d'accéder à Internet. Il lui était permis de parler, de lire, de pianoter et de regarder le contenu qu'il trouvait sur Internet. Il avait spécialement communiqué à Li Chang ses coordonnées sur la messagerie en ligne QQ et lui avait fait des demandes répétées afin qu'ils restent en contact. Toutefois, Li Chang n'avait plus mal aux oreilles et son téléphone ne sonnait plus au milieu de la nuit. En plus il pouvait s'éloigner à tout moment lors de leur discussion en ligne — sans compter que Ma Dong ne discutait pas qu'avec lui, mais avec une douzaine, voire une vingtaine de personnes en même temps. Les absences de Li Chang n'étaient donc pas un problème.

Ma Dong avait retranché six mois de l'année originelle de Xie parce qu'il estimait, grâce à sa connaissance de lui-même, que c'était là ce que sa patience lui permettrait de supporter. Mais les estimations de Li Chang étaient moins optimistes. Li Chang pensait que Ma Dong pourrait tenir deux mois au maximum, et que survivre un mois serait déjà un réel exploit.

« Impossible », a répondu Ma Dong sur QQ. « Le notaire a marqué six mois et il y a des caméras qui enregistrent tout. La maison est truffée de caméra. »

« Je ne vous demande pas de tricher », a déclaré Li Chang, « je dis simplement que vous ne pourrez pas tenir. »

« Je perdrais vraiment la face, je dois tenir bon quoiqu'il arrive ! » Un jour, Li Chang prit l'initiative de contacter Ma Dong. C'était fort inhabituel de sa part et Ma Dong en fut surpris : « Qu'est-ce qu'il se passe, êtes-vous à Beidu ? » Avant que Li Chang ne puisse répondre, Ma Dong continua : « Depuis quand êtes-vous ici ? C'est maintenant que vous venez ! Oh, mais je ne vous recevrai pas. Vous êtes qui au juste ? Ce n'est vraiment pas le moment de sortir se voir... attendez laissez-moi réfléchir un moment... »

Li Chang avait décidé de tester Ma Dong sur un coup de tête :   – Sortez donc, il est rare que je vienne à Beidu. Et nous ne nous sommes pas vus depuis trois ans, pas vrai ?

– Impossible.

– De toute façon, vous ne tiendrez pas six mois. Quelle différence cela fait-il, il faudra bien que vous sortiez tôt ou tard.

– Vous croyez ? Ma Dong se décida alors : « D'accord, je tente le tout pour le tout ! Dites-moi l'adresse de votre hôtel, et je saute dans un taxi. »

Li Chang annonça alors à Ma Dong qu'il n'était pas à Beidu, qu'il était toujours à Dongdu. Il le contactait simplement pour discuter d'un manuscrit que lui avait confié Xiao Er. Ce texte retenu par *Lettres urbaines* avait aussi été soumis à la revue *Récoltes*, qui avait également décidé de le retenir.

– Bon sang ! Je dois me rendre à Dongdu immédiatement et donner une leçon à ce gamin en personne. Je suis son aîné, je vais lui montrer et il n'y a pas de règles qui tiennent ! dit Ma Dong furieux.

Li Chang dû persuader Ma Dong de se retenir. Cette nuit-là, Ma Dong ne se rendit pas à la gare pour acheter un billet pour Dongdu, il n'a pas quitté la maison où il était en train de performer. Le lendemain, soit le cinquième jour après le début de *Un semestre*, un ami de Beidu a appelé Li Chang, on entendait beaucoup de bruit derrière lui. Apparemment il manquait un bout de langue à ce copain, qui avait manifestement trop bu :

– Tu… devine, devine aussi fort que tu peux… devine aussi fort que tu peux… avec qui suis-je… t'as le droit à cent essais. Je parie… tu… tu peux pas deviner…

– Ma Dong, répondit Li Chang.

– Tu… Tu peux pas deviner… et il a continué : Ma Dong, Monsieur l'éditeur Ma lui-même n'avait pas réussi à deviner…

Puis il a passé le téléphone à Ma Dong, qui était légèrement moins éméché que le copain précédent.

– Tu… tu es mauvais, tu es une mauvaise personne !

– Moi, mauvais ?

– Tu n'as pas cru en moi, frère, tu n'as jamais cru que je puisse réaliser des performances et faire de l'art… tu m'as considéré comme…

Ce que voulait dire Ma Dong c'était qu'il avait laissé tomber parce que Li Chang n'y avait jamais cru. Mais il aurait suffi que Li Chang croie en lui, pour qu'il aille au bout de la performance. Ayant trop bu, Ma Dong changeait difficilement ses pensées en paroles. Li Chang a répondu, pour la forme :

– Ne vous inquiétez pas de savoir si je suis mauvais ou non, sortez ça ne fait rien. Rester enfermé plusieurs jours était déjà une dure épreuve, n'est-ce pas ?

– Oh ça va je ne suis pas en prison non plus… marmonna Ma Dong.

– Quelle méchanceté, mais quelle méchanceté… il me rit au nez…

La performance *Un semestre* ne put donc pas se poursuivre, et comme Ma Dong avait persisté un peu moins d'une semaine, ce fut un peu difficile à justifier. Il reprocha à Li Chang son abandon, affirmant qu'il avait tenté de le persuader, en mentant à propos de sa venue à Beidu et l'emmenant boire un verre. « Qui aurait pu résister à une telle machination ? » Ma Dong laissa finalement une sorte de message sur son profil QQ.

J'ai eu beau lutter toute la nuit et veiller la journée d'après. Au second jour, Maître Chien est venu me saluer : comment, tu n'es pas sorti cette nuit ? Merci, merci à tous pour votre soutien !

VII

Trois ans plus tard, alors que Ma Dong s'envolait pour la deuxième fois à destination de Dongdu, son apparence avait radicalement changé. Il ne portait plus de costume ni de cravate, mais un jean déchiré, une paire de bottes montantes et un sweat à capuche violet. Ses cheveux très longs descendaient presque aux épaules. Il avait les cheveux détachés et une barbe mal rasée. Il ressemblait à un artiste décadent, mais qui insistait. Il portait aussi un gros sac plat en bandoulière qui lui claquait sur les fesses.

Comme trois ans auparavant, Li Chang prit le taxi jusqu'à l'hôtel de Ma Dong pour dîner avec lui.

Chaque fois que Ma Dong venait (même s'il n'était venu que deux fois), la première personne qu'il voulait voir était Li Chang, ce qui ne manquait pas d'émouvoir ce dernier. Il y avait quelque chose de sincère là-dedans. La fille de Ma Dong, Ma Yuanyuan, était à Dongdu aussi. Mais la relation entre Li Chang et Ma Dong, bien qu'ils ne soient pas de la même famille lui importait plus que celle qu'il avait avec sa fille. Ma Dong faisait passer le public avant le privé, ses amis avant sa fille, cela lui semblait naturel. La nouvelle même de sa venue à Dongdu, il n'en avait pas parlé personnellement à sa fille, et c'était par Li Chang qu'elle l'avait appris.

– Appelez Ma Yuanyuan ce soir. Voilà ce que Ma Dong lui avait dit lorsqu'il était arrivé à Dongdu pour la première fois.

Cette deuxième fois, au moment de se rendre au bar après le dîner avec un groupe de collaborateurs de *Lettres urbaines*, Ma Dong dit : « Invitez Xiao Er et compagnie. » La compagnie faisait ici référence à Ma Yuanyuan, avec laquelle il entretenait une relation amoureuse depuis un an ou deux. Ma Dong n'avait même pas prononcé son nom.

Quelle était la nature de la relation entre le père et la fille ? Li Chang n'y comprenait pas grand-chose. Il savait seulement que lorsque Ma Dong l'avait appelé la première fois, c'était grâce à Ma Yuanyuan, qui lui avait passé son numéro. Peut-être Ma Yuanyuan l'avait elle aussi recommandé à Ma Dong. À cette époque, Ma Yuanyuan étudiait à Dongdu, suivant une formation en secrétariat littéraire, et elle écrivait probablement quotidiennement. Elle appartenait à la périphérie extérieure du cercle de Li Chang, et n'avait donc eu aucun problème pour obtenir son numéro de téléphone. Ma Dong avait des exigences strictes envers Ma Yuanyuan et n'avait encore rien publié de la plume de sa fille dans *Lettres urbaines*. Désormais, Ma Yuanyuan était diplômée et travaillait dans une entreprise d'informatique.

Ainsi qu'il a été dit plus haut, Ma Dong adorait raconter à Li Chang sa vie privée, mais les sujets qu'il abordait étaient toujours les mêmes et n'impliquaient que sa petite amie ou ses amies. Si bien qu'à ce jour, Li Chang ne savait pas si Ma Dong avait une épouse. Bien sûr, il avait eu une femme, sans quoi il n'y aurait pas de Ma Yuanyuan, mais était-il toujours marié ? Si oui, l'épouse de Ma Dong était-elle la mère ou la belle-mère de Ma Yuanyuan ? Dans tous les cas cette mère ou belle-mère n'avait pas de bonnes relations avec Ma Dong et s'il avait une femme c'était en tout cas comme s'il n'en avait pas.

L'après-dîner avait lieu dans le même bar que la première fois : quatre ou cinq petites tables étaient collées en une longue rangée, installée en terrasse avec vingt ou trente personnes assises autour. Ma Dong prit le siège principal, à l'extrémité de la longue file. Ma Yuanyuan et son père étaient assis du même côté, Li Chang et Xiao Er étaient respectivement assis à leurs gauche et leur droite. Le plan de table n'était pas très différent de celui d'il y avait trois ans, à cela près que Lao Pan et Oncle Hua n'étaient pas présents. Li Chang ne les avait pas invités.

Avant de quitter l'hôtel, Ma Dong avait demandé à Li Chang : « Qui avez-vous invité ce soir ? » Li Chang compris où il voulait en venir et dit : « Oh rien que des collaborateurs de *Lettres urbaines*, il n'y aura pas de pièces rapportées. Ma Dong dit : « Bien, c'est très bien. » De toute évidence, il ne voulait plus revoir Lao Pan et Oncle Hua. S'il avait pu mener à bien sa performance *Semestre* ça aurait été différent, Ma Dong aurait alors été très disposée à revoir Lao Pan et les autres.

Li Chang ne pouvait s'empêcher de penser que la raison pour laquelle Ma Dong s'était lancée dans l'art à la mode de Xie Deqing était liée à l'humiliation qu'il avait subie la dernière fois. Se relever à chaque chute était pour Ma Dong un objectif.

Cette fois-ci, Ma Dong n'a pas parlé d'art, encore moins de son *Semestre*, qu'il n'a évoqué ni pendant le repas à l'hôtel ni lors de la soirée au bar après le dîner. Ma Dong parlait sans cesse, mais il n'était question que de littérature et d'écriture. Il parla de *Lettres urbaines*, de *Les jours après les jours* et de *Un jour suivant l'autre*. Il semblait finalement que Ma Dong avait décidé de revenir au roman. Toutes les personnes présentes hochaient assidûment la tête et se levaient de temps en temps pour porter un toast, proférant des mercis et leur admiration. Quelqu'un affirma même que Ma Dong était un Bo Le moderne, le comparant ainsi au célèbre dresseur de chevaux antique. Mais un autre invité n'était pas d'accord, qui considérait plutôt que l'éditeur Ma était lui-même un étalon pur-sang, et une troisième personne rétorqua : « Monsieur l'éditeur Ma n'est pas un cheval du tout, c'est un mouton... » Tout le monde en fut très étonné, et l'homme dut répéter : « Oui, le mouton de tête, celui qui mène le troupeau ! » L'ambiance était bonne, on avait un centre d'attention et un thème de soirée. Li Chang pensa que Ma Dong avait enfin reçu une juste compensation en réparation de l'humiliation qu'il avait subie lors de sa première venue à Dongdu. Il remarqua une chose : à aucun moment de la soirée Ma Dong n'avait adressé la parole à Xiao Er, il ne lui avait pas même adressé un regard. Ma Dong n'avait-il pas affirmé qu'il irait à Dongdu lui donner une leçon en personne ? Cette leçon consistait probablement à l'ignorer. Il avait le visage sombre et ignorait Xiao Er et Ma Yuanyuan (qui étaient assis ensemble). Une lumière venue de nulle part brillait d'un côté du vieux visage de Ma Dong, tandis que l'autre côté, faisant face à Xiao Er et compagnie, restait dans l'ombre. Xiao Er et Ma Yuanyuan avaient les yeux levés, leurs visages plats et juvéniles baignés d'une douce lumière.

À l'initiative de Ma Yuanyuan, Xiao Er a levé son verre et porté un toast à Ma Dong. Ce dernier a fait semblant de ne pas le voir et a entrepris de trinquer avec Li Chang à ses côtés. « Hé », le rappela Li Chang, Xiao Er lève son verre à votre santé.

– De combien de sortes de vins est-il question dans *Les jours après les jours* ? Ma Dong regarda autour de lui avant de répondre.

– Pour être honnête, j'y évoque un total de vingt-trois types de vins, un par jour. Car il m'a justement fallu vingt-trois jours pour écrire ce livre !

– Il est vraiment impossible de lire les romans de l'éditeur Ma si l'on n'est pas un minimum méticuleux, a déclaré quelqu'un.

– Vous risqueriez de passer à côté de ce genre de détails.

– Vraiment ? Dites-moi, vous rappelez-vous d'un vin sur lequel j'ai écrit ? Si vous m'en citez un, je descends un verre !

– Alors...

Ma Yuanyuan avait attrapé le bras de Ma Dong, et ce dernier la laissa faire, mais il refusait de se tourner vers elle. « Papa, papa... » appelait-elle doucement en lui secouant le bras. Elle ne secouait pas fort et il ne comprenait pas ce que cela signifiait. Voulait-elle que Ma Dong ralentisse sa consommation d'alcool, ou qu'il laisse parler Xiao Er ? Bref, Ma Yuanyuan continuait de fredonner et de gazouiller à côté de lui qui restait impassible, en grande conversation avec un groupe de jeunes. Au-dessus de leurs têtes, la cime d'un arbre formait un parapluie qui bruissait, ses branches et ses feuilles se balançaient au vent. Sur la table et sous le parapluie, les tasses, les bouteilles et les cendriers gisaient en désordre, et les lentilles et les yeux des convives clignotaient.

Li Chang est retourné dans le bar pour aller aux toilettes. En sortant, il assista à une scène, au coin de la rue, qui ne manqua pas de l'émouvoir. Elle lui permit de comprendre que Ma Dong ignorait Xiao Er parce qu'il était jaloux : ce dernier avait embarqué sa précieuse fille, à la vue de tous. Ainsi, Li Chang comprit quel amour profond unissait père et fille qui, jusque-là, était resté incompréhensible.

VIII

Après avoir passé un an à Beidu, Ma Dong reprit le chemin de Xidu. Il arrêta de parler d'art pour se concentrer sur l'édition de magazines et l'écriture de romans. Il semblait avoir gardé des séquelles de sa vie à

Beidu, Ma Dong en resta désorganisé et incapable d'écrire. Il prit la plume maintes fois, sans pouvoir achever le moindre chapitre. Au téléphone, Li Chang réconforta Ma Dong : « C'est normal. Vous êtes dans un goulot d'étranglement, cela prouve que vous êtes devenu romancier conscient. » Il ajouta : « Ne forcez pas votre écriture si vous n'avez pas d'inspiration. Laissez le projet mijoter intérieurement. C'est comme une grossesse, qui comprend à la fois un processus de conception et de gestation, afin que le moment venu l'accouchement vienne naturellement. »

Ma Dong ne parla donc plus d'écriture. Il n'en parla plus pendant six mois, il n'en parla plus pendant dix mois. Au bout d'un an, Li Chang se dit que même s'il avait été enceint d'un éléphanteau, il aurait déjà accouché. Finalement, quand Li Chang prit l'initiative de remettre la question sur le tapis, et Ma Dong lui répondit :

– Je suis enceinte de quelqu'un, il avait pris un ton assez mystérieux. Vous comprenez ce que je veux dire quand je dis enceinte de quelqu'un, n'est-ce pas ? Vous êtes tout à fait capable de le comprendre.

Il avait oublié que la métaphore de la grossesse dans l'écriture du roman lui était venue de Li Chang. Mais jusqu'à ce que Ma Dong quitte son poste de rédacteur en chef à *Lettres urbaines*, on n'obtint jamais aucune nouvelle ni du roman ni même de ses personnages.

Il y avait des choses plus préoccupantes. *Lettres urbaines* avait dépassé son apogée et de nombreux numéros étaient sortis au cours des quatre dernières années. La rédaction d'origine ayant été mise sur la touche et payée au lance-pierre, elle sema le trouble un certain temps, avant de quitter le navire. En plus, la revue faisait rarement appel aux manuscrits d'écrivains locaux, car les personnalités en vue avaient naturellement plus d'impact que les membres la rédaction. Ils se plaignirent à plusieurs reprises auprès des autorités compétentes, remettant en question les critères de sélections des manuscrits utilisés par *Lettres urbaines*. En plus, Ma Dong se pavanait et frimait. Après son retour de Beidu il avait laissé pousser ses cheveux courts et s'habillait d'une manière indescriptible. Dans un endroit comme Xidu, il passait presque pour un travesti, c'était un véritable extraterrestre. Son propre patron le convoqua à plusieurs reprises, et Ma Dong, désormais sous le coup d'une enquête interne, savait que ses jours étaient comptés. Et si ses jours étaient comptés, et ceux de *Lettres urbaines* l'étaient aussi.

Avant de commencer la composition des premiers numéros, Li Chang et Ma Dong avaient convenu que les quatre cinquièmes de la revue devaient servir à la « vraie littérature » et que le cinquième restant servirait à des communiqués de presse ou des publicités. Car pour qu'une publication survive, elle devait faire des compromis personnels et commerciaux. Li Chang en était naturellement conscient, et cet équilibre était pour lui un compromis rationnel. Le dernier cinquième était entièrement contrôlé par Ma Dong. Dans la dernière période de *Lettres urbaines*, Ma Dong subissait une pression telle que limite du cinquième devenait progressivement intenable. Ma Dong avait beau avoir repris ses vêtements normaux, coupé ses cheveux et arrêter de se les teindre, afin de révéler avec pudeur les mèches argentées que des années de travail acharné lui avaient faites, il ne s'en sortait plus. Tard dans la nuit, après avoir écouté Ma Dong se plaindre pendant deux heures (il venait de se rendre aux autorités compétentes dans l'après-midi et avait été soumis à une nouvelle inspection), Li Chang céda. Il admit : « De toute façon, il ne reste que quelques numéros, l'important est d'éditer et de finir de publier les manuscrits des amis, ainsi que ceux des chefs... »

– Mais *Lettres urbaines* en serait-elle toujours *Lettres urbaines* ? demanda Ma Dong. Soyez à la hauteur des attentes, tant que vous êtes rédacteur en Chef. Li Chang n'avait jamais imaginé que Ma Dong pourrait à son tour être pour lui un conseiller.

– À moins que vous vous en fichiez ?

– Me ficher de quoi ?

– Hé bien de votre réputation par exemple.

– Si vous vous en foutez, pourquoi devrais-je m'en soucier moi ?

Li Chang continua :

– À ce stade, nous sommes indissociablement liés. Qui ignore que *Lettres urbaines* est issue de notre collaboration ?

– Voyons voir, et Ma Dong resta longuement pensive à l'autre bout du fil, Ce sont les derniers numéros de toute manière, je vous rejoins sur ce point. Mais au lieu de publier les manuscrits des patrons, pourquoi ne pas prendre nos aises et publier ceux qui n'auraient pas dû l'être, faute de place ? On s'en fout, on est au bout De quoi a-t-on peur ?

Li Chang resta songeur. Ils pouvaient en effet faire deux choix complètement différents, opposés, face à une même situation. Alors qu'il réfléchissait à la faisabilité et aux conséquences de la proposition de Ma Dong, celui-ci ajouta : « J'ai dit ça sous le coup de la frustration... »

Ma Dong se dégonflait-il ? Peut-être. Mais Li Chang savait que s'il répondait avec enthousiasme et le regonflait, cet homme se montrerait à la hauteur. C'était la première fois que Li Chang percevait chez Ma Dong la fibre du joueur. Même son travail *Semestre* à Beidu, réalisée en grande pompe n'avait été qu'une tentative pour gagner en renommée et se faire une réputation, et il n'y avait pas eu de réel danger. De quelque manière que ce soit, Li Chang fut impressionné par cette capacité de Ma Dong à penser de cette manière et à « sacrifier sa vie sur l'autel du Bien » à l'occasion du dernier numéro de *Lettres urbaines*.

Li Chang ne rejoignit pourtant pas Ma Dong et ils revinrent à la première option concernant le numéro suivant de la revue. Li Chang se souvint de demander à Ma Dong : « Je pense publier une série de poèmes de Ma Yuanyuan. »

– Vraiment ? Ne faites pas ça. Yuanyuan n'a pas la fibre, ne la mêlons pas à ça, répondit Ma Dong.

La réaction de Ma Dong dépassait encore une fois les attentes de Li Chang. Il en fut bousculé pour la deuxième fois cette nuit-là. Telle une personne au seuil de la mort, il avait toujours le mot juste. Et bien que la fin de *Lettres urbaines* ne soit pas la fin de Ma Dong, Li le trouvait admirable.

Après cet appel, Ma Dong n'a pas rappelé pendant longtemps. Li Chang se demanda s'il devait prendre l'initiative d'appeler et de s'enquérir de la situation, jusqu'à ce que le dernier numéro de *Lettres urbaines* lui parvienne. Au début, Li Chang ne réalisa pas de quoi il s'agissait. Il recevait en effet chaque jour de nombreux magazines gratuits. Outre des magazines littéraires, il lui arrivait parfois des magazines de mode et de variétés ou des feuillets publicitaires artisanaux. Certains d'entre eux étaient des journaux de « faisans » : ils avaient l'air pimpants, mais à la première lecture on s'apercevait de la supercherie. Li Chang ne prenait même pas la peine de déballer de tels magazines. Le dernier numéro de *Lettres urbaines* était emballé dans une enveloppe sur laquelle il était écrit *Urbaine*. Li Chang l'ouvrit et en fut stupéfait. Sur la couverture on voyait une starlette en vogue, dont le mot *Urbaine*, le même que sur l'enveloppe, couvrait le bout des seins.

C'était indéniablement le dernier numéro de *Lettres urbaines*, il n'y avait pourtant aucun doute à ce sujet.

Li Chang regarda à nouveau la femme qui posait en Une sans la reconnaître. La photo n'avait pas été prise par un studio professionnel, elle devait avoir été prise dans un studio de base et s'apparentait à une photo de mariage.

– Mais qui diable est cette fille ? Cette question fut immédiatement remplacée par ce machin c'est *Lettres urbaines* maintenant ? Dans l'esprit de Li Chang. Bientôt, environ deux secondes après, il se rendit compte que la femme n'était pas une starlette, mais la petite amie de Ma Dong. C'était la seule possibilité.

Il lui semblait voir l'énorme tronche de Ma Dong à côté de la petite tête à claques de la femme, sortant de la couverture du magazine. Ce n'était bien sûr qu'une hallucination. Il voyait Ma qui portait des vêtements et des chaussures en cuir ainsi qu'une cravate jaune vif, c'est-à-dire la tenue qu'il portait lors de leur première rencontre. La jupe de gaze de la femme descendait jusqu'au sol et flottait comme celle d'une fée. Li Chang vit les dix longs ongles couleur rouge sang de la femme et les gants blancs de Ma Dong.

Li Chang, malgré son dégoût, feuilleta quand même le magazine en entier. Il y avait d'autres photos à l'intérieur, qui étaient soit des portraits soit des images du buste de la femme. Si l'on comptait la quatrième de couverture, ce numéro de "Lettres urbaines" contenait en fait six photos (six portraits) de cette femme. Le style était le même, elles devaient provenir du même studio photo, et la série de photos avait été prise en une seule séance. Ma Dong était derrière tout ça et ça allait vite se savoir.

Si même Li Chang pouvait devinait la relation qu'elle entretenait avec Ma Dong, alors que dire du cercle littéraire de Xidu. Tant de gens avaient les yeux fixés sur lui, observant chacun de ses mouvements. Ma Dong, probablement pour éviter tout soupçon, n'avait pas légendé la photo de la femme, on ne savait ni de qui il s'agissait, ni qui était le photographe. Seules restaient six photos de nues aux poses lascives, prises dans les studios de Xidu puis intégrées à *Lettres urbaines*, un magazine littéraire parfois surnommé le *New Yorker* chinois.

Cette nuit-là, Ma Dong appela comme on pouvait s'y attendre Li Chang. Il demanda sans détour : « Avez-vous reçu le magazine ? »

Li Chang lui répondit : « Je l'ai reçu, oui. » Le silence s'installa. Il ne parla pas du nouveau numéro ni de quoi que ce soit d'autre, il resta simplement silencieux.

La pause entre eux dura un moment, puis Ma Dong soupira à l'autre bout du fil et dit : « Oh, c'est un petit trésor, dans le besoin. Elle n'a même pas encore fini ses études. » La fille en couverture, malgré son épais maquillage, semblait fort jeune. Li Chang se souvint de la première fois qu'il avait rencontré Ma Yuanyuan, à l'époque c'était une étudiante en troisième année, il en déduisait que cette femme était plus jeune que la fille de Ma Dong.

– Elle fait des études de secrétariat ? demanda Li Chang.

– Oui, s'est joyeusement exclamé Ma Dong, comment avez-vous deviné ? Li Chang ne lui répondit pas que c'était parce que sa propre fille avait étudié le secrétariat.

Au bout d'un moment, Ma Dong dit : « la petite Wen vous passe le bonjour. »

– La petite Wen ?

– Oui, c'est comme ça qu'elle s'appelle. C'est notre Pin-up maintenant, haha, ha... Ma Dong éclata de rire au téléphone, mais il s'arrêta en entendant que Li Chang ne répondait pas.

– Vous êtes en train de dire que le prochain numéro de *Lettres urbaines* contiendra d'autres photos de la petite Wen ?

– Ce n'est pas ce que tu voulais ? Il faut qu'on soit dans le lâcher-prise, lâchons tout.

– J'ai dit ça, mais...

– Il n'y a pas de, mais, lâchons prise, lâchons vraiment tout. Tout est entre vos mains, Monsieur Li, Monsieur le rédacteur en chef Li... Est-ce qu'il y a des photos que vous souhaitez publier ? Faites-les tirer. Envoyez-les-moi et nous publierons une série de photos comme celle-ci, qui attireront l'attention.

– Je n'ai pas de photos à envoyer.

– Je n'ai pas dit des photos de vous, je veux dire si vous connaissez une gamine... Ce n'est pas un souci, je vais faire votre part.

Cette histoire de photo s'arrêta là, après quoi Ma Dong se mit à parler de la petite Wen. Il expliqua en toute franchise à Li Chang qu'il avait emménagé avec elle. Ma Dong expliqua que malgré son retour à Xidu, il avait changé de mode de vie, qu'il ne cumulait plus les petites amies et qu'il était petit à petit devenu fidèle. Ce n'était pas le principal, l'important était que désormais sa petite amie, la petite Wen, était d'un bien plus haut niveau que les filles précédentes. Elles ne sortaient plus des salons de pédicure ou d'une salle de karaoké. Bien qu'elle ne soit elle-même ni écrivain ni artiste, elle pourrait certainement être amenée à le devenir.

– Yuanyuan faisait des vers tu te rappelles ?

– Eh bien la petite Wen en fait aussi, ajouta Ma Dong.

Li Chang trouvait cette évocation de sa fille par Ma Dong à ce moment-là inappropriée, mais il savait aussi qu'elle était pour lui une référence.

– Ce n'est pas toi qui voulais publier les poèmes de Yuanyuan ? Eh bien je vais pousser la petite Wen à publier les siens...

Plus Ma Dong parlait, plus il s'enfonçait et Li Chang dû l'interrompre : « Le fait que Ma Yuanyuan fasse des vers n'a rien à voir avec moi. C'est surtout Xiao Er qui est derrière tout ça... » Cela sonnait très faux et il semblait que Li Chang jouait une fois de plus sur le terrain de Ma Dong, ce vieux renard.

« Il est derrière mon cul, surtout... Xiao Er, je le connais par cœur. C'est vous qui êtes derrière tout ça ! » Ma Dong était comme indigné et au milieu de cette colère se tapissait un véritable éloge de Li Chang, qui l'avait presque assommé. Après cela, Ma Dong conclut : « Nous avons tous progressé sous votre direction. Je laisse le soin aux autres de vous dire ce qu'ils pensent, mais quant à moi, je vous suis grandement reconnaissant... »

— Je vous en prie, allons...

— Non, laissez-moi finir. Vous m'avez demandé de lâcher prise pour nos derniers numéros, et j'ai lâché prise. Vous m'avez demandé de relever le niveau avec mes petites amies, et j'ai fait de mon mieux pour relever niveau. Tout cela est arrivé grâce à vous, je me trompe ? Reconnaissez vos mérites, frère !

Ma Dong dévoilait ainsi sa conception des choses : tout, dans *Lettres urbaines*, le bien comme le mal, pouvait être attribué à Li Chang.

— C'est d'accord, a admis Li Chang, j'en assume l'entière responsabilité.

Comme s'il s'était agi des retrouvailles de vieilles connaissances, Ma Dong s'est mis à parler de détails, le sujet de la conversation est devenu de plus en plus personnel et de plus en plus limité. Il raconta la maison où lui et la petite Wen s'étaient installés, de l'aménagement au matelas Simmons où lui et Wen dormaient, puis du matelas à la couette, et de la couette aux « petits pyjamas ». De ce petit espace, les pensées de Ma Dong coulaient comme de source.

Ils n'avaient plus eu ce genre de conversation depuis deux ou trois ans, et c'était comme au bon vieux temps. Li Chang posa le combiné sur la table et s'alluma une cigarette. La voix de Ma Dong s'échappait de l'espace entre la table et le combiné, dans un étrange grincement. Baballe, qui dormait dans sa niche, en fut surpris et se dandina jusque dans le salon. Baballe, incapable de comprendre d'où venait la voix se mit à aboyer à la porte du balcon. « Que se passe-t-il ? Qui parle ? » Ma Dong éleva la voix dans le combiné, nerveux.

— Ce n'est rien, c'est mon chien. Li Chang n'avait eu d'autre choix que de reprendre le combiné et de répondre.

— Vraiment, un chien ?

— Ouais, il s'appelle Baballe. Baballe, Baballe, vient ici...

Baballe sauta sur les genoux de Li Chang, qui le prit dans ses bras et se mit à le caresser pour le réconforter. Il put reposer le combiné sur la table.

Il n'y avait aucune lumière dans le salon et le clair de lune continuait de briller sur le balcon devant lui. Li Chang était assis dans l'obscurité, tenant son gros chiot blanc dans les bras. Il était bien au téléphone, le combiné à l'envers sur la table ; peut-être qu'il fumait et que la cigarette brûlait seule sur le bord du cendrier de verre, la cendre s'allongeant, à mesure la cigarette se fumait toute seule… Il avait les yeux dans le vague, et en même temps il cherchait où poser son regard. Une serviette de bain claire était accrochée à la corde à linge sur le balcon, et à ce moment-là, dans le clair de lune aux rayons blanc, elle se balançait légèrement dans le vent nocturne, comme un petit écran. Le regard de Li Chang s'y arrêta finalement. Il le regarda comme s'il y était projeté les quatre ou cinq années de sa relation avec Ma Dong, qui avaient coulées comme de l'eau.

IX

Un soir, le téléphone de Li Chang sonna à nouveau et, cette fois, ce n'était pas Ma Dong au bout du fil, mais le Xiao Er. Il voulait convier Li Chang à une collation de fin de soirée, l'informant qu'il était déjà au stand de viande grillée du marché de nuit. Depuis que Li Chang avait aidé Xiao Er à entrer en relation avec Ma Dong et *Lettres urbaines*, l'autre ne le contactait plus que rarement, et il n'était jamais arrivé auparavant qu'il prenne l'initiative de l'inviter à manger un bout.

Li Chang prit un taxi et une fois sur place, il s'aperçut que Xiao Er était seul à table et qu'elle était dressée pour deux. Apparemment, il n'avait invité que lui. Il s'est levé pour inviter Li Chang à s'asseoir, avant de s'attabler à nouveau.   – En fait, je reviens de l'université Donglin, expliqua-t-il.

L'université Donglin était l'Université des gardes forestiers de Dongdu. Elle était située dans la banlieue sud de la ville. Le campus était densément boisé.

– Que faisais-tu là-bas au beau milieu de la nuit ? a demandé Li Chang.

– C'est une longue histoire.

Xiao Er s'arrêta de parler, salua le serveur, alluma le feu, y disposa des brochettes de viande et versa la bière. Ce travail fini, il leva son verre et trinqua avec Li Chang. Il prit d'abord une longue gorgée de bière et dit : « J'étais parti chercher quelqu'un... enfin pas tout à fait. J'étais parti explorer le coin... Enfin, pourquoi devrions-nous parler de ça, grand frère ? »

Depuis quand Xiao Er appelait-il Li Chang « grand frère » ? Apparemment il était arrivé quelque chose, quelque chose d'inhabituel.

Une semaine auparavant, Ma Dong avait passé un coup de fil à Xiao Er. Ce dernier avait d'abord cru que Ma Dong voulait joindre Ma Yuanyuan, et qu'il l'avait en fait appelé parce qu'il n'avait pu la joindre. « Yuanyuan fait des heures supplémentaires », expliqua-t-il, « Je lui dirais de vous rappeler. » Mais Ma Dong a répondu : « Je suis au courant pour les heures sup. et je vous appelle justement parce qu'elle n'est pas là. »

Xiao Er savait donc deux choses. Premièrement, Ma Dong voulait lui parler. Deuxièmement, Ma Yuanyuan ne devait pas savoir de quoi il allait être question.

Ma Dong a demandé à Xiao Er de se rendre à l'Université Donglin pour y trouver quelqu'un. Il lui a donné l'adresse, le numéro de chambre et le numéro du dortoir. La personne recherchée était désignée du nom de « Voleur numérique ». Xiao Er était curieux : « Mais quel est son vrai nom ? » Ma Dong lui répondit : « ne t'en préoccupe pas, après avoir frappé à la porte, tu demanderas : » qui est le voleur numérique ? « Et lorsque quelqu'un réagira à ce nom, donne-lui un bon coup de poing en pleine face et cours... » Xiao Er prit peur : « Mais enfin, vous connaissez mon physique... Déjà que je n'ai pas le dessus sur votre Yuanyuan... »

Ma Dong lui répondit : « L'adversaire ne pèse guère plus de cinquante kilos et mesure un mètre soixante-quatre. Je le connais par cœur. Il est haut comme deux tas de merde, il ne fait pas ta taille. »

Comme Xiao Er rechignait encore, Ma Dong ajouta : « Si tu n'as pas le cran, emmène quelques gars. »

– Des gars ? Mais quels gars ?

– Tu amènes quelques collaborateurs de *Lettres urbaines*, des gens qui ont déjà publié.

— Tu n'auras qu'à leur dire que tu lèves une armée de mille jours pour n'avoir à se battre qu'un instant, mais ne dis surtout pas que c'est moi qui aie dit ça. Dis simplement que le moment est venu pour eux de renvoyer l'ascenseur à *Lettres urbaines*. Dis-leur simplement que le gars qu'on veut tabasser fait du tort au journal, continua Ma Dong.

Pourquoi il souhaitait s'en prendre au « voleur numérique », Xiao Er ne le savait pas. Il en avait compris assez pour ne pas poser d'autres questions. Finalement, Ma Dong l'a à nouveau prié de ne pas parler de son appel téléphonique ni à Ma Yuanyuan ni à Li Chang.

— Il n'y a qu'à toi que je puisse confier une telle tâche. Quand toi et Yuanyuan serez mariés, nous formerons une famille. Oh, non, non, je veux dire nous sommes une famille, déjà.

Ma Dong venait de promettre la main de Ma Yuanyuan à Xiao Er, et ce dernier n'avait eu d'autre choix que d'accepter.

Xiao Er, bien qu'ayant le devoir chevillé au corps, était fort mal à l'aise, et n'ayant personne à qui se confier, la situation dura une semaine de plus. Jusqu'à ce que la veille, alors que Ma Yuanyuan faisait de nouvelles heures supplémentaires, Ma Dong l'ait rappelé.

Il lui avait d'abord demandé comment s'était passée l'opération ? Xiao Er lui répondit : « Je me prépare. » Ma Dong lui dit : « Tu as bien fait de ne pas y aller, j'avais oublié de te confier une étape clef. Lorsque tu frapperas ce chien au visage, il faut que tu n'oublies pas de lui dire quelque chose. »

— Lui dire quoi ?

— Il faut que tu lui dises : « Tu connais la petite Wen, hein ? La petite Wen de Xidu. » Une fois que tu lui auras dit ça, cours, mais n'oublie pas de lui dire, sinon les coups seraient portés en vain.

— La petite Wen ? Xiao Er était complètement perdu.

— Oui, dit Ma Dong, c'est ma petite amie du moment, nous allons nous marier, ce qui signifie qu'elle pourrait devenir ta belle-mère à l'avenir, non plutôt, elle va être ta belle-mère. Bref, en gros, tu l'appelleras maman bientôt. Quant à toi, il faut donc que tu assumes responsabilités vis-à-vis de ta mère, et c'est pourquoi il est temps que tu y ailles.

Xiao Er fut pris de vertiges en entendant ça et ne savait plus comment réagir. Au bout d'un moment, il se risqua à demander :

— Mais justement, si c'est vous qui l'épousez, c'est vous qui avez des devoirs envers elle ? Et quel est le rapport avec le fait que j'aille tabasser le voleur numérique ?

— Mais n'ai-je pas été suffisamment clair ? Si tu n'y vas pas ou si tu y vas trop tard, la petite Wen ne sera jamais ta belle-mère ! reprit Ma Dong.

Comme s'il était clair pour lui que Xiao Er mourrait d'envie d'avoir la petite Wen pour belle-mère. Ce dernier ne put s'empêcher de penser : « Mais qu'est-ce que ça peut me foutre ? Qui est cette gonzesse ? » Il se retint toutefois de faire cette réponse.

Tout en racontant cela, Xiao Er découpait un tendon de bœuf avec un couteau et demanda à Li Chang : « Pourquoi est-ce qu'il ne s'est pas adressé à toi ? »

— S'adresser à moi ? Mais je ne suis pas le futur gendre de Ma Dong. Nous sommes amis et collègues. Toi et lui êtes membres d'une même famille or il s'adresse justement à toi pour une histoire de famille, dit Li Chang

Li Chang faisait tourner Xiao Er en bourrique. Il avait écouté l'histoire en sirotant sa bière et sans rien avaler.

« Et imaginons que... » demanda Xiao Er, tandis que s'était formée une petite colline de cuillères et de baguettes à ses côtés. « Que Ma Dong vous demande d'aller tabasser ce voleur numérique, iriez-vous ? »

— Mais bien sûr que non. Qu'est-ce que c'est que ces histoires ! Ce ne sont plus des enfants, il est tout à fait légal qu'un étudiant drague la petite amie d'un autre, en ligne. C'est le lot des garçons et des filles. Mais quel âge a cet abruti de Ma Dong ? Mais qu'est-ce qu'il fout ! Non seulement je refuserais, mais je tancerais Ma Dong pour qu'il arrête de se comporter de manière aussi ridicule et puérile, il perd vraiment la face ! Répondit Li Chang

— Oh.

— Je te recommande aussi de ne pas te mêler de ça. Bien sûr, ne dis pas à Ma Dong que c'est moi qui te l'ai dit. Frappe-le et cours, en voilà des propos stupides, arriverais-tu seulement à t'enfuir ? Sais-tu seulement où tu mets les pieds ? Et puis outre le dortoir, il faudrait que tu traverses tout le campus. As-tu la moindre idée de ce qu'il y a à la sortie du campus de l'Université ? Et comment tu retournes en ville ? Tu sais combien il y a d'étudiants dans ce dortoir ? Et s'il y en a un qui crie, tu fais quoi ? Parce qu'il y aura forcément des cris. Les agents de la sécurité ne mangent pas des nouilles...

– Merci, Monsieur Li, pour vos conseils, finit par répondre Xiao Er. Il prit une gorgée de bière, se rinça la bouche et déglutit.

– En fait, je suis allé faire du repérage ce soir. Ce n'est pas si difficile. Le dortoir du voleur numérique est au deuxième niveau. Il y a une brèche dans le mur à trente mètres qui donne sur l'extérieur du dortoir. Puis il y a un passage qui donne sur la rue.

– Alors tu vas vraiment y aller ? a demandé Li Chang, impressionné par le courage du serveur. « Tu rigoles... »

– Ça n'est pas une tâche difficile en soi. La seule question est de savoir si cela en vaut la peine, répondit Xiao Er.

– Oui, est-ce que ça vaut seulement le coup ?

– Bonne question, c'est pour ça que je voulais que tu m'aides à me décider...

Xiao Er avait arrêté de manger et s'était mis à boire de la bière. Il levait son verre, que Li Chang réponde ou non, et ne parlait qu'après avoir bu. Beaucoup de gens sont comme ça : ils ne mangent pas lorsqu'ils boivent de la bière, et ils ne boivent pas de bière quand ils mangent. En l'occurrence, Xiao Er avait déjà mangé suffisamment de brochettes. La conversation passa à un autre sujet : Xiao Er avait mis de côté la question de se rendre à l'université Donglin et commencé à l'interroger sur l'avenir de *Lettres urbaines*. Il demanda très sérieusement, si la revue allait continuer de paraître ? Si oui, combien de numéros supplémentaires paraîtraient ? Le rédacteur en chef Ma Dong serait-il remplacé ? Si Ma Dong restait en poste, *Lettres urbaines* deviendrait-elle une revue pour le grand public ? Un retour au niveau de qualité des débuts était-il possible ?

Évidemment, Xiao Er avait reçu le dernier numéro, mais il ne mentionna ni la Une, ni la quatrième de couverture arrière, ni les encarts.

Ils n'en parlèrent pas et cela revenait exactement à avoir une conversation sur le sujet.

Li Chang gardait le rythme, buvant lentement sa bière tout en répondant aux questions. Li Chang se demandait : où veut en venir ce garçon ? Qu'est-ce que cela a à voir son expédition punitive à Donglin ? Est-ce que ça a à voir avec son « coup » ? Soudain, Li Chang comprit que Xiao Er suivrait les instructions de Ma Dong en fonction de l'avenir promis à *Lettres urbaines* et de l'avenir de Ma Dong.

Xiao Er savait naturellement que Li Chang l'avait compris, et c'est la raison pour laquelle il ne l'avait pas expliqué. Li Chang savait également que Xiao Er savait qu'il savait. Et comme ces deux-là se connaissaient bien, Li Chang comprit une chose : ce n'était qu'en dressant un tableau affreux de *Lettres urbaines* qu'il pourrait empêcher Xiao Er de se rendre à Donglin.

— Il ne reste qu'un numéro à paraître. Et encore, Ma Dong n'a toujours pas envoyé les photos de la petite Wen... déclara Li Chang.

— La photo de la petite Wen ? Le serveur était choqué : « attendez : la femme sur les photos en studio c'est la petite Wen ? »

— Ouais, évidemment tu n'étais pas au courant ?

— Non, je n'en avais aucune idée, je l'ignorais. Xiao Er descendit un plein verre de bière, probablement pour se calmer. Il s'essuya négligemment la bouche avec une serviette : « Alors c'est ma future belle-mère, belle maman ? C'est une foutue grue... Ce vieux chien de la casse est vraiment cinglé, malade, mais ce taré cherche vraiment la mort ? »

Li Chang sentait qu'il avait vu juste. Il a alors commencé à s'inquiéter de la relation entre Xiao Er et Ma Yuanyuan, en ces termes : « Au fait, tu vas aller à Donglin ou pas ? »

— Y aller ? Mais il faudrait être le dernier des cons ! Ma Dong est ton futur beau-père, et il t'a confié cette mission en personne.

— Cet affreux connard, mon beau-père ? Non, seul un abruti prendrait un beau-père pareil, mais quel con je fais !

— Allons, ne dit pas ça, l'un dans l'autre, toi et Ma Yuanyuan allez-vous marier.

– Seul un imbécile épouserait la fille d'un imbécile...

– Pardon, toi et Ma Yuanyuan ne vous parlez plus ?

– Ça, c'est à voir... Putain, mais quel abruti ! ajouta Xiao Er.

X

Lettres urbaines était finalement redevenue *Lettres de Xidu*. Le rédacteur en chef avait changé et Ma Dong avait quitté ses fonctions. Li Chang avait compté que Ma Dong et lui avaient travaillé ensemble pendant quatre ans et quatre mois, éditant et publiant un total de 26 numéros (*Lettres urbaines* étant un bimensuel), parmi lesquels au moins vingt-trois numéros de qualité. Nul besoin de revenir sur les problématiques développements tardifs.

D'un point de vue personnel, ces quatre années avaient été riches en expériences. Ma Dong avait jadis quitté son domaine d'activité d'origine, et désormais il avait quitté son poste de rédacteur en chef. Il avait déménagé à Nandu pour devenir directeur de la bibliothèque de l'Institut d'art local.

Li Chang ayant perdu ses revenus liés à la rédaction et à l'édition, il avait dû, après six mois de vaches maigres, recommencer à écrire de longs articles (il écrivait parfois quelques chroniques pour des suppléments de journaux afin d'arrondir ses fins de mois).

Li Chang se dit que Ma Dong avait désormais du temps libre, qu'il pourrait s'installer et écrire comme lui. Il se dit que directeur de bibliothèque était une sinécure, Li Chang ne pouvait s'empêcher de penser à Lao Zi et Borges pour ne citer qu'eux. Sur une table d'écriture à l'ancienne, baignée de la lumière d'une lampe de bureau classique surmontée de son abat-jour de verre vert, Ma Dong écrivait inlassablement, dans un grand silence, que favorisait naturellement l'épais tapis sous ses pieds. Ma Dong écrivait sur les années sensuelles et chaotiques de la « première moitié de sa vie ». Ce contraste entre le recto et le verso de sa vie, cette tension entre mouvement et immobilité fascinait Li Chang. Seule une image semblait ne pas trouver sa place dans le tableau : celle de la petite Wen. Ma Dong « s'était enfui », emportant à Nandu la petite Wen. Comment imaginer cette fille si vulgaire et médiocre sur ses clichés au côté d'une sorte de « Marx » ? Que faisait-elle quand Ma Dong était assis à son calme bureau écrivant furieusement ? Que pouvait-elle bien fabriquer ? Li Chang avait vraiment du mal à l'imaginer.

Ma Dong avait dû quitter Xidu parce qu'il devait prendre un poste de niveau équivalent, et que l'Institut d'art de Nandu avait justement un tel poste à pourvoir. C'était du moins l'explication de Ma Dong. Deuxièmement, et c'était l'analyse de Li Chang, il avait déménagé, car Ma Dong ne pouvait plus rester à Xidu. Il avait dû se mettre à dos bien du monde au fil des années, à la tête de *Lettres urbaines*. De plus, les photos de la petite Wen soudainement apparues en une du magazine avaient beaucoup tourné et leur relation avait été inévitablement exposée. Quel que soit le type de relation, qu'ils fussent mari et femme, amants ou simplement fiancés, une telle relation était inacceptable à Xidu et considérée comme incestueuse. Celui qui foule le sol de Xidu se change en paysan (avait un jour affirmé Ma Dong). C'était différent à Nandu : d'après Ma Dong, les nuages blancs du ciel y allaient et venaient librement. Sur cette terre de liberté, pionnière en matière de réforme et d'ouverture, personne ne connaissait personne.

Ainsi, une autre image apparaissait aux yeux de Li Chang lorsqu'il pensait à la vie dans le Sud. Sur une plage dorée, Ma Dong, en short de bain, avec son ventre en forme de ballon et d'innombrables poils noirs sur ses jambes nues, était lavé d'eau de mer qui perlait sur sa peau. Il tenait la petite Wen, qui avait l'âge d'une de ses filles (une d'entre elles approchait de la cinquantaine, une autre avait à peine la vingtaine), et courait sur la plage, en direction de la mer. La fille se débattait, le repoussant à moitié et à moitié poussant des cris puérils. Cette scène n'était pas compatible avec celle qui représentait Ma Dong assis, lisant ou écrivant sur une table de la bibliothèque.

Après son déménagement, Ma Dong appela Li Chang une dernière fois pour le tenir au courant de quelques dispositions à prendre. Il ne rappela plus. Li Chang put enfin dormir tranquillement. Au début,

Li Chang décrochait son téléphone avant de se coucher, en se disant : maintenant qu'il n'y a plus rien de professionnel entre nous, qu'il ne me paie plus, rien ne m'oblige plus à être disponible à tout moment. Li Chang ne savait pas si Ma Dong avait essayé de l'appeler dans ces circonstances. Une fois, Li Chang s'était endormi en oubliant de décrocher. Aucun appel n'était arrivé au cours de la nuit. Au bout d'un moment, Li Chang a arrêté de décrocher et, de temps en temps, s'il était réveillé par une sonnerie de téléphone, ce n'était plus qu'en rêve. Lorsqu'il repensait au téléphone dans l'obscurité du salon, Li Chang s'attendait un peu à ce qu'il se mette à sonner.

Non seulement Ma Dong avait arrêté d'appeler la nuit, mais il avait aussi arrêté d'appeler la journée. Ma Dong s'était peut-être vexé et avait cessé de contacter Li Chang, comprenant que ce dernier avait déconnecté sa ligne. C'était un peu comme une rupture amoureuse : parfois une relation d'amitié perdure, mais d'autres fois la rupture est complète. Il existe d'autres éléments indiquant que Ma Dong et Li Chang avaient connu une rupture de type amoureux. Ma Dong ne contactait plus Li Chang, mais ils restaient en contact avec leurs amis communs, tels que Xiao Er. Il en allait de même pour Li Chang, qui avait gardé contact avec Ma Yuanyuan.

Li Chang et Ma Yuanyuan étaient en contact grâce à Baballe. Plusieurs fois par an, Li Chang voyageait, se rendait à des événements ou rendait visite à des amis. Elle prenait donc soin de son chien. Il ne pouvait confier le chien qu'à une personne qui avait un chien, aimait les chiens, avait du temps à passer avec le chien, pouvait promener le chien, avec laquelle il était ami et qui accepterait. En somme, les possibilités étaient limitées. Tout bien réfléchi, Ma Yuanyuan était la personne qu'il lui fallait : elle élevait elle-même un pékinois et avait récemment été promue chef de département. Elle n'avait plus besoin de pointer tous les jours au boulot. Si on ajoutait à cela la relation de Li Chang avec Xiao Er et sa vieille amitié avec son père, Ma Yuanyuan ne pouvait pas lui refuser de garder Baballe. Elle devait parfois s'occuper de lui pendant cinq jours, d'autres fois cela durait un mois entier. À chaque fois, Li Chang passait chez elle prendre une tasse de thé et discuter de choses et d'autres. Mais ils ne parlaient jamais de *Lettres urbaines* ni même de Ma Dong. La conversation se limitait aux animaux de compagnie, en particulier à Baballe et à Panpan (le nom du pékinois).

Ma Yuanyuan riait en regardant les deux garnements jouer. Au début, Baballe était monté sur le dos de Panpan. Une minute après, les positions étaient inversées et Baballes était sous Panpan. Les deux chiens étaient des mâles. Li Chang commentait de temps en temps. Lui et Ma Yuanyuan étaient comme deux parents dont les enfants se croisent au parc, les enfants jouant ensemble et les parents les regardant heureux. Parfois Xiao Er était à la maison, d'autres fois non. Xiao Er avait peur des chiens et était allergique aux poils. S'il était à la maison, il se tenait éloigné et fronçait les sourcils de temps en temps. Il était évident qu'on le gênait. Mais si Xiao Er n'était pas là, c'était Li Chang qui se sentait gêné. Ainsi, lorsque Xiao Er était présent il restait un peu plus longtemps, et lorsqu'il était absent, il restait un peu moins.

Puis vint la nouvelle que Ma Dong avait fait fortune. La première personne à l'apprendre dut être Xiao Er, et l'ayant découvert, tout le cercle d'écrivains de Dongdu fut au courant (ce genre d'information se sait toujours rapidement). Sans savoir si Xiao Er tenait ses informations de Ma Yuanyuan, Li Chang l'écouta attentivement. En raison de sa relation avec Ma Yuanyuan, on pouvait considérer les informations qu'il divulguait comme faisant incontestablement autorité et atteignant un taux de fiabilité d'au moins 80 %.

On racontait que Ma Dong s'était enrichie grâce à l'art contemporain. De nos jours, le marché de l'art était en plein essor, on ne comptait plus les diverses expositions et ventes aux enchères. Li Chang tenait pour acquis que Ma Dong était dans l'art contemporain. Se souvenant de *Semestre* qu'il avait abandonné en cours de route, il trouvait logique que Ma Dong se soit lancée dans cette entreprise, elle lui aurait permis de repartir de zéro et de connaître une rapide prospérité. Ma Dong n'était pas devenu artiste, mais collectionneur, connaisseur, critique et même conservateur, c'était là un rêve devenu réalité. La recherche d'occasions commerciales, ça le connaissait. À l'évidence, Ma Dong n'avait ni achevé, ni même commencé le moindre roman, et la lampe avec son abat-jour en verre vert s'éteignit dans l'esprit de Li Chang.

Ma Dong avait vraiment fait fortune, et Li Chang put s'en apercevoir à plusieurs reprises en allant faire garder son chien. Lorsqu'il avait commencé à déposer Baballe, Ma Yuanyuan et Xiao Er louaient un logement de quarante mètres carrés. C'était un logement meublé. L'éclairage était mauvais, ils vivaient avec les chiens et il en résultait une odeur inexplicable. Tout d'un coup, ils emménagèrent dans un grand appartement dans un immeuble neuf dont la surface habitable faisait cent cinquante mètres carrés. Ce logement était situé au dernier des quarante-huit étages. Depuis sa façade dégagée, on pouvait admirer la longue et mince rivière en contrebas. C'était un véritable appartement avec vue. Les meubles étaient tous neufs, parmi lesquels un grand réfrigérateur, un grand canapé et même une télévision, extrêmement grande et fine accrochée au mur. Et il y avait le chauffage au sol.

Un hiver, alors que Li Chang était venu déposer Baballe, ce dernier sentit immédiatement quelque chose d'étrange, il n'arrêtait pas de lever les pattes d'avant en arrière et sautait partout. Ma Yuanyuan ne put s'empêcher d'éclater de rire. Li Chang lui demanda :

– Combien tu paies le loyer ici ?

– On ne loue plus, on a acheté, répondit Ma Yuanyuan.

– Mais à quel taux as-tu emprunté ?

– On n'a pas eu besoin d'emprunter. Li Chang s'est tu.

Il aurait voulu demander : « Ton père te l'a acheté, n'est-ce pas ? » Mais avait-il besoin de demander ? De plus, il aurait été inapproprié de mentionner Ma Dong après tout ce temps, simplement parce qu'il avait acheté une maison à sa fille.

Plus tard, Li Chang a reçu de Xiao Er la confirmation que la maison avait bien été donnée à sa fille par Ma Dong. Xiao Er demanda à Li Chang : « Qu'est-ce qui vous fait croire que Yuanyuan n'avait pas les moyens de la payer elle-même ? »

– Ça aurait été impossible., Ma Yuanyuan ne travaille que depuis quelques années et n'est montée en grades que depuis peu. Les prix du logement à Dongdu ne sont pas inférieurs à ceux de Beidu ou Nandu, d'autant plus qu'il est bien situé, déclara Li Chang.

– Tu ne t'es pas dit qu'on achèterait ensemble ? Je touche des droits d'auteur.

– Oh ça, c'était encore plus improbable. Si tu réussis à faire les courses avec tes droits d'auteur ça sera déjà bien... Et d'ailleurs, n'envisageais-tu pas de quitter Ma Yuanyuan ?

– J'ai dit une chose pareille ? Aucun souvenir.

Avant que Ma Yuanyuan n'emménage dans sa nouvelle maison, Xiao Er avait essayé de rompre à plusieurs reprises, notamment parce qu'il ne supportait pas Panpan. « Tu choisis, c'est soit lui soit moi. » Xiao Er avait exigé une réponse à cette question. Et elle avait choisi Panpan sans hésitation, raison pour laquelle il n'était pas rentré de la nuit. Bien sûr, il pouvait toujours revenir s'il le souhaitait, car il payait une partie du loyer de la maison. Il annonça qu'il avait retrouvé sa liberté et commença à regarder autour de lui, prenant contact avec diverses femmes, en particulier des femmes riches. Mais au bout d'un moment (que dura sa rupture avec Ma Yuanyuan), il finit par guérir de son allergie aux poils de chien. Nul autour d'eux n'avait compris ce qu'il s'était passé entre elle et lui. Toutefois, un bon mot s'était répandu : ne disait-on pas de Xiao Er qu'il savait sur quelle marche grimper ? Et justement il avait mis le pied sur une haute Marche).

Ma Yuanyuan avait donc déménagé, au moment où se répandait la nouvelle de la fortune de Ma Dong. Xiao Er a emménagé avec Ma Yuanyuan, la meilleure raison à cela était qu'il n'avait nulle part où aller. Désormais Xiao Er était devenu locataire dans la nouvelle résidence de Ma Yuanyuan, à cela près qu'il était exonéré de loyer. Il y avait de nombreuses pièces dans le nouveau logement, outre la chambre principale et Xiao Er s'en réserva une. Un jour, que Li Chang l'avait invité à prendre une collation en fin de soirée, face au barbecue enfumé, il admit avoir commis une erreur de jugement. « Pour être honnête », déclara le serveur d'un ton triste, « je voudrais investir la chambre principale. J'aimerais que mon nom figure sur l'acte de propriété, mon vrai nom : Wang Xuebing... »

– Wang Xuebing, tout espoir n'est pas perdu. Il est plus facile de passer d'une chambre à une autre que d'une maison à une autre, n'est-ce pas ? déclara Li Chang.

– Nous sommes d'accord, dit Xiao Er.

Ensuite, Li Chang lui donna un conseil : « vas-y en douceur », Xiao Er répondit qu'il avait bien noté.

Par la suite, Li Chang retourna déposer son chien et il trouva Xiao Er particulièrement attentif. Pas attentif à Li Chang, mais au chien. Il saisit Panpan dans une main et caressa Baballe de l'autre : « Soyez bons amis, ne vous chamaillez pas. » Puis Xiao Er désigna Li Chang à Panpan : « C'est ton oncle, le frère de ton papa, et il est aussi l'ami de maman ».

Ma Yuanyuan répondit : « Tu dis des bêtises. »

– Oh, je me trompe. Cet oncle est âgé, il est d'une génération d'avant ta mère. Il pourrait être ton grand-père et c'est donc Baballe ton oncle. corrigea Xia Er.

– Et toi ? Tu es le frère ou l'oncle de Baballe ? lança Li Chang.

– Je suis le grand frère de Baballe, évidemment. Puisque j'ai l'âge de la mère de Panpan, dont je suis d'ailleurs le père.

– Mais quel culot ! lâcha Ma Yuanyuan en éclatant de rire.

XI

Ma Dong fut arrêté par les autorisés pour vol, puis placé en détention. L'affaire fut reconstituée par Li Chang sur la base de rapports publics et de rumeurs privées.

Il y avait un entrepôt où étaient rassemblées les pièces rares de la bibliothèque de l'Institut d'art de Nandu, dans lequel, pour pénétrer, il fallait passer trois portes sécurisées. En tant que conservateur, Ma Dong détenait les clefs de deux de ces portes. La troisième ne fermait pas. Elle avait l'air très lourde, mais elle s'ouvrait d'un bon coup d'épaule. Au début, Ma Dong se contentait de ramener quelques calligraphies et peintures chez lui, pour en profiter tranquillement (jouissant du bon droit d'un honnête conservateur). Il étalait les peintures sur le carrelage, s'y agenouillait et muni d'une loupe les contemplait toute la nuit en marmonnant.

La petite Wen s'en plaignit et demanda à Ma Dong :

– Qu'est-ce que tu trouves à cette femme ? Elle a l'air d'avoir des seins, mais n'a pas de seins, et d'avoir des fesses, mais pas de fesses... tu n'as pas honte de regarder ça ? J'aimerais pouvoir marcher dessus !

– Tu as devant toi la fameuse *Dame à l'ombre du feuillage* je pourrais te mettre en vente que tu n'atteindrais pas son prix, dit Ma Dong en se retournant.

À ces mots, la petite Wen furieuse la piétina, la déchirant avec fureur. Le temps que Ma Dong la maîtrise, la peinture de maître avait été déchirée en morceaux, dont l'un d'entre eux était roulé en boule dans les mains de la petite Wen.

C'était là le crime originel de Ma Dong. Ses aveux avaient été publiés en ligne et la rumeur était pleine de détails.

C'était initialement afin de réparer cet incident que Ma Dong s'était aventuré sur la voie du crime. Il avait d'abord demandé à des experts de restaurer la *Dame à l'ombre du feuillage*. D'une part, les dégâts étaient considérables. D'autre part, même une réparation n'en suffirait pas à effacer les traces du dommage. Ma Dong aurait trop de mal à se justifier. Bref, la situation était devenue compliquée et fort embarrassante. Ma Dong s'est alors rapproché d'un étudiant de deuxième année, spécialisé en peinture chinoise, un honnête enfant des montagnes, auquel il avait demandé de venir chez lui pour en faire une copie. Ma Dong y ajouta même sa touche personnelle (après tout, il possédait une intime expérience de l'œuvre originale), et finalement il obtint une copie presque parfaite, qui réglait le problème. La *Dame à l'ombre du feuillage* est retournée à l'entrepôt et Ma Dong a compris deux choses.

Premièrement, personne d'autre que lui n'avait connaissance de ces allées et venues. Deuxièmement, Ma Dong s'était découvert un talent artistique inné et son niveau en pastiche n'avait rien à envier à celui des professionnels (en l'occurrence aux étudiants en deuxième année de peinture chinoise). Ma Dong a même repris la *Dame à l'ombre du feuillage* chez lui pour l'y admirer toute la nuit. Bien sûr, il s'agissait cette fois d'un faux, d'une collaboration entre lui et son étudiant. L'attitude de la petite Wen a également changé à ce moment-là, et elle est venue l'admirer avec Ma Dong. La petite Wen a allumé le flash de son téléphone portable et l'a braqué sur l'encre déjà sèche de l'image, avant de demander timidement :

– Cette toile a vraiment de la valeur ?

– C'est une copie sans valeur, celle que tu as déchirée en avait.

– Pourquoi cela. Ces deux images ne sont-elles pas identiques ? Je ne vois aucune différence, s'est écriée la petite Wen.

– Tu ne peux vraiment pas faire la différence ?

– Non vraiment pas. Elle a l'air d'avoir des seins, mais n'en a pas, et d'avoir des fesses, mais n'en a pas non plus... Tout d'un coup, Ma Dong serra Wen dans ses bras, lui attrapa la tête et l'embrassa frénétiquement.

– Merci ! Merci ! Ma chérie, lui dit-il.

La cause et l'effet apparaissent clairement. À cause de la petite Wen, Ma Dong avait dû trouver une solution à un problème, et avait par là même révélé ses capacités criminelles et les possibilités qui s'offraient à lui. Et grâce à l'appréciation et aux encouragements de la petite Wen, il venait de se décider à prendre le risque. Bien sûr, Ma Dong était également en tort, puisqu'il n'aurait pas dû amener chez lui les calligraphies et les peintures de la collection, violant ainsi les réglementations en vigueur. En fin de compte, Ma Dong, à cause de son avidité, s'était engagé sur une voie sans retour. En dernière analyse, c'était pour la petite Wen et pour satisfaire ses besoins matériels insatiables. « La beauté mène au désastre », avait déclaré Ma Dong dans son ultime confession. « Je mérite ma punition, j'ai trahi l'éducation et la ligne que le Parti et la patrie m'avaient inculquées de nombreuses années durant. Toutefois j'espère que les gens confrontés à une situation similaire le prendront comme un avertissement eut égard aux relations entre les sexes. Restez à l'écart de la tentation, en particulier de la luxure ! Que cette leçon reste gravée. »

Le nom de Ma Dong n'avait plus été entendu dans les cercles Dongdu depuis un moment (la dernière fois qu'on l'avait mentionné, c'était pour sa fortune rapide et mystérieuse), mais il était maintenant revenu au centre des discussions. Xiao Er n'y était pas pour rien, il avait déclaré avec autorité : « Un ancien élève de l'Institut d'art de Nandu a un jour trouvé le sceau de la bibliothèque de l'Institut sur un objet vendu aux enchères à Hong Kong. Ce gars-là a immédiatement contacté l'Institut, et c'est comme ça que ça a capoté. » Les détails de l'affaire étaient dans les médias, mais lorsque c'était Xiao Er qui le disait, c'était différent et ça semblait réel.

— Quelles étaient les sommes en jeu ?

— On parle d'au moins deux cents millions. Il a embarqué tous les maîtres, du Qi Baishi, du Zhang Daqian, des Huang Binhong, du Ba Da...

— Et les intermédiaires ?

— Je n'en sais pas plus Mais Ma Dong a été lésé parce qu'il n'est pas le premier à tremper dans ce genre de combines. Quatre-vingts pour cent des marchandises de l'entrepôt étaient des contrefaçons, autrement dit ces magouilles sont depuis longtemps chose courante. Il n'a jamais fait que remplacer des contrefaçons par des contrefaçons, ajouta Xiao Er.

— Celui qui prend le vrai pour le faux prendra le faux pour le vrai.

— Frère, tu es devenu un étranger ou quoi, l'eau n'est pas si profonde ! Et même les agences d'experts n'arrivent plus à se mettre d'accord...

À ce moment-là, quelqu'un évoqua la relation entre Xiao Er et Ma Yuanyuan, ironisant sur le fait que Xiao Er pourrait être mis à contribution au moment de la restitution de l'argent volé, et lui demandant de mettre de côté ce qu'il venait de toucher pour un roman qu'il venait de publier. Xiao Er a réagi au quart de tour :

— C'est ma bite que je vais mettre de côté ! Ma Yuanyuan et moi ne sommes pas enregistrés, et la maison que Ma Dong a achetée à sa fille n'est pas à mon nom. Je peux faire mes valises et me casser quand je veux !

— Comment va Ma Yuanyuan ? ne put s'empêcher de demander Li Chang à Xiao Er.

— Comment pourrait-elle aller ? Elle reste enfermée à pleurer et ne va plus au boulot.

— Si tu décides de rompre, peut-être que tu devrais attendre un autre moment.

— Oh c'est n'est pas la question. Il y a déjà un moment que nous nous sommes séparés, lui expliqua Xiao Er.

— Alors, reporte au moins ton déménagement.

– Tant que cette maison ne sera pas mise en liquidation, il n'y a pas de raison que je bouge. Ne t'inquiète pas frangin.

XII

Li Chang est retourné à Nandu pour les vacances, il s'installait toujours chez le vieux Yue et y restait sans rien faire, ce qui était un loisir rare. Lorsqu'il repensait aux cinq années écoulées, Li Chang avait une impression d'épuisement aussi bien sur le plan psychologique que physique. Il souhaitait aussi rendre visite à Ma Dong en prison, après tout il n'était pas loin, mais il n'y parvint pas. Un jour, que le vieux Yue avait de nouveau conduit Li Chang au bord de la mer, il lui montra sur le chemin un étrange bâtiment : « Regarde, c'est la prison modèle de Nandu, spécialement conçu pour les grands criminels. Votre rédacteur en chef, Ma, est à l'intérieur. » Les hauts murs et les tours de guet de la prison passaient, et les fils électriques traçaient des lignes dans le ciel bleu, comme si le ciel avait été rayé de traces définitives, laissées par un vent violent. Li Chang ne put s'empêcher d'avoir un mouvement de recul.

Avant de venir à Nandu, Li Chang avait confié Baballe à Ma Yuanyuan comme d'habitude. Cette fois, il ne l'avait pas croisée. Li Chang lui avait envoyé un message, pour lui demander de s'occuper de son chien. Ma Yuanyuan avait fait une réponse laconique : « Avec plaisir. » Alors Li Chang avait alors demandé à Xiao Er de passer chez lui et d'emmener Baballe dans une boîte de transport pour animaux. Il lui avait demandé de dire à Ma Yuanyuan qu'il était parti précipitamment et qu'il la verrait à son retour. L'idée de Li Chang avait été de se rendre à Nandu rencontrer Ma Dong, puis de retrouver Ma Yuanyuan afin de pouvoir lui parler. Mais il resta à Nandu plus d'un mois en vain, retardant toujours sa visite en prison, manquant de courage.

Li Chang retourna à Dongdu après ses vacances. Il rappela Xiao Er, pour lui demander de ramener Baballe chez lui. Xiao Er lui répondit : « Je ne peux pas, ce "chez moi" n'existe plus. » Li Chang lui demanda précipitamment :

– Que se passe-t-il ? Que s'est-il passé…

– Qu'a-t-il bien pu se passer ? La maison a été vendue. Elle avait été achetée avec de l'argent volé. Ma Yuanyuan doit rendre l'argent pour son père, dit Xiao Er.

– Et maintenant ?

– Maintenant ?

– Où habites-tu désormais ?

– Chacun vit chez soi. Je vis chez ma petite amie et Ma Yuanyuan loue probablement une maison, déclara-t-il.

– Mais ta petite amie… n'est-ce pas justement Ma Yuanyuan ?

– Ne t'ai-je pas dit qu'elle et moi avions rompu il y a déjà longtemps ?

Finalement, Li Chang dû se résigner à appeler Ma Yuanyuan, pour lui demander sa nouvelle adresse, prendre un taxi pour récupérer Baballe. Sur le chemin, Li Chang se demanda quoi dire lorsqu'il ferait face à Ma Yuanyuan ? Devait-il mentionner Ma Dong et son histoire ? Il serait déplacé de ne pas évoquer le sujet. Il n'avait pas eu besoin de mentionner Ma Dong quand il était devenu riche, et Ma Yuanyuan n'avait pas eu à mentionner Ma Dong lorsqu'elle avait emménagé dans un quartier résidentiel haut de gamme. Mais maintenant, la situation avait changé : un vieil ami était en difficulté et sa famille touchée, lui, Li Chang, devait dire quelques mots de réconfort, n'est-ce pas ? De plus, Ma Yuanyuan l'avait aidé à prendre soin de Baballe pendant un bon moment. Mais ces mots de réconfort étaient difficiles à prononcer : s'il les prononçait avec légèreté, ils ne seraient que convenance, mais s'il les disait gravement, ils n'atteindraient pas nécessairement le cœur.

Li Chang se mordit la langue : « Qu'est-ce que tu as fait ce matin ? Cette histoire ne date plus d'hier, tu n'es certes pas obligé d'aller voir Ma Dong, mais comment peux-tu ne pas avoir de sympathie pour sa fille ? Tu ne montres rien… Es-tu toujours humain ? » Il était tard dans la nuit, minuit passé, la maison louée par Ma Yuanyuan était loin du centre de Dongdu et le taxi entrait en banlieue. Le conducteur prit un raccourci et passa devant un marché fermier, désert, il n'y avait plus personne dehors. Une singulière odeur de poisson remplit la voiture, mélange de légumes pourris, de poissons morts, de plumes de poulet, de sang de canard et de viande crue. Les étals des deux côtés étaient remplis de sacs en toile ou recouverts de bâches en plastique. Ils traversèrent l'obscurité projetée par la grande halle et arrivèrent à un chemin de terre, puis tournèrent à droite dans une rue adjacente. Le chauffeur dit : « On y est. »

Li Chang le paya et sortit de la voiture, et le taxi fit demi-tour et repartit. Li Chang se tourna vers un pâté de maisons dont les lumières brillaient derrière un muret, et qui devait être l'ensemble dans lequel Ma Yuanyuan louait. Li Chang lui envoya un SMS pour lui dire qu'il était arrivé. Ma Yuanyuan a répondu immédiatement : « Un instant. »

Li Chang s'alluma une cigarette en regardant la porte du parc, au bout de la rue, tout en fumant. Sur ce morceau de route qui se trouvait à une quarantaine de mètres du portail ne se trouvait qu'un seul lampadaire. Li Chang se posta délibérément dessous afin que Ma Yuanyuan puisse le voir. Alors qu'il réfléchissait aux premiers mots qu'il dirait, un chiot blanc courut vers lui. Ah, mais on dirait Baballe ? Baballe avait visiblement identifié sa cible devant lui, Li Chang et avait couru à sa rencontre. Li Chang s'accroupit et tendit les mains pour l'accueillir. Baballe avait couru avec une telle joie et une telle impatience, haletant et soufflant, comme s'il s'était changé en nuage puis, en entrant dans le halo du lampadaire, avait repris forme. Li Chang attrapa Baballe surexcité et le prit dans ses bras. Ce moment fut vraiment merveilleux. Mais lorsque Li Chang releva la tête, il ne vit pas Ma Yuanyuan, et elle n'apparut pas.

Peut-être qu'elle avait vu la scène depuis l'entrée ou qu'elle se cachait quelque part dans l'ombre. Quoi qu'il en soit, elle avait dû voir les retrouvailles entre Li Chang et Baballe, autrement pourquoi Li Chang avait-il senti un regard jeté dans l'obscurité ? Pourquoi cet agréable moment était-il si triste ? Li Chang n'était pourtant pas une personne très sensible.

En remontant dans le taxi, Li Chang repassait dans sa tête la scène où Baballe courait au-devant de lui : la rue sans nom, les bâtiments entassés derrière le mur, le chien si petit, si blanc et fragile, totalement surexcité... Il lui avait tellement manqué. Baballe était allongé sur les genoux de Li Chang et s'était endormi.

Li Chang reçut un SMS de Ma Yuanyuan : « Désolée, j'ai perdu la boîte de Baballe pendant le déménagement. Je vous enverrai de l'argent. »

Li Chang n'a pas répondu. Il se dit qu'il devait réfléchir à ce qu'il allait écrire, lui dire les mots qu'il n'avait pas eu l'occasion de prononcer et qu'il allait lui écrire quelque chose de très clair.

HAN DONG est un poète et écrivain, né en 1961 à Nanjing. Il a rejoint l'Association des écrivains chinois en 1990. Représentant de la troisième génération de poètes, Han Dong a établi sa réputation dans le monde littéraire avec son poème *La Grande Pagode de l'Oie sauvage*. Depuis les années 1990, il a commencé à écrire des romans distinctifs. Ses œuvres incluent les recueils de nouvelles *Ciel de l'Ouest*, *Mon Platon* et *Nos corps*, les romans *Prendre racine* et *Toi et moi*, les recueils de poèmes *Le tigre auspicieux* et *Papa veille sur moi depuis le ciel*, le recueil de poèmes et d'essais *Course croisée*, les essais *Mécanique de l'amour* et les entretiens *Enregistrements d'entretiens avec Mao Yan*. Ses travaux ont été traduits en plusieurs langues.